놀이하는 인간

100세 시대 나는 놈 위에 노는
호모루덴스의 철학

황태연

지식산업사

놀이하는 인간

100세 시대 나는 놈 위에 노는
호모루덴스의 철학

초판 1쇄 인쇄   2023. 6. 9.
초판 1쇄 발행   2023. 6. 19.

지은이   황태연
펴낸이   김경희
펴낸곳   (주)지식산업사
본사 ● 10881, 경기도 파주시 광인사길 53(문발동)
전화 031 - 955 - 4226~7 팩스 031 - 955 - 4228
서울사무소 ● 03044, 서울시 종로구 자하문로6길 18 - 7
전화 02 - 734 - 1978, 1958 팩스 02 - 720 - 7900
영문문패 www.jisik.co.kr
전자우편 jsp@jisik.co.kr
등록번호 1 - 363
등록날짜 1969. 5. 8.

책값은 뒤표지에 있습니다.

    ISBN 978 - 89 - 423 - 9119 - 6(03190)

이 책에 대한 문의는
지식산업사로 연락해 주시길 바랍니다.

인간은 일하기 위해 태어난 것이 아니라, 놀기 위해 태어난 것이다!

놀이하는 인간

황태연 지음

100세 시대 나는 놈 위에 노는 호모루덴스의 철학

지식산업사

머리말

인간은 존재하기 위해서 일하고 일할 노동력을 회복하기 위해서 논다. 존재론적으로 보면, 한마디로 인간은 일하기 위해 노는 것이다. 그러나 우리는 의식주가 확보되면 일해서 번 돈을 먹고 마시며 노는 데 다 쓴다. 한마디로 인간은 놀기 위해 일하고, 또 노는 것이 사는 것이다. 이런 목적론적 삶의 관점에서 인간은 '호모 루덴스'(*homo ludens*), '유희적 인간', 아니 '유희적 동물'이다. "뛰는 놈 위에 나는 놈 있고, 나는 놈 위에 노는 놈 있다."

말하자면 인간은 일하기 위해 태어난 것이 아니라, 놀기 위해 태어난 것이다. 사람들은 '목적론'이니, '호모 루덴스'니 하는 어려운 말 쓰지 않고 이것을 이렇게 간단히 표현한다. "인생 뭐 있어? 한바탕 잘 놀다 가는 거지!"

이 세상에 생산적으로 일하는 사람들도 많지만, 놀기만 하는 사람, 유희만 하는 사람도 참 많다. 직업적으로 운동경기만 하는 운동선수와 골퍼, 바둑기사, 체스챔피언, 도박사, 코미디언, 개그맨, 만담가, 마술사, 서커스단 묘기꾼들, 연금생활자, 매일 공부 안하고 컴퓨터게임만 하는 청소년게이머들이 그들이다. 그들도 무대와 게임장에서 일하는 사람들이다.

그러나 "일하지 않는 자는 먹지도 말라"는 율법이 지배하는 "노동사회적 세계관(*Weltauffassung der Arbeitsgesellschaft*)"에 갇힌 사람들은 존재론적 관점에서 그들을 '비생산적인 자들(*the unproductive*)'로 친다. 이런 세계관에서는 유희 또는 놀이를 기껏 노동력 회복을 위한 '휴양'으로 간주한다. 이런 공리적功利的 유희 관념은 착취와 굶주림에 유린되어 온 노동중심사회에서 형성되었다.

그러나 착취와 궁핍이 결정적으로 완화된 '삶 중심 사회'의 "탈脫노동사회적 세계관(*Weltauffassung der Post-Arbeitsgesellschaft*)"의 목적론적 관점에서 보면, 놀이와 노는 사람들의 위상과 의미는 완전히 뒤집힌다. 유희하는 사람들은 유희와 재미, 유희적 행복을 산출하는 고마운 사람들이거나 재미와 유희적 즐거움을 즐기는 행복한 사람들이다.

이 책은 주로 삶 중심의 목적론적 탈脫노동사회적 세계관에서 유희를 바라보고 유희와 재미, 특히 유희의 최고 형태인 '게임'과 양편으로 나뉜 관중을 가진 게임의 연대적 재미를 중요한 행복의 원천으로 탐구한다. 올림픽게임과 월드컵, 그리고 국내의 각종 운동리그들은 모두 게임 형태로 조직되었고, 모두 크고 작은 팬덤(*fandom*)을 거느리고 있다. 크고 작은 게임 팬덤들은 게임을 관람·응원하고 모두 공감적 재미 또는 유희적 즐거움(행복)을 나눈다. 이렇게 팬덤을 가진 모든 게임은 국민적 행복기제인 것이다. 따라서 이 책은 일단 모든 '노는 자들'에게 박수를 보낸다.

나아가 유희와 유희의 최고 형태로서의 게임은 힘들고 어려운 것을 가볍게 만들고 재미로 둔갑시켜 주기 때문에 노동, 예술, 도덕행위 등은 대개 유희 형태로 조직되어 있다. 유희 형태(내기, 현상금, 성과급 경쟁 등)로 조직된 노동은 힘들고 어려운 노동과정을 재미있게 만들어 그 어려움과 노고를 덜어 준다. 유혈낭자했던 정치적 권력투쟁도 게임 형태로 조직된 선거의 승패로 결정되면서 흥미진진하고 재미있게 무혈로 진행된다. 오늘날은 심지어 군사훈련조차도 종종 서바이벌게임 형식으로 수행된다. 긴장·스릴·서스펜스·불확실성·요행(우연·운)·승패 등 게임의 여러 요소들은 순수예술로 생산된 문예작품과 영화작품 속에 투입되어 작품들을 흥미진진하게 만들어 주거나 적어도 지루함으로부터 벗어나게 해 준다. 영화 '오징어게임'이 세계를 정복하듯 게임이 천하를 정복했다. 게임은 최고형태의 유희이기 때문이다. 그리고 도덕적 인물을 롤모델로 삼아 그를 흉내내면, 도덕학습과 도덕행위도 재미를 느끼는 가운데 수월해진다. 흉내(미메시스)는 유희의 기본요소 가운데 하나이기 때문이다. 이런 까닭에 유희는 인간의 모든 행위, 곧 공리적·예술적·도덕적 행위에 널리 삼투해 있다. 이 책은 다른 사회적 행위들을 수월하게 해 주고 재미있게 만들어 주는 '유희의 일반화' 현상도 심층적으로 분석한다.

'유희적 행위'의 본질은 생명력과 각종 능력의 자유로운 분출 또는 자유분방한 발휘다. '재미'는 오직 이 '유희적 행위'로부터만 나온다. 따라서 '재미'는 공리적 행위(노동·학습·사업·경쟁)를 통한 욕망의 충족에서 나오는 '기쁨'이나, 예술적 행위나 예술작품에서 느끼는 '아름다움'이나, 도덕적 행위의 '선善'과 본질적으로 구별되는 가치다. '재미'의 본질은 유희적 행위의 중화中和(균형과 조화)에 대한 흡족한 느낌, 곧 유희적 행위의 짜임새와 변동을 구성지고 아기자기하게 느끼는 긍정적 감정이다. 우리는 타고난 '재미감각'으로 어떤 유희적 행위의 이 '중화'와 '비非중화'를 "재미있다", "재미없다"의 감각적 판단으로 즉각 변별해 낸다.

아기자기하고 구성진 중화적 유희, 곧 재미있는 유희는 우리 인간을 무료함, 심심함, 허무함, 무의미로부터 건져내 삶에 달라붙게 만들고 살아 있음을 생생하게 느끼도록 해 준다. 유희와 재미의 이 마력을 파악하기 위해 플라톤과 아리스토텔레스로부터 호이징거, 카이와, 가다머에 이르기까지 여러 철학적 고구考究들이 있었다. 최근에는 자악 팽크셉과 템플 그랜딘이 이 고구를 신경과학과 동물행태학으로까지 확장했다.

이 책에서는 이 이론들도 종합적으로 분석한다. 이 이론들은 하나 같이 모두 장점과 단점, 진리와 오류를 안고 있는데, 안타깝게도 모든 이론들이 다 장점보다 단점이 더 많고, 진리보다 오류가 더 많다. 그래서 이 책을 쓸 필요가 절실했던 것이다.

유희와 재미에 대한 필자의 탐구는 2015년에 출간된 《감정과 공감의 해석학(2)》에서 처음 시도되었다. 그러나 이 시론은 지금 보니 논의내용이 불철저하고 논의범위가 좁고 자잘한 오류들이 섞여 있었다. 따라서 불가피하게 이 시론을 전면적으로 수정·보완하고 틀을 다시 짜고 이론 전체를 재구조화해 철저하게 다시 써야 했다. 그리하여 기존의 시론으로부터 거의 완전히 새로운 저작이 탄생했다.

아무쪼록, 시쳇말로 '엔조이'를 비하하는 착취자적·후진국적 노동중심 사회의 세계관 속에서 멸시받는 컴퓨터게임 등 각종 게임의 전국적 팬덤, 스포츠경기 광팬들, 스포츠선수들과 골퍼의 팬덤들, 개그맨·코미디언과 개그·코미디 애호인들, 마술사와 팬덤, 서커스의 각종 묘기꾼들과 관중, 바둑기사와 체스챔피언, 아마추어 바둑 팬들, 각종 엔터테이너들의 예능을 즐기는 관람자들, 오늘날 100세 시대에 매일 바둑을 두거나 테니스·골프·탁구를 치거나 화투 치기를 하며 놀거나 친구들과 각종 모임을 꾸려 노는 연금생활자들이 이 책을 읽고 자기들의 유희적 행위에 대한 자부심과 더불어 유희적 행복과 삶의 의미를 더하기를 진심으로 바랄 따름이다.

송파 바람들이에서
2023년 5월
황태연 지識

차 례

오늘날은 실로 게임의 시대다. 하계·동계 올림픽·월드컵 같은 세계적 게임과 미국 농구·야구 메이저리그와 마이너리그게임, 독일의 분데스리가, 영국의 축구경기·윔블던테니스게임, 한국의 각종 프로 운동게임과 같은 각국의 전국적 게임으로부터 개인들의 서바이벌게임과 컴퓨터게임에 이르기까지 그야말로 게임이 세계를 지배하고 있다. 게임은 유희이고, 유희의 최고 형태다. 그런 만큼 최고의 재미를 준다. 그래서 게임들은 거의 다 거대한 팬덤을 거느리고 대규모 관객을 몰고 다니는 '거대 게임기업'으로 발전했다.

인간에게 재미를 주는 유희 일반은 심리적 유전자에 뿌리를 박은 것으로서 동물과 인간에게 공통된 행위다. 유희는 동물새끼와 아기들의 난장판놀이·날뛰기놀이(싸움놀이)·놀리기로부터 흉내(미메시스), 내기, 언어적 유희로서의 수수께끼와 (난센스퀴즈를 포함한) 각종 퀴즈, 코미디와 개그, 스무고개와 끝말잇기, 농담(유머·조크)과 재담(위트), 만담·해학·외설담猥褻談(음담패설)을 거쳐 앞서 열거한 각종 게임, 서커스, 마술, 도박에까지 펼쳐진다. 이 유희(놀이)들은 모두 다 인간에게 재미를 준다.

이런 까닭에 인간의 다른 사회적 행위들, 곧 '공리적 행위'(노동, 경제활동, 공부와 학습, 이익극대화를 위한 경쟁 등), '예술적 행위', '도덕적 행위' 등도 그 행위의 지루함이나 힘듦, 어려움 등을 완화하기 위해 유희 요소들을 활용한다. 노동은 대개 상금·상품·훈장 수여, 성과급의 내기 또는 게임 방식으로 조직되고, 예술도 게임의 요소들(대결방식, 불확실성, 서스펜스, 스릴, 긴장, 우연, 반전, 승리 등)과 미메시스적 형상화(흉내·모방·모사, 가령 '쏜살처럼', '물 찬 제비처럼' 등의 표현)를 활용한다. 도덕도 예외가 아니다. 도덕 영역에서는 어떤 도덕적 인물을 롤모델로 삼아 이를 모방하는 언행을 함으로써 도덕적 행위를 수월하게 배우고 뜻있게 수행한다. "그대가 요임금의 옷을 입고 요임금의 말을 따라 외고 요임금의 행동을 행하면 이것이 바로 요임금다운 것일 따름이기(子服堯之服 誦堯之言 行堯之行 是堯而已矣)" 때문이다. 이렇게 보면 유희적 행위는 인간의 모든 행위를 지배하고 있다고 할 수 있다.

인간의 사회적 행위는 공리적 행위, 유희적 행위, 예술적 행위, 도덕적 행위다. 이 가운데 '유희적 행위'는 위와 같이 다른 행위들에 대한 파급과 영향의 정도가 가장 위력적인 행위다. 그리하여 예로부터 다음과 같은 본질적 질문이 제기되어 왔다. 유희란 무엇인가? 그리고 재미란 무엇인가? 플라톤·아리스토텔레스·호이징거·카이와·가다머 등이 이 물음에 나름대로 답했고, 근래에는 자악 팽크셉과 템플 그랜딘이 신경과학적·동물행태학적으로까지 연구를 확장했다. 그런데 이 이론들은 모두 장점과 단점, 진리와 오류를 안고 있지만, 장점보다도 더 많은 단점을, 진리보다도 더 많은 오류를 안고 있다.

플라톤은 '난장판놀이(*roughhousing play*)'·날뛰기놀이(*rough-and-tumble play*)와 '미메시스(*mimesis*)'를 '유희'로 파악하고, '재미' 개념을 놓치지 않았으며, '재미'를 '기쁨'이나 '미美'와 구분하는 철학적 쾌거를 올렸다. 그리고 미메시스(흉내, 모방, 모의模擬, 재현)를 유희의 일종으로 올바로 규정했다. 나아가 유희의 교육효과 또는 교육적 활용에도 주목했다. 그러나 그는 내기, 걸기, 게임, 도박 등 기타 유희 유형들을 모두 시야에서 놓치는 이론적 미진함을 보였다. 그리고 재미를 기쁨이나 미와 구분했지만, 유희의 본질 규명에서 중화中和 개념을 놓침으로써 '재미의 본질'에까지 이르지 못했다.

반면 아리스토텔레스는 유희의 독자적 가치를 부정하고, 착취하고 굶주리던 시대의 노동사회관(*Weltauffassung der Arbeitsgesellschft*)에 갇혀서 '유희'를 (노동력의 재생산을 위한) '휴양' 개념과 등치시켰다. 바로 공리적 유희이론이다. 또 그는 유희적 행위인 미메시스를 미美의 본질로 오판했다. 그리고 그의 유희론에는 재미 개념에 대한 언급도, 탐구도 없다. 한마디로, 그는 그의 스승보다 못한 최악의 공리적 유희이론으로 일탈한 것이다.

요한 호이징거(Johan Huizinga)가 아리스토텔레스를 뛰어넘어 인간을 '호모 루덴스'로 파악한 것은 철학적 쾌거였다. 그런데 그는 '미메시스(재현)'와 '게임'만을 유희의 본질적 요소로 파악하는 데 그쳤다. 그리하여 그는 그 밖의 모든 유희 종류를 시야에서 놓치고 만다. 그리고는 엉뚱하게도 종교적 도덕행위로서의 제사행위까지 유희로 오인했다. 결국 그는 '생명력과 능력의 자유분방한 발휘·표출'로서의 유희의 본질을 포착하는 데 전적으로 실패한 것이다.

로제 카이와(Roger Caillois)도 여러 비본질적 요소들을 유희의 본질로 열거하면서 정작 '생명력과 능력의 자유분방한 발휘·표출'이라는 유희의 본질을 완전히 시야에서 놓치고 있다. 그러면서 유희의 요소들(규칙, 자유, 자발성, 비생산성)이나, 게임의 자잘한 요소들에 불과한 미메시스(모방), 대결, 불확실성(소용돌이), 우연과 운명만을 자꾸 들먹인다. 그리하여 '생명력과 능력'과 그 '표출'은 그의 개념세계에 존재하지 않는다.

한스-게오르크 가다머(Hans-Georg Gadamer)는 유희를 생명과 능력의 자유로운 자기표현이 아니라 그냥 단순하고 막연한 '자기표현'으로 정의한다. 그리고 그는 'Spielen(놀다)'이라는 단어를 아무데나 쓰는 독일어법에 취해 '재미를 추구하는 유희'를 '힘의 작용(*Spiel der Kräfte*)', 반작용 등과 같은 자연현상과 뒤섞고, 나아가 재미와 상이한 의미들을 추구하는 인간의 다른 행위들(공리적 행위, 예술행위, 도덕행위, 기타 감정행위와 사유행위 등)과 뒤섞고 있다. 유희의 존재양식은 자기표현이고, 자기표현은 자연의 보편적 존재 측면이라는 식이다. 가다머는 이 막연무지한 존재론적 유희 개념으로 유희를 재미 개념과 완전히 동떨어진 '작용'으로 만들어 재미 개념 자체를 소실시킨다. 가다머는 자신의 유희론 전체에 걸쳐 단 한 번도 '재미(Spaß)'라는 단어를 쓰지 않는다. 그리고 그는 그야말로 '재미없는' 유희 개념의 막연한 존재론적 '자기표현'이라는 말을 앞세워 유희의 존재방식과 예술작품의 존재방식을 '동일시'하는 그릇된 유희·예술론으로 일탈한다. 게다가 동시에 그는 아리스토텔레스의 공리적 유희 개념에도 말려들고, 호이징거의 어림없는 유희적 제사이론에도 말려든다. 또 그는 유희를 생명력과 심신능력의 자유로운 자기표현으로 보지 않기 때문에, 그리고 재미감각을 가진 인간과 동물의 '유희'를 감각 없는 '자연적 과정'과 혼동하기 때문에 '자연현상적 작용·반작용'의 보편성에 근거한 그릇된 논변으로 아무 장남감도, 아무 상대자도 없이 '혼자 노는' 유희들(난장판놀이, 달리기놀이, 높이뛰기놀이, 공중제비돌기 등)의 존재를 아예 부정한다.

플라톤·아리스토텔레스·호이징거·카이와·가다머 등의 유희이론들의 여러 단점들과 많은 오류의 원인은 이처럼 아주 다양하다. 하지만 가장 결정적이고 가장 공통된 오류와 단점은 우주(천지) 정위定位의 원리이자 인간의 모든 사회적 행위의 성패와 정오正誤를 결판내는 원리인 중화中和

의 원리를 이론구성에서 외면한 것이다.

'중화'는 간단히 균형, 조화, 중도中度의 종합 개념이다. 물건을 만들거나 상황을 조성하는 '노동'과 '경제적 사업'은 균형과 조화와 중도를 얻고 유지하면 성공하고(이롭고 기쁘다) 이것들을 잃으면 실패한다(손해다, 아프다). 예술도 균형과 조화와 중도에 딱 맞으면 아주 아름답고, 균형과 조화와 중도를 잃으면 추하다. 예의도 균형과 조화와 중도를 잃으면 결례·무례·불선不善하고, 균형과 조화와 중도에 적중하면 도덕적으로 예의바르고 지고지선하다. 가령 과공過恭은 비례非禮이고,[1] '악어의 눈물'은 싸가지 없고 부도덕한 것이지만, 절도에 적중한 몸가짐과 태도는 예의바르고, 중화에 적중한 마음가짐과 언행은 도덕적으로 선한 것이다.

마찬가지로 중화에 적중한 유희는 재미있고, 중화에서 벗어난 유희는 재미없다. 균형·조화·중도에 맞는 유희는 구성지고 아기자기하다. 구성짐과 아기자기함은 유희적 행위의 여러 가지 요소들이 정교하고 세밀하게 어우러진 것을 뜻한다. 재미는 바로 유희적 행위의 이 여러 요소들의 정교하고 세밀한 어우러짐(즉, 중화)에서 느끼는 기분 좋음이다.

한마디로, 유희에서 '균형과 조화', 그리고 (유희행위에 쏟는 힘과 노력의) 양적 '중도'는 재미를 좌우한다는 말이다. 힘의 분출을 너무 적게 요구하는 유희는 시시하게 느껴지지만, 힘의 분출을 양적으로 지나치게 많이, 그리고 시간적으로 지나치게 오래 요구하는 유희는 너무 힘들게 느껴져 재미가 없다. 너무 어렵고 힘든 것은 '심각한 것'이고, 유희 중에 심각한 공리적 타산이 고개를 내밀면 곧바로 유희가 무너지기 때문이다. 따라서 아이들이 잘 놀다가도 누군가 울거나 다쳐서 싸우면 놀이는 파탄 나곤

---

1 공자는 '과공'을 "주공足恭"이라고 표현했다. 《論語》〈公冶長〉(5–25). 여기서 "주공"의 '足'자는 '주'로 읽고 '지나치다'는 뜻으로 새긴다.

한다. 또 아무리 유희기술적으로 아기자기하게 구성된 기상천외한 마술도 가령 두세 시간 집중해서 관람하면 재미가 없어지는 법이다.

　유희적 행위에 대한 우리의 '재미감각'은 바로 유희활동의 질적 중화와 양적 중도를 즉각적으로 판단하는 직관감각이다. 공리적 행위의 중화 여부에 대한 직관적 판단감각은 쾌통감각이고, 예술적 행위나 예술작품의 중화 여부에 대한 직관적 판단감각은 미추감각이고, 도덕적 행위의 중화 여부에 대한 직관적 판단감각은 시비감각이다.

　따라서 공리적 행위의 기쁨과 아픔(이해, 손익), 예술적 행위의 아름다움과 추함, 도덕적 행위의 잘잘못을 제대로 이해하기 위해서만이 아니라 유희와 재미를 깊이 이해하기 위해서도 중화를 철학적으로 깊이 탐구하는 것이 필수적이다. 이런 까닭에 필자는 본론의 도입부에서 이 중화의 철학적 논의에 필요한 만큼의 지면을 할애한다. 그다음, 공리적 행위를 중화의 철학으로 설명하고, 이것을 기반으로 유희적 행위들을 논할 것이다.

　생계를 유지하게 하는 공리적 행위와, 인간존재에 인간다운 의미를 부여하는 도덕적 행위는 인간에게 사활이 걸린 '심각한(serious)' 행위들인 반면, 유희적 행위와 예술적 행위는 단지 재미와 미美가 걸렸을 뿐이지만 '진지한(earnest)' 행위다. '심각함'은 두말할 것 없이 '진지함'보다 무겁고, 생사가 걸릴 정도로 중요한 의미를 가진다. 따라서 노동은 유희보다 중요하게 여기고, 도덕은 예술보다 중요하게 여긴다. 이것은 움직일 수 없이 올바른 존재론적 평가다.

　그러나 '공리적 행위'와 '유희적 행위'만을 따로 떼어 목적론적으로 고찰할 때, 역으로 유희는 노동보다 더 중요할 수 있다. 인생 말년 또는 종장終場까지 먹고살 일정한 재산이나 연금이 보장되었다면, 노동이나 돈

버는 일은 그리 중요하지 않고, 따라서 '심각한 것'이 아니다. 이때는 노는 것이 노동보다 인간의 삶에 더 중요하다. 동시에 이런 인생 주기를 떠나 하루하루를 놓고 생각할 때도 일정한 노동과 학습, 일과 경쟁은 노는 데 드는 돈을 벌기 위한 공리적 활동일 뿐이다. 보통 노는 것은 저런 게임 플레이나 게임 관람도 포함하지만 특히 벗들과 어울려 농담과 재담을 하고 수다를 떨며 노는 공감적 유희를 뜻한다. 이 삶의 흐름을 '목적론적' 관점에서 정리하면 인간은 내일 뛰고 날며 일하기 위해 오늘 노동력을 재생산하는 '휴양'으로 노는 것이 아니라, 놀기 위해 뛰고 날며 일하는 것이다. 한마디로, "나는 놈 위에 노는 놈이 있다". 인간은 목적론적으로 보면 '호모 파베르'(공작인)가 아니라 '호모 루덴스'(유희인)인 것이다.

유희는 노동의 목적이고, 노동은 궁극적으로 유희의 수단이라는 말이다. 인간이 재미있게 노는 것, 곧 유희는 노동에 견주어 사소한 것이거나 무의미한 것이 아니라, 노동을 초월한 가치를 가졌다. 본론의 유희와 재미 논의에서는 유희와 재미를 - 이것들의 공리적 휴양 기능을 전적으로 무시하지 않을지라도 - 이런 목적론적 구도에 위치시키기 위해서 각별히 신경을 쓴다.

나아가 유희적 재미를 여럿이 공감적으로 나누면 '유희적 즐거움'이 느껴진다. '즐거움'은 바로 '행복감'이고, 유희적 즐거움은 유희적 행복인 것이다. 따라서 유희는 서로 어울려 노는 인간들에게 단순한 재미만이 아니라 행복도 준다. 놀 줄 모르는 인간, 또는 벗들과 어울려 농담, 재담, 소화笑話, 외설담을 할 줄 모르고 듣고 즐길 줄 모르거나, 수다를 떨 줄 모르거나 이것들을 하찮게 여기고 일에 집착하는 인간, 잡기雜技(바둑, 장기, 화투, 트럼프, 마술, 묘기, 성대모사 등)나 게임을 하거나 이런 것들을 구경하기를 좋아하지 않는 고답적 인간은 허무감에 빠져 있거나 스스로 이 세상을 뜨기 십상이다. 인간이 놀 수 없을 때는 이 세상을 뜰 때일 것이다.

　이렇게 목적론적 관점과 공감적 즐거움의 관점에서 유희를 본다면 아마 게임을 즐기는 청소년들, 정년 후 노년을 보내는 거대한 인구, 각종 프로게임 플레이어들, 개그맨·코미디언·마술사들은 유희에서 나름의 행복과 삶의 의미를 찾거나 자부심을 느끼고, 남을 웃기고 재미있게 만들어주는 일에서 진지한 사명감 같은 것까지도 가질 수 있다. 또 실제로 그런 사명감과 자부심을 느낀다. 그리고 유희의 중화론적 개념을 안다면, 지나치게 많은 시간을 컴퓨터게임에 소모하다가 혼나는 청소년들은 게임시간에서 균형과 중도를 찾아 새로운 삶, 균형 있고 조화로운 행복한 삶을 구성해 갈 수 있을 것이다.

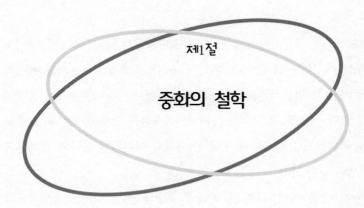

제1절

중화의 철학

1.1. '중화中和'란 무엇인가?

'중화中和'나 '중도中道·中度'를 논한 철학자들은 공자, 플라톤, 아리스토텔레스, 데이비드 흄 등이다. 여기서 아리스토텔레스는 논의를 윤리적 행위에 가둬 그 판단기준으로 '중도'만을 논했고 예술이론에서는 음악에 중도와 조화 개념을 적용했다. 흄은 중도 개념을 활용하기만 하고 중도 자체를 이론적으로 탐구하지 않았다. 따라서 여기서는 공자와 플라톤의 중화론만을 논구한다.

공자는 《중용》에서 '중화'를 천하와 우주의 존재·화육(생성)·운행의 보편적 원리로 파악했다. "중화를 이루니 하늘과 땅이 이 중화에 정위定位하고, 만물만사가 이 중화에서 화육化育한다(致中和 天地位焉 萬物育焉)." 플라톤도 말년에 《필레보스》에서 유사하게 '중도'와 '비례'의 원리를 우주의 생성소멸 원리로 일반화했다.

이것은 중화의 원리가 작은 미물의 동태에서부터 거대한 우주의 움직임에 이르기까지 모조리 지배한다는 것을 뜻한다. 따라서 인간세계 '천하'에서 인간의 바른 감정 표출과 이 감정적 동기에 의해 수행되는 바른 사회적 행위들도 모두 중화 또는 중도의 원리에 의해 규제된다는 것을 함의한다.

■ 개관: 인간의 **4**대 행위와 기쁨·재미·미·선

인간의 모든 '사회적 행위'는 '중화'의 원리에 의해 규제된다. 이 사회적 행위들은 중화에 맞으면 수행되고, 그렇지 않으면 망가져 버린다. 인간의 거의 모든 '사회적 행위'는 ① 공리적功利的 행위, ② 유희적 행위, ③ 예술적 행위, ④ 도덕적 행위로 대별된다.

① '공리적 행위(*utilitarian action*)'는 욕망충족을 위한 행위(노동, 사업, 학습+공부+연구, 이익을 지키거나 극대화하는 경쟁, 투쟁, 방어적 전쟁 등)이고, 그 성공적 수행으로 욕망이 충족될 때 '기쁨'을 얻거나, 욕망을 충족시킬 물적 가용성可用性으로서의 '이익'을 얻는다. '기쁨' 또는 '쾌락'은 어떤 욕망이든 욕망(식욕, 이욕利慾, 승리욕, 권력욕, 명예욕, 진리욕(지식욕))을 충족시킬 때마다 생겨나는 쾌감이다. '이익'은 이런 욕망을 충족시켜 기쁘게 할 물적 가용성 또는 가능성이다. 이 '이익'이 공리적 행위의 직접적 목적이다.

② 유희적 행위(*ludicrous action*)는 본능적 유희심에서 발동해서 재미를 얻기 위해 수행하는 사회적 행위다. 아기자기하고 구성진 유희적 행위는 행위자에게 '재미'를 가져다준다. '재미'는 제대로 된 유희적 행위에서만 나오는 좋은 감정이다. 이 '재미'는 기쁨이나 이익과 다르고, 아름다움(美)과도 다르고, 선善과도 다른 느낌이다.

그런데 사람들은 이 '재미'라는 말을 아무데나 쓴다. (1) 돈벌이(공리적 행위)가 잘되어도 '재미 본다'고 말하고, (2) 일(=노동, 공리적 행위)이 재미있다고도 하고, (3) 영화(예술적 행위로서의 작품공연)가 재미있다고도 하고, (4) 사람답게 사는 것(도덕적 행위)이 재미있다고도 한다. 그러나 이 비非유희적 행위들에 따라다니는 재미는 이 행위들의 본령이 아니다.

돈벌이가 재미있다는 말은 돈벌이(사업)가 시장경쟁 속에서 게임(유희) 형식으로 조직되어 있기 때문에 돈이 벌리면 재미있다고 하는 것이고, (2) 일(노동)이 재미있다는 말은 일을 하면서 사람들과 손발이 잘 맞아서 한시적으로 재미있는 유희(놀이)처럼 느껴져서 하는 말이거나, 일 자체가 게임이나 놀이 형식으로 조직된 경우에 하는 말이다. 그럼에도 불구하고 여기서 재미는 돈벌이의 본령도, 일의 본령도 아니다. 돈벌이와 일의 본령은 '이익', 또는 이익을 통한 욕망충족에 따른 '기쁨'이다. 일과 돈벌이, 곧 노동(labor)과 사업(business)의 경우에 재미있을수록 이 재미는 힘든 일과 사업을 수월하게 해 주지만, 일과 사업이 지나치게 유희와 재미로 흘러가면 흘러갈수록 얻으려는 이익이 감소한다. 따라서 노동과 사업에서 유희적 요소와 재미는 있으면 좋지만 본령(이익)을 위협할 정도로 지나치면 좋지 않고, 그렇기 때문에 노동과 사업에서 유희적 요소와 재미는 본질적으로 제한적이다.

③ 예술적 행위(*artistic action*)는 예술적 행위자(예술가, 디자이너, 공예가, 곱고 멋진 옷을 입고 뽐내거나 예쁘게 인사를 하거나 매일 화장을 하거나 예쁘게 보이려는 표정을 짓는 일반인 등)가 자기와 타인의 예술적 미감을 공감하게 하기 위한 사회적 행위다. 그런데 지루하거나 무미건조하기 쉬운 순수한 예술적 행위와 그 순수예술 공연물에도 재미가 섞일 수 있다. 가령 '재미있는 영화'의 경우가 그런 것이다. "영화가 재미있다"는 말은 영화감독이 예술 작품 '영화'에다 대결(겨루기) 형식, 불확실성, 스릴, 서스펜스, 우연과 돌발, 반전 등의 유희적 요소를 섞어 관객들이 재미있게 (흥미진진하게) 느끼도록 만들었다는 것을 전제하는 말이다. 그러나 영화는 그 본령이 '예술적 행위'에 속하고 예술작품 '영화'의 본래적 목적은 예술적 행위에 따른 '예술미'다. 그리하여 영화는 재미있을수록 예술미가

줄어들고, 재미가 지배적이면 영화는 예술성을 상실하고 '통속화'된다. '통속영화'는 《007시리즈》, 《범죄도시 I·II》, 《헌트》, 《공조 I·II》처럼 아무리 재미있더라도 한번 보면 끝이고 관객들이 다시 찾지 않는다. 예술미와 예술적 감동이 없기 때문이다.

④ 도덕적 행위(*moral action*)는 선행 또는 덕행을 말한다. 인생이 도덕적 행위로만 구성되어 있지 않다는 것은 다른 세 가지 행위가 엄존儼存하기 때문에 명백하다. "사람답게 사는 것(도덕적 삶)이 재미있다"는 말은 도덕적 선행이나 덕행을 하면서도 유희적 요소를 섞어 재미도 느낀다는 말이다. 도덕적 행위의 본령은 선행(덕행)이고 목적은 이에 따른 선善의 실현이다. 도덕적 행위자(선행자＝덕행자)가 의도 없이 결과적으로 얻는 느낌은 '뿌듯함' 또는 '자찬감自讚感'이다. 그럼에도 불구하고 가령 불우이웃돕기를 하기 위해 게임(예를 들면 씨름대회, 개그공연, 축구친선 게임 등)을 운영해 받은 관람료를 의연할 수 있고, 또 이런 경우는 허다하다. 이러면 게임관람자들은 인간답게 사는 도덕적 행위가 재미도 있다고 말할 수 있고, 조직자들도 그렇게 말할 수 있다.

유희적 행위들이 아닌 이 경우의 행위들(공리적·예술적·도덕적 행위)에서도 '재미를 느끼는' 현상을 분석함으로써 분명해지는 것은, 사람들이 '재미'라는 말을 아무데나 쓰더라도 '재미'는 오직 유희적 행위요소에서 '만' 나온다는 사실이다. 비非유희적 행위들(공리적·예술적·도덕적 행위)에서 느낀 '재미'는 바로 이 행위들에서 생겨난 느낌이 아니라, 이 행위들에 섞인 '유희적' 요소에서 생겨난 것일 뿐이다. 비유희적 행위들, 곧 공리적 행위, 예술적 행위, 도덕적 행위의 본령은 이利〔흄〕, 미美, 선善일 뿐이다. 이 행위들에 있어서 '재미'란 이 행위들을 수월하게 만들기 위해 섞은 '촉매'나 '조미료' 같은 것일 뿐이다.

우리는 기쁨·재미·미·선에 쉽사리 공감하는 반면, 아픔(痛)·재미없음·추함·악함에 대해서는 공감하지 않고 되레 반감을 갖는다. 공감은 내감의[1] 직감적 쾌통변별·재미변별·미추변별·시비변별에 따라 각각 기쁨(이익), 재미, 미美(아름다움), 선善(바름)의 긍정적 의미판단을 얻는 경우에만 발현된다. 시비변별은 선악변별, 잘잘못변별을 말한다. 반대로 아픔(손해), 재미없음, 추함, 악함(잘못)에 대해서는 '공감'이 아니라 '거부감'이나 '반감'이 일어난다. 여기서 쾌통(기쁨과 아픔, 이해利害)의 변별은 공리적功利的 판단이고, 재미있고 재미없음의 변별은 유희적 판단이고, 미추美醜의 변별은 미학적 판단이고, 시비是非(선악·잘잘못)의 변별은 도덕적 판단이다. 인간이 좋아하는 느낌, 또는 추구하는 가치는 공리적 기쁨(이利), 유희적 재미, 예술적 미美, 도덕적 선善(시是)인 반면, 멀리하려는 느낌 또 반反가치는 아픔(손해), 재미없음(심심함과 무료함), 추醜(황량, 무맛, 못생김, 못갖춤), 악惡(잘못, 불선)이다.

내감의 이 네 가지 변별에 입각한 네 가지 판단, 곧 쾌통판단·재미판단·미추판단·시비판단은 모두 '중화中和', 곧 균형과 조화, 또는 적절한 비율과 비례 여부 또는 중도의 존부를 기준으로 발동된다. 이를 관장하는 직감적 감각은 쾌통감각, 재미감각, 미추감각, 시비감각이다. 이 판단감각들의 이 발동은 본성적·본능적이다. 왜? 그것은 하늘만이 안다. 우리가 느끼는 쾌통·재미·미추·시비의 감성적 심상心象들, 곧 인간의 모든 "심상은 하늘에서 만들었기(在天成象)"[2] 때문이다.

기쁨과 아픔(이익과 손해), 재미있음과 재미없음, 미와 추, 선과 악(잘

---

1 '내감'은 외감(오감+근감각)과 다른 것이다. 내감에 대해서는 참조: 황태연, 《감정과 공감의 해석학(2)》(파주: 청계, 2015·2016), 949–1042쪽.
2 《易經》〈繫辭上傳〉, (1).

잘못)의 가치는 별도의 독립적 실체實體로 존재하는 것이 아니다. 이런 가치들은 중화에 적중하느냐, 중화에 어긋나느냐에 따라 결정된다. 아니, 중화 여부에 따라 우리가 즉각 기쁨, 재미, 아름다움, 선함을 느낀다. 한마디로 중화에 적중하면 적중한 만큼 기쁘게(이롭게), 재미있게, 아름답게, 선하게 느끼는 반면, 중화에 어긋나면 어긋난 만큼 아프고(해롭고), 재미없고, 추하고, 악하게 느낀다. 따라서 '재미'를 쾌통·미추·선악 등 다른 느낌들과 더불어 깊이 이해하기 위해서는 먼저 중화의 개념과 그 보편적 작용부터 천착해야 할 것이다.

■중화와 재미의 관계

이 공리적 기쁨, 유희적 재미, 예술적 미, 도덕적 선이라는 네 가지 가치는 공통적으로 다 각각의 행위에서 '중화'를 이룬 좋은 느낌들이다. 그렇다면 이 가운데 '재미'는 나머지 세 가지 가치들(흡족한 느낌들)과 어떻게 다른 것인가? 뒤에 상론하겠지만 방향을 예시하기 위해 미리 개관하자면 '재미'는 오직 '유희적 행위'로부터만 나오고 유희적 행위의 고유한 목표다. '유희적 행위'는 '놀이'라고도 부른다. 유희적 행위는 어린이들의 놀이에서부터 각종 스포츠게임, 세계적 차원의 올림픽게임, 월드컵게임까지 포괄한다. 그리고 방금 분석했듯이 유희적 요소 또는 게임 요소는 힘들거나 어려운 공리적 행위나 예술적 행위, 도덕적 행위를 수월하게 하기 위해 이 비非유희적 인간행위들 속에도 종종 섞여 있다. 그만큼 '유희적 행위'와 '재미'는 인간에게 보편적으로 중요한 것이다. 이런 의미에서 인간은 대강 호모 루덴스(*homo ludens*), 유희인遊戱人, 곧 '노는 놈'이다.

'재미'는 욕망을 충족시킬 물적 가용성(*material availability*)으로서의 '이익', 또는 욕망 충족에서 생기는 기쁨보다 한 단계 높은 가치다. 우리는 유희적 재미를 느끼기 위해 공리적 행위로 번 막대한 돈의 지출, 재물의 소모 또는 재화의 소비도 불사하기 때문이다. 우리는 대부분 노는 데 돈을 쓰기 위해 공리적 행위(노동, 사업, 공부, 학습, 연구)를 하고, 또 돈을 쓰고 재물을 소모하며 노는 것이 인생의 대부분이다. 따라서 '호모 루덴스'는 "나는 놈 위에 노는 놈"인 것이다. 여기서 '나는 놈'은 '뛰는 놈' 위에 있기 때문에 공리적 행위자 가운데 최고인 자인데, '노는 놈'은 '나는 놈' 위에 있는 존재다. 목적론적으로 볼 때, '재미'는 '기쁨'보다 중요하고, 유희 또는 게임은 노동이나 사업보다 중요하고, 공부나 학습보다 더 중요하다.

재미가 유희적 행위로부터 나오고, 이익이나 기쁨은 '공리적 행위'로부터만 나오고, 미의 느낌은 '예술적 행위'나 예술작품으로부터만 나오고, 선의 느낌은 '도덕적 행위'로부터만 나온다. 따라서 네 개의 가치, 기쁨·재미·미·선에는 각각 공리적 행위, 유희적 행위, 예술적 행위, 도덕적 행위가 대응하는 것이다. 이 네 가지 행위는 '사회적 행위(*social action*)'이고, 인간이 행하는 거의 모든 사회적 행위는 이 네 가지 행위에 포섭된다. 그 밖의 사회적 행위로는 뒤져 찾는 '탐색적 행위'(foraging; rummaging; 탐험, 수색, 수사, 조사) 등이 있지만, 그 결과가 이롭거나 유익한 어떤 것이라는 점에서 공리적 행위에 속하는 것으로 간주될 수 있다. 인간의 행위에는 그 자체로서 사회성이 없는 '비非사회적 자기 행위들'인 운동·연습·훈련 등이 있다. 이런 행위들도 '교육·학습'이라는 공리적 행위에 포함된 일단으로 취급될 수 있다. 따라서 이 행위들도 별도의 사회정치적 사색대상으로 독립시킬 필요가 없을 것이다.

하버마스 같은 학자는 노동까지도 비사회적 행위로 간주하지만 이는 그릇된 것이다. 노동은 대개 협업적 분업으로 진행되고 사회적 분업 체계 속에서 간혹 홀로 작업해야 하는 단독 작업도 노동결과물과 작업노동이 남에게 이로운 사용가치를 가진 점에서 어디까지나 타인들과 관계되기 때문에 엄연한 '사회적 행위'다. '노동'은 상업행위를 포괄하는 '사업'과 더불어 대표적인 '공리적 행위'다.

　재미는 다른 세 가지 가치들과 마찬가지로 이에 대응하는 사회적 행위 인 '유희적 행위'의 중화성으로부터 생겨난다. 중화에 어긋난 유희적 행위 는 '재미없다'. 따라서 재미와 유희적 행위에서는 중화가 중심 개념이다. 이것은 기쁨과 공리적 행위, 미와 예술적 행위, 선과 도덕적 행위의 경우 도 마찬가지다.

　■ 균형으로서의 '중中'의 개념

　'중화中和'에 관한 고전적 이론은 공자, 플라톤, 아리스토텔레스의 이론 이 있다. 공자와 플라톤의 이론만이 중화의 이론을 온전히 말하고 있는 반면, 아리스토텔레스의 중도이론은 '중中'만을 (그것도 산술적·기계적 '중 간'으로 그릇되게) 그것도 윤리학적 논의에 가둬 논하고 '화和'는 거의 언 급하지 않았다. 따라서 여기서는 공자와 플라톤의 온전한 중화론을 기본 으로 해명하고자 한다.

　먼저 공자의 제자 자사子思가 기원전 409년(노魯나라 목공穆公 9년)에[3] 공자의 어록을 모아 지었다고 전하는[4] 《중용》은 '중화中和'와 '중용中庸'

---

[3] 주周나라 위렬왕威烈王 17년.
[4] 金長生, 《經書辨疑》(서울: 민족문화추진회, 2003), 77쪽.

개념을 집중적으로 논하고 있다. 《중용》의 짧은 경문經文들은 2500년 동안 수많은 사람들이 독해를 시도했다. 하지만 여전히 난해하고 심오한 아포리아, 곧 난문難問으로 남아 있다. 일단 그 대강을 알기 위해 먼저 주요 구절을 뜯어 보자. 공자는 먼저 '중中'과 '화和'를 나누어 이렇게 설명한다.

> 기쁨, 노함, 슬픔, 즐거움(喜怒哀樂)이 발동하지 않은 것을 일러 '중'이라 하고, 발동해 모두 다 절도에 적중한 것을 일러 '화'라고 한다(喜怒哀樂之未發 謂之中 發而皆中節 謂之和).[5]

그러고는 이 중과 화를 바로 천하의 원리로, 나아가 천지(우주)의 원리로 확대한다.

> '중'이라는 것은 천하의 대본이고, '화'라는 것은 천하의 달도다. 중화를 이루니 하늘과 땅이 이 중화에 정위定位하고, 만물만사가 이 중화에서 화육化育한다(中也者 天下之大本也, 和也者 天下之達道也. 致中和 天地位焉 萬物育焉).[6]

위 구절에서 '중中'은 어떤 감정이 이미 심중에서 일어났으나 감정을 밖으로 발동하지 않은 채 심중에 머금고 고르는 정태적 '균형의 중심'을 뜻하고, '화和'는 절조에 적중하게 감정을 발동하는 동적 '조화(中節)'를 뜻한다. 그리고 이 '중'은 때로 '중화'나 '중용'의 줄임말이기도 하고, 양극

---

5 《中庸》(1章).
6 《中庸》(1章).

단의 '중간' 또는 '중도中度'를 뜻하기도 하고, 하나의 원칙으로서 '중도中道'를 뜻하기도 하는 등 다양한 의미로 표현되고 있다. 이제 한 구절씩 뜯어 보자.

먼저 첫 구절 "기쁨, 노함, 슬픔, 즐거움이 발동하지 않은 것을 일러 '중'이라 하고, 발동해 모두 다 절도에 적중하는 것을 일러 '화'라고 한다"는 구절을 뜯어 보자. 여기서 공자는 중과 화의 개념을 일단 감정에 걸어 정의하고 있다. "기쁨, 노함, 슬픔, 즐거움이 발동하지 않은 것을 일러 '중'이라고 한다(喜怒哀樂之未發 謂之中)"는 구절에서 '미未'자는 '아직 ~가 아니다'는 뜻이 아니라, '무無'자와 같다. '아직 ~가 아니다'라고 풀이하면, '반드시' 다음의 '화'로 발전해야 한다. 그러나 '중'은 의미맥락상 반드시 '화'로 나아가는 전 단계가 아니라, 별개의 독립적 상태다. '중'은 '중'으로 그친다. 이렇게 보면, 첫 구절은 "희로애락의 '무발無發'이 '중'이다"는 뜻이 된다. 그러므로 '중'은 감정이 심중에 일어났으나 신체적 상태의 변화(표정변화, 웃음, 미소, 찡그림, 눈물, 콧물, 손짓, 발짓 등)를 통해 외부로는 드러내지 않은 채 이 감정을 심중에 꾹 눌러 제어하고 마음의 중심을 잡는 정적靜的 '균형' 상태다. 즉 '중'은 곧 심적 중심을 잡아 감정을 자제하고 그 발현을 억지抑止하는 정태적 '균형'을 가리킨다. 따라서 뒤의 '화'가 '조화롭게 한다'는 동사적 의미의 명사인 것처럼, 이 '중'도 '가운데'를 지칭하는 위치명사가 아니라, 자제력으로 '속내의 중심을 잡는다'는 동사적 의미의 명사다. 따라서 '중'은 이미 일어난 감정을 심중에서 다스려 정태적 평정상황을 유지하는 '균형 작용'이라고 할 수 있다. 이 '균형 작용'은 감정의 세기, 주변상황, 감정을 누르는 자제력 사이의 종합적 평형을 맞추는 내면적 행위다.

이처럼 '중화'의 '중'은 일차적으로 '균형 작용'이다. 물론 '중'은 뒤에 상론하는 것처럼 극단으로 치우치지 않는 것, 못 미침(不及)과 지나침(過) 사이에서 편향과 치우침이 없는 양적 '중간'의 의미를 갖기도 한다. 하지만 주희나 정약용처럼 중화의 '중'에서 결정적으로 중요한 '중심 지킴(守中)' 또는 '균형 작용'의 의미를 놓치고 이 '중'을 일괄 "편향되고 치우침이 없는 것(無所偏倚)" 또는 "편향되지 않고 치우치지 않고 지나침과 못 미침이 없는 것(不偏不倚無過不及)"으로만 풀이하는 것은 그 자체가 '양적 중간' 개념 쪽으로 치우친 것이다.[7] 또한 발동하지 않음(중)은 '성性'이고, 발동해 다 절도에 맞는 것(화)은 "감정의 바름(情之正)"이라는 주희의 풀이도[8] 순 엉터리다. 공자는 '중'이든 '화'든 둘 다 '감정'을 두고 말하고 있기 때문이다.

인간이 자신의 감정을 외부로 발동하지 않고 조절해서 심적 균형을 유지해야 하는 이유는 무엇인가? 우리가 타인들과 감정적 균형을 유지해야 하기 때문이다. '희로애락의 미발'의 균형은 타인과의 대외적 감정 균형을 위해 안으로 내면적 균형의 마음을 가지는 '이중적 균형'을 함의한다. 사소한 이유에서 생기는 가벼운 일시적 개인감정도 인간의 보편적 공감본성 때문에 타인에게 바로 영향을 준다. 가령 사소한 원인의 개인적 단순감정 중에서 일시적이고 가벼운 부정적 감정들(노함, 슬픔, 두려움, 싫음과 육체적 통증, 허기, 갈증)이라도 가족, 친구 등 가까운 주변 사람들이 공감과 교감으로 알기 때문에 그들의 걱정을 끼칠 수 있다. 슬픔이나 허기는 슬프지 않거나 배부른 주변 사람과의 격차와 불균형을 만든다. 이 때문에 주변 사람들은 슬프거나 배고픈 사람들을 본능적으로 위로하거나 그 원

---

7 朱熹,《集註》; 丁若鏞(全州大 호남학회연구소 역),《與猶堂全書》〈經集 I; 中庸自箴〉(전주: 전주대학교출판부, 1986), 209쪽.

8 朱熹,《集註》.

인의 제거에 도움을 줌으로써 이 감정 격차를 줄이거나 없애려고 한다. 이러는 과정에서 주변 사람들도 슬픔과 배고픔의 괴로움을 공감적으로 같이 겪는다. 따라서 이런 슬픔과 배고픔을 표출하는 자는 이런 감정표출로써 본의 아니게 가까운 주변 사람들에게 폐를 끼치는 것이다.

그러므로 이런 경우에 인간은 타인과의 감정적 격차가 나지 않게 하는 효과적 방도를 택한다. 그것은 우리가 이런 부정적 감정들을 드러내지 않게 제어함으로써 가까운 타인이 이 감정들을 공감적으로 지각하지 못하게 하여 이 감정들이 애당초 유발되지 않은 것 같은 대외적 균형의 모양을 내면으로부터 만드는 것이다. 우리는 타인들의 공감적 걱정과 괴로움을 유발하지 않기 위해 사소한 일상적 원인의 일시적 슬픔이나 배고픔의 괴로운 감정을 심중에 붙잡아 가두고 마음의 중심을 유지함으로써 밖으로 타인들과의 감정적 균형상태를 유지한다. 그러면 우리의 사소한 부정적 감정들은 일시적인 감정이기 때문에 곧 저절로 사라진다. 이렇게 하여 우리는 밖으로 이 감정들을 드러나지 않게 하고, 타인의 걱정·위로·도움을 유발하지 않게 함으로써 자아와 타인의 '감정복지(*emotional welfare*)'를 관리할 수 있다.

이것은 사소한 일상적 원인에서 야기된 개인적 기쁨이나 기분 좋음과 같은 긍정적 단순감정들의 경우에도 마찬가지다. 우리가 이런 사소한 긍정적 개인감정들을 드러내는 경우에 가까운 주변 사람들이 어떤 다른 심각한 이유에서 부정적 감정상태에 있는 경우에 이들에게 불쾌감을 줄 수도 있고 가깝지 않은 사람들에게는 질투심을 야기할 수도 있다. 따라서 이들과 감정적 균형을 맞추기 위해 우리는 우리의 사소한 기쁜 감정도 심중에 가두고 평정을 유지하는 심적 균형을 잡아야만 하는 것이다.

이와 같이 인간이 자신의 감정을 밖으로 발동되지 않게 제어·조절하고 심적 균형을 유지해야 하는 '중'의 필요성을 결정하는 요소들은 이 감정들의 원인의 사소함, 개인적 성격과 학습, 그리고 주변 사람들의 감정상황 등이다. 이런 감정들은 거의 다 칠정七情(喜·怒·哀·懼·愛·惡·欲), 곧 기쁨(희열)·분노·슬픔·두려움·좋아함·싫어함·욕망의 일곱 가지 단순감정들이다. 단순감정은 도덕과 무관한 '비도덕적 감정들'인데, 이 감정들은 그 성질상 감정적·사회적 불균형과 부조화를 야기하는 반면, 도덕적 공감감정(측은·수오·공경지심, 도덕적 가·불가감정, 죄책감 등)은 그 성질상 이 불균형과 부조화를 해소하는 역할을 한다.

　육체적 아픔의 원인이 가령 발꿈치를 책상모서리에 살짝 찧은 것이라면, 우리는 발꿈치의 이 작은 육체적 통증 같은 것을 밖으로 표출하지 않도록 제어한다. 왜냐하면 이 육체적 통증의 원인이 사소한 데다 통증은 지극히 개인적이고 일시적이어서 주변 사람들의 동정적 위로도, 도움도 가급적 받지 않아야 하고 또 불필요하게 주변 사람들에게 걱정과 폐를 끼쳐서는 아니 되기 때문이다. 만약 우리가 개인의 이런 사소한 일시적 통증을 제압하지 못하고 아픈 감정을 밖으로 발동시킨다면, 곧 울음이나 눈물, 표정, 비명 등으로 표출한다면, 이를 본 주변 사람들은 그 원인의 사소함을 모르는 경우에 이에 속아 한두 번 동정심을 표하고 위로하고 도울 것이다. 그러나 그 원인을 안다면 그들은 우리를 심약한 자 또는 자제력 없는 자로 보거나 엄살이나 꾀병을 부리는 것으로 보고 우리의 통증에 공감하지 않을 뿐만 아니라 우리를 비웃을 것이다.

　아이들은 재미 삼아 때리고 맞는 싸움놀이나 병정놀이, 전쟁놀이를 할 때 자주 다친다. 그러나 아이들은 다쳐서 아프더라도 참으며 잘 논다. 그런데 아프다고 자주 우는 아이가 있으면 아이들은 이 아이를 놀이에 끼워주지 않는다. 아이들끼리의 진짜 싸움에서도 먼저 우는 쪽이 패자다. 그런

데 성인이 배고프다고 소리 내 울거나 크게 내색할 수 있겠는가? 성인이
라면 배고픔을 참을 만큼 참으면서 주변 사람들에게 걱정을 끼치지 않도
록 입과 표정을 관리해야 한다. 또 우리는 직급이나 월급이 올라서 기쁘더
라도 보통 주변 사람들을 고려해 이 기쁨을 내색하지 않는다. 초상집에
문상을 갔다면 더욱 주변을 고려해 자리를 벗어날 때까지 이 기쁨을 감추
고 자기 감정을 애도 분위기에 맞추고 표정관리를 한다. 식구들은 우리의
직급·월급 상승의 일상적 원인으로 말미암은 개인적 기쁨에 충심으로 공
감할 것이다. 하지만 직급·월급 상승은 우리와 식구 외의 타인들이 보면
무심히 보아 넘길 만한 사적인 일상사다. 이 경우 우리의 기쁨은 우리와만
관련된 것이기 때문이다.

사소한 일상적 원인과 이유의 이 개인적 단순감정들을 타인의 관점에서
보면, 타인들은 이런 감정의 처리를 개인의 몫으로 넘긴다. 그러므로 타인
들은 이 감정들의 표출 허용치와 자기들의 공감 가능치를 제로로 본다.
우리가 감정의 원인과 주변상황을 고려해 사소한 원인의 일시적 개인감
정을 이와 같이 표출하는 일 없이 정태적 균형 속에 잘 관리한다면, 우리는
자기 심중의 정서적 안정성을 유지한 채 작은 감정들에 흔들리지 않고
또 주변의 조소나 악의적 질시로부터 안전한 상태에서 우리의 정체성을
안으로 유지할 것이다. 그러면 우리는 오히려 이 감정의 무無발현("喜怒哀
樂之未發") 또는 자제력 때문에 주변 사람으로부터 나지막한 호평을 받거
나 거부감 또는 반감을 피할 수 있을 것이다.

아담 스미스(Adam Smith)는 《도덕감정론(The Theory of Moral Sentiments)》에서
가령 육체적 욕구감정과 관련해 이렇게 말한다. "육체의 저 욕구들에 대
한 억제력에는 정확히 자제력이라고 불리는 저 덕성이 근거한다. 건강에
대한 존중과 행운이 규정하는 저 경계 안에 이 욕망들을 억제하는 것은

현명의 역할이다. 그러나 이 욕망들을 기품, 적절성, 우미함과 겸손이 요구하는 저 한계 안에 가두는 것은 자제력의 직무이다."[9]

우리는 사소한 개인적 단순감정의 경우에 이 감정의 표출로 말미암아 주변의 타인들에게 폐를 끼치는 것을 자제한다. 어떤 사람이 가령 배아픔의 고통을 느낀다면, 그는 이 고통을 참고 내색하지 않는 방식으로 배가 아픈 그 자신과 그렇지 않은 주변 사람 간의 불균형을 드러나지 않게 감춰서 주변 사람들의 공감과 공감적 아픔(동고同苦), 그리고 동정심을 유발하지 않도록 신경 쓴다. 보통 사람들은 자기의 개인적 고통을 표출해 주변 사람을 같이 고통스럽게 만들어 주변 사람들의 정서적 분위기를 망치지 않기 위해 애쓴다.

나아가 우리는 개인적 자기정체성과 자존심을 지키기 위해서도 이런 개인적 고통이나 슬픔 때문에 주변 사람의 공감과 동정을 받는 것을 바라지 않는다. 그리고 역으로 타인들은 상술했듯이 어느 정도의 고통을 견디는 것을 자기정체성을 갖춘 각 개인의 몫으로 간주한다. 보통 사소한 육체적 통감痛感을 표현해도 되는 허용치는 거의 '제로'다. 이 때문에 타인들이 이런 통감의 표출에는 공감을 표하지 않는 것이다. 타인들은 오히려 이 통감을 견디는 자제력을 좋게 평가한다. 간단히, 통감 표출에 타인들의 공감이 적기 때문에 통증의 표출을 억제하는 자제력을 발휘하는 것이 아니라, 역으로 자기와 타인이 통증의 표출을 억제하는 자제력을 발휘하는 것을 각자의 몫으로 간주하기 때문에 통증을 표출하는 경우에 공감이 적

---

9 Adam Smith, *The Theory of Moral Sentiments, or An Essay toward an Analysis of the Principles by which Men naturally judge concerning the Conduct and Character, first of their Neighbours, and afterwards of themselves* (1759, Revision: 1761, Major Revision: 1790), edited by Knud Haakonssen (Cambridge/New York: Cambridge University Press, 2002·2009 (5. printing)), I. ii. i. §4.

은 것이다.

그러나 아담 스미스는 이 연관관계에서 바로 원인과 결과를 거꾸로 생각
한다.

우리가 육체적 통증에 대해 느끼는 공감이 적은 것이 이 통증을 참는 지조
와 인내심의 적절성의 기초다. 극히 가혹한 고문 아래서 그로부터 어떤 약
한 기미도 새나가는 것을 허용치 않고 어떤 신음 소리도 터트리지 않는
사람, 우리가 완전히 동감하지 못하는 어떤 감정에도 꺾이지 않는 사람은
최고의 감탄을 일으킨다. 우리는 그가 이 목적을 위해 해내는 고결한 노력
을 감탄하고 이에 완전히 보조를 맞춘다. 우리는 그의 자세를 가끼하게 느
끼고, 인간본성의 공통된 취약성에 대한 우리의 경험으로부터 우리는 놀라
고, 그가 어떻게 가한 느낌을 받을 만할 정도로 그렇게 행동하는지에 대해
경탄한다. 가하게 느끼는 감정은 경탄과 놀람에 의해 섞이고 활성화되면
정확히 감탄이라고 일컬어지는 감정을 이루고, 이미 말했듯이 갈채는 이
감탄의 자연적 표현이다.[10]

감탄과 놀람은 자제력에 대한 공감을 표하는 것이다. 따라서 스미스는
아픔을 느끼는 통감에 대한 적절한 자제력이 통감에 대한 타인들의 공감
이 "적은" 것의 결과이면서 다시 이 자제에 대해 "감탄하고 놀라는" 공감
의 원인이라는 괴이한 논리에 빠져들고 있다. '타인의 공감이 적은 것'은
자제력을 발휘해야 할 이유가 아니다. 오히려 반대로 '타인의 공감을 적게
하거나 피하려는' 의도가 자제의 이유다. 상술했듯이 개인은 자기의 개인
적 고통으로 주변 사람들을 같이 고통스럽게 만들지 않도록, 이들의 공감

---

10 Smith, *The Theory of Moral Sentiments*, I. ii. i. §12.

을 전혀 일으키지 않거나 최소화하도록 신경을 쓰기 때문에 고통을 가급적 혼자 참아내는 자제력을 발휘하는 것이다. 즉 통감 자제의 이유는 자신의 개인적 고통에 대한 타인들의 공감 가능성과 동고同苦 가능성에 대한 염려다. 고통 표출의 자제는 그의 당연한 몫이다. 그리고 '가혹한 고문'이 야기하는 참을 수 없는 극렬한 육체적 고통을 꿋꿋하게 견디어 내는 사람에 대해 '놀라고 감탄하는 공감'은 이 사람의 자제력이 보통 사람들에게 기대되는 자제력의 당연한 몫을 넘는 초인적超人的 수준이기 때문에 일어나는 것이다.

한편 정적 '중'의 이 내면적 균형 원리는 인간만이 아니라, 사회세계에도 그대로 적용할 수 있다. 인간사회도 내외의 충격과 자극으로부터 생기는 내부의 동요를 제어하며 대내적으로 균형을 유지해야만 하나의 사회로서의 공동체적 정체성正體性을 변함없이 유지하며 외부사회에 대해 존립할 자격을 주장할 수 있다. 나아가 생물과 무생물도 외적 충격에 의해 야기되는 감정적·물리화학적 동요를 흡수·소화하며 내적 균형을 유지해야만 일정한 생물적·사물적(무생물적) 정체성을 항구적으로 유지하며 안팎의 동요에 대해 맞설 힘을 갖고 존립하는 것으로 인정받을 수 있다.

불변·무변동의 '중'을 경직되게 이해해 불변적 '균형'을 경직되게 고수하면, 변화·발전하는 세계는 융통성과 동적 비례를 잃고 무너질 수 있다. 만약 이 경직된 '중간', 경직된 '중도'만을 우리의 사회행위나 정치의 원칙으로 고집한다면, 우리의 활동과 나라는 경직되어 고사하거나, 보수가 진보를 누르고 박멸하는 파시즘적 폭압 속에 파탄 나고 말 것이다. 그리하여 맹자는 경직된 '중'을 고집하는 것의 위험에 대해 이렇게 비판한다.

자막子莫은 '중'을 붙잡았고 '중'을 붙잡는 것을 도에 가까이 가는 것으로 여긴다. 하지만 '중'을 붙잡는 것이 임기응변적 변통을 없애 버린다면, 이것은 하나만을 고집하는 것과 같다. 하나만 고집하는 것을 싫어하는 것은 그것이 도를 해치고 하나를 들어 백 가지를 폐하기 때문이다(子莫執中 執中爲近之. 執中無權 猶執一也. 所惡執一者 爲其賊道也 舉一而廢百也).[11]

따라서 어떤 식으로든 경우에 따른 임기응변적 융통성과 비례적 변화가 있어야 발전과 성장이 있는 것인데, 그것이 바로 '화和'다.

■비례적 조화로서의 '화和'의 개념

'화和'는 부동의 중심을 지키기 위해 균형 작용을 하는 '중中'의 원리와 달리 조화와 비례에 따른 동적 변화의 원리다. 희로애락喜怒哀樂의 감정들이 "발동해 모두 다 절도에 적중한 것을 일러 '화'라고 하기(發而皆中節謂之和)" 때문이다. '개중절皆中節'에 다시 '중'(=적중함)이 들어 있기 때문에, 엄격히 말하면, '화'는 '중中의 동학動學', 곧 '균형의 역동화力動化'라고 할 수 있다. 또 '개중절'의 '절節'은 마디, 눈금, 절제, 절조節調, 절도, 가락, 박자, 절차 등을 말한다. 따라서 "절도에 적중하게" 감정을 발동하는 것은 정해진 눈금에 맞게, 또는 비례적 절조에 따라 감정을 표출한다는 것, 곧 인과적·상황적 변화에 맞춰 '조화롭게' 감정을 표출하는 것을 뜻한다. 따라서 '화'의 핵심적 의미는 곧 '변화에 비례하는 동적動的 조화'다. 표출되는 감정의 양을 동태적으로 조절하는 데 기준이 되는 이 '눈금마디

---

11 《孟子》〈盡心上〉(13–26). '자막子莫'은 노나라의 현자인데 양자楊子와 묵자墨子 중간을 취해 붙들고 늘어졌다.

(절도)'에 대한 '비례적 조율'은 다시 '원인적 감정의 세기', '도덕감정' 및 기타 공감감정, '객관적 상황' 등에 의해 결정된다.

감정을 발동해 밖으로 표출해도 공감을 얻을 수 있는 경우는 첫째, 감정의 원인과 이유가 격렬한 감정을 야기할 만하다고 일반적으로 인정될 정도로 그 세기가 강력하고 심각한 경우다. 가령 정강이를 책상다리에 '아주 세게' 찧었다면 보통 사람들은 본의 아니게 '악!' 소리를 내며 나뒹굴 수 있다. 이 육체적 통증의 세기는 너무 강렬하다. 이 강렬한 통증은 이 통증을 느끼는 사람의 괴로운 감정과 주변 사람들의 통상적 감정 사이의 감정적 격차(불균형)를 극화시킨다. 이 극화된 격차는 다친 사람의 개인적 자제력에 의해 효과적으로 해소될 수 없다. 이때는 아픔을 참기보다 '악' 소리와 함께 밖으로 표출함으로써 주변 사람들의 공감과 측은지심에 호소해 도움(부축, 병원이송, 치료 등)과 위로를 받아 이 감정 격차를 해소하는 것이 더 빠르고 더 효과적이다.

이런 경우에 주변 사람들은 그 통증의 해소를 다친 사람의 자제력에 내맡기지 않고 본능적으로 재빨리 상부상조로 해소하려고 한다. 따라서 우리는 사소한 아픔 감정이 아니라 이 극심한 아픔 감정의 경우에 다친 사람이 격렬한 통증을 표출하더라도 이에 공감하고 즉각 측은지심에서 위로나 도움을 준다. 이런 경우에 주변 사람들은 - 사이코패스만 빼고 - 예외 없이 이 아픔에 모두 공감할 것이다. 극심한 고통을 유발하는 큰 부상의 경우에도 모든 인간은 고통을 부지불식간에 표출하지 않을 수 없고, 또 주변 사람들은 이 고통 표출에 공감하며 도울 것이다. 또 아들을 잃은 어미의 슬픔은 막심하기에 '대성통곡'으로 슬픔을 표출하더라도 우리는 이 슬픔에 공감하고 같이 애도하고 도울 것이다. 거꾸로 어미가 아들의 죽음에 겨우 눈물 한 방울을 보이고 만다면, 이것은 막심한 슬픔의 큰 원인과 조화롭지 않아서, '악어의 눈물'로 표출된 어미의 이상하게 냉정한 감정에 주변 사람들은 전혀 공감하지 않고 삿대질할 것이다.

또한 사람들은 배고픔 같은 육체적 통증의 괴로움이나 식욕 같은 욕구 감정에 대해서도 극심한 경우나 아주 친밀한 경우에 그 표출을 허용하고, 이에 대해 공감을 보인다. 스미스도 이런 공감적 상황을 유사하게 기술한다. "가령 격렬한 배고픔은 많은 경우에 자연적일 뿐만 아니라 불가피할지라도 언제나 점잖지 못하고, 게걸스럽게 먹는 것은 보편적으로 나쁜 행실의 일종으로 간주된다. 하지만 배고픔의 경우에도 어느 정도의 공감이 존재한다. 그리고 우리의 친구들이 왕성한 식욕으로 먹는 것을 보는 것은 기분이 좋다. (⋯) 건강한 사람에게 몸의 습성적 경향성은, 거친 표현이 허용된다면, 위장으로 하여금 강한 혐오감이 아니라 좋은 식욕과 쉽사리 박자를 맞추도록 만든다. 우리는 신문잡지에서 포위나 항해 시에 겪는 굶주림에 대한 기사를 읽을 때 극심한 굶주림이 야기하는 '괴로움'에 공감할 수 있다. 우리는 우리 자신이 수난자들의 상황에 처해 있다고 상상하고, 그래서 필연적으로 그들을 괴롭히는 것이 틀림없는 비애, 공포, 경악의 감정을 쉽사리 느낀다. 우리는 우리 자신이 이 감정들을 상당한 정도로 느끼고, 그러므로 저 수난자들에 공감한다."[12]

그런데 아들을 잃은 어미가 아들을 죽인 살인자에 대해 보복살인의 앙갚음으로 슬픔을 표현하거나, 석 달 열흘 동안 대성통곡하기만 한다면 이런 식의 지나친 슬픔 표출은 원인의 강도를 넘어간다. 이때는 주변 사람들이 표하던 공감을 다시 거두어들일 것이다. 감정 표출이 원인의 극심함과 '비례를 잃어 조화롭지 않기' 때문이다. 요는 책상다리에 정강이를 찧

---

12 Smith, *The Theory of Moral Sentiments*, I. ii. i. §§1.

은 경우, 큰 부상을 당한 경우, 아들을 잃은 어미의 경우 등 세 경우에도 다 반드시 남이 공감하는 정도를 넘지 않도록 언제나 절조 있게, 곧 조화롭게 표출하려고 애써야 한다. "개중절皆中節해야 하는 것"이다. 그러면 아픔과 슬픔은 둘 다 아픔과 슬픔의 원인에 비례하고 삶과 조화로운 수준에서 표출되어 지나치지 않으므로, 마음을 다치게 하지 않을 것이다. 공자는 《시경》의 〈주남·관저〉의 슬픈 시에 대해 "관저는 (...) 슬프나 다치게 하지 않는다(關雎 〔...〕 哀而不傷)"고 평가한 바 있다.[13]

아주 깊은 즐거움도 그 깊은 세기에 비례해서 표출한다면 같이 나눌 수 있다. 그러나 비례적 조화를 잃고 난잡해진다면 공감을 얻지 못한다. 공자는 《시경》의 〈주남·관저〉의 즐거운 시에 대해 "관저는 즐거우나 난잡하지 않다(關雎 樂而不淫 〔...〕)"고 평가한 바 있는데,[14] 공자는 이 시가 즐거운 감정을 조화롭게 표현하는 모델로 생각한 것이다. 따라서 큰 원인과 심각한 이유의 극심한 단순감정의 경우에도 감정을 절제해서 표현하는 것은 놀람과 감탄의 공감을 얻을 것이다. 타인들은 사소한 '단순감정들'의 표출허용치를 제로로 보는 한편, 극심한 단순감정의 표출허용치도 다음에 취급할 '공감감정'의 표출허용치보다 더 높이 보지 않기 때문이다. 이것은 '단순감정'은 사소하든 극심하든 둘 다 개인적 감정, 곧 '비非사회적' 감정인 까닭으로 보인다. 긍정적 '공감감정'은 '단순감정'과 달리 남의 단순감정에 대한 공감이나 서로어울림(Mitsein, company)으로부터만 생겨나는 2차적·사회적 감정이다. 즐거움, 사랑, 우정, 연대감, (사람에 대한) 믿음 등이 대표적이다. '교감감정'은 대개 교감으로 인지된 타인 감정에 부정적으로 반응하는 2차적 감정이다. 교감감정은 시기심, 질투심, 경멸

---

13 《論語》〈八佾〉(3-20).
14 《論語》〈八佾〉(3-20).

감, 반감, 거부감, 적개심, 텃세감정, (남의 우월한 지위에 기죽은 자기의 심리상태에 대한 교감적 인지에서 나오는) 열등감·자학·자멸自蔑의식 등이 대표적이다. 뒤에 설명하는 바와 같이 '교감(*Nachgefühl*)'은 남의 감정을 같이 하지 않은 채 인지하기만 하는 내감작용이다. 반면, '공감(*Mitgefühl*)'은 남의 감정을 인지할 뿐만 아니라 그 감정을 자기의 심중에서 재생해 같이 느끼는 내감작용이다.

감정을 밖으로 표출해도 공감을 얻을 수 있는 두 번째 경우는 타인의 감정에 대한 공감감정과 교감감정을 표출하는 경우다. 원래 공감감정 일반은 제3자의 공감을 얻기 쉽다. 동네사람들에게 잔치를 베푸는 경우에는 호스트에게 이들의 기쁨(단순감정)을 공감하는 것으로부터 '즐거움'이라는 공감감정이 생겨난다. '기쁨'은 덧없는 직접적 단순감정이지만, 이 기쁨을 공감적으로 느끼는 것으로부터 이차적으로 생겨나는 감정인 '즐거움'은 공감감정으로서 무한반향을 일으킨다. 제3자라도 즐거운 사람들의 즐거운 모습을 단지 보기만 하고서도 이들의 즐거움을 같이 느낀다(공감한다). 타인의 기쁨에 대한 공감에서 생겨난 '희열적 공감감정'으로서 쾌락적(희열적) 즐거움은 다시 제3자의 공감을 얻기 쉽다. 또 가령 어떤 가수가 노래를 부르는 예술적 행위에 감명받은 한 청자의 '예술적 즐거움'은 대중적 공감감정으로서 '팬클럽'을 같이 할 정도로 다른 청중의 전폭적 공감을 얻기 쉽다. 따라서 저 청자의 예술적 즐거움은 상당히 강하게 표출되더라도 절조節操에 어긋나지 않고 조화로울 것이다. 개그맨이 연출하는 유희적 행위인 개그에서 관람자 또는 시청자들이 느끼는 폭소의 재미나, 보통 사람들이 늘어놓는 유머도 개그맨과 유머 연출자의 재미감정에 대한 공감을 포함하기에 마찬가지로 즐거움을 가져다주는데, 이 경우의 즐거움은 '유희적 즐거움'이다. 그래도 이 희열적·예술적·유희적 즐거움은 셋 다 '자기'가 공감적으로 느낀 '자기'의 감정이다. 이 즐거운 감정들의 외적 발동은 일정한 절도節度에 적중해야 조화를 얻을 수 있다.

　그러나 도덕감정, 곧 도덕적 공감감정은 특히 제3자의 공감을 거의 무조건적으로 얻고, 따라서 아주 강력한 표출도 대규모로 허용된다. 도덕적 공감감정은 애당초 타인을 향한, 타인을 위한 감정일 뿐만 아니라, 성공과 곤경의 부침 속에서 변하는 타인의 처지에 따라 감정이나 물질을 타인과 나눔으로써 타인과의 균형과 조화를 회복하거나 유지하려는 실질적 중화의 의도를 내용으로 갖는 감정이기 때문이다. 도덕적 공감감정은 측은지심(동정심), 수오지심(특히 자기의 잘못에 대한 자기의 수치심, 죄책감, 남이 겪는 불의에 대한 공분으로서의 정의감 등), 공경지심이다. 부상당한 사람, 곤경에 처한 사람, 가난한 사람 등에 대한 동정심은 주변 사람들의 '거의' 무조건적 공감을 받는다. 타인의 성공이나 성취에 대한 축하감정도 마찬가지다. 도덕적 수치심, 죄책감, 정의감 등의 수오지심도 '거의' 무조건적으로 주변의 공감을 얻는다. 친절, 존경, 겸손, 양보심 등의 공경지심도 거의 무조건 공감을 받는다. 또한 측은·수오·공경지심에 반하는 행위(몰인정, 잔학, 몰염치, 무사안일, 비겁, 건방, 무례, 불경 등)에 대한 도덕적 혐오감과 경멸감, 또는 근친상간 등에 대한 본능적 혐오감과 같은 부정적 '교감감정'에도 거의 본능적으로 제3자의 공감이 주어지고 연대의식이 형성된다. 도덕적 교감감정도 애당초 타인을 향한 감정일 뿐만 아니라, 타인의 자대自大나 일탈행태의 자의적 의도를 억누름으로써 균형과 조화를 회복하려는 '실질적' 중화의 의도를 내용으로 갖는 감정이기 때문이다.

　따라서 도덕적 공감·교감감정에 대한 주변 사람들의 공감도 강렬한 단순감정에 대한 공감과 관련된 첫 번째 경우보다 훨씬 더 크다. 나아가 이 경우의 공감 정도는 특히 심적 균형('중')에 의해 감춰야 하는, 사소한 원인의 희로애락의 자기관련적 단순감정에 대한 공감이 거의 전무한 것에 견주면 실로 엄청난 것이다. 또한 도덕감정(도덕적 공감감정)들에 대한 공감은 희열적·예술적 공감감정에 대한 공감보다 더 강렬하다. 도덕적 공감·교감감정이 희열적·예술적·유희적 공감감정보다 더 많이 타인을 위한 감정이고 '실질적 중화'를 '내용'으로 지향하기 때문으로 보인다. 따라서 도덕적 공감·교감감정은 아주 공공연하게 밖으로 발동되어도 괜찮다. 그리하여 도덕적 공감·교감감정은 의식적으로 대중의 공감을 부추겨 전국적·전인류적 차원의 사회적 연대까지도 창설하고 강력한 사회운동을 일으킬 수도 있다.

요약하면, 대강 적절한 감정표출의 허용 정도가 사소한 단순감정의 경우에 제로이거나 비교적 낮은 반면, 사회적·도덕적 공감감정의 경우에는 아주 높다. 대개 사소한 단순감정이 이 중도(적절성)로 표출되는 경우에 공감은 자제하는 것에 대해서만 유발된다. 반대로 공감감정 일반, 특히 도덕적 공감감정은 그 표출의 허용정도가 아주 높아서 웬만큼 표출해도 중도를 넘지 않는다. 따라서 공감감정의 경우에는 많이 발동되어도 공감이 강렬하다. 인간의 진화과정은 강렬한 원조의도를 가진 많은 사람들을 최대로 동원해 인간들 사이의 심각한 감정적, 사회적 불균형을 가급적 신속하게 효과적으로 해소하기 위해 실질적 중화를 내용으로 하는 공감감정의 유전자를 침착시키는 방향을 취한 것으로 보인다. 여기서 감정표출의 '낮은 중도'와 '높은 중도', 이에 따라서 공감의 고저가 생겨났을 것이다.

아담 스미스도 단순감정과 공감감정에 따라 공자의 '중'과 '화' 개념과 상응하게 감정표출의 중도적 허용치를 '낮은 중도'와 '높은 중도'로 구분했다.[15] 가령 통증, 배고픔, 슬픔, 미움, 싫음, 분노 등의 감정들은 마음속에서 억제해 표현하지 않거나 표현하더라도 가급적 적게 표출해야만 적절한 것으로 평가된다. 이 감정들은 적절성의 정도, 곧 '중도'가 낮은 것이다. 이 '낮은 중도'는 공자의 미발未發의 '중'에 상응한다. 그런데 가령 동정심, 사랑, 친절, 공분 등의 도덕감정들은 아주 많이 표출해도 적절성을 잃지 않는다. 이런 감정들은 중도의 기준이 높은 것이다. 따라서 '높은 중도'는 '발이개중절發而皆中節'의 '화'에 상응한다. 스미스는 그가 "사회적·인애적 감정들"이라고 부르는 도덕적 공감감정들(인간애, 친절, 연민, 후의, 우정, 존경 등)은 그 중도의 수위가 아주 높고, 타인들로부터 '배가된 공감'을 얻는다고 말한다.[15]

그러나 아무리 도덕적 공감감정이라도 극단적으로 치달아 궁극적으로 조화를 잃어서는 아니 될 것이다. 즉, 도덕적 공감감정도 감정발동의 분별적 적합성, 도덕적 행위의 대상이 되는 타인의 도덕적 성격, 이 공감감정에 대한 타인의 공감수준, 상황 등을 고려해 조화롭게 발동되어야 한다는 말이다. 도덕적 행위의 대상이 되는 타인이 악인, 범죄자, 잔학행위자 등 불인不仁·불선자不善者인 경우에 이들에 대한 도덕감정은 대중적 '반감' 또는 '혐오·거부감'으로 나타날 것이다. 자식에 대한 사랑과 측은지심도 분별없고 양적으로 지나치면 자식을 버릇없이 만들 위험 때문에 주변의 공감이 아니라 핀잔을 살 것이다. 또 동정심이나 공경심도 상대방의 호응과 제3자의 공감을 고려해 표출되어야 한다. 공경심도 지나치면 '비례非禮'다(足恭非禮).

또 공경지심은 '앞존칭' 상황도 고려해야 한다. 가령 국가업무로 국장이 대통령에게 국무보고를 하는 상황에서 대통령 면전에서 자기의 장관

---

15 Smith, *The Theory of Moral Sentiments*, I. ii. §§1·-2.
16 Smith, *The Theory of Moral Sentiments*, I. ii. iv. §1.

에게 공경심을 표하는 어법을 구사하는 것은 상황과 부조화不調和를 일으킨다. 또 주변 사람들이 슬픔에 잠겨 있는데 어떤 타인에 대한 축하지심을 공공연하게 표현하는 것도 '상황 부조화'다.

실로 보통 사람들은 사랑과 도덕감정과 공감·교감감정에서 지나치기 쉽다. 그래서 공자는 "사람은 친애하는 데 편벽되고, 천히 여기고 미워하는 데 편벽되고, 외경하는 데 편벽되고, 동정하는 데 편벽되고, 오만에서 편벽되므로, 좋아하면서 그 악함을 알고 미워하면서 그 선미善美함을 아는 것이 천하에 드물다"고 갈파했던 것이다.[17] 결론적으로, 보통 밖으로 표출되어도 되는 공감감정도 궁극적으로 '개중절皆中節해야' 하는 것이다.

그러나 스미스는 타인들의 배가된 공감을 유발하는 인애仁愛감정은 중도의 수위가 아주 높아서 좀 지나치더라도 사람들이 잘 보아 넘긴다고 말한다. "우리는 저 온화한 감정들을 과도하다고 지각되는 때에도 결코 혐오감을 갖고 보지 않는다. 우정과 인간애의 나약함 속에도 기분 좋은 그 무엇이 들어 있다. 우리는 너무 다정한 엄마, 너무 관대한 아빠, 너무 너그럽고 너무 친한 친구를 종종 어쩌면 그들의 천성의 유함 때문에 일종의 동정심을 갖고, 그래도 사랑이 섞인 동정심을 갖고 보지만, 인류의 가장 짐승 같고 쓸모없는 자들이 바라보는 경우가 아니라면, 결코 증오와 혐오를 갖고, 또한 경멸을 갖고 볼 수 없다. 우리는 늘 관심, 공감, 친절한 마음을 갖고 그들의 애정의 과도함에 대해 그들을 비난한다. 어떤 것보다도 우리의 동정심을 끄는 극단적 인간애의 성품 속에는 어쩔 수 없는 면이 들어 있다. 그래도 그것 자체에는 그것을 꼴사납거나 기분 나쁜 것으로 만드는 것은 전혀 없다."[18] 하지만 스미스도 이 인애 감정도 조절되어야

---

17 《大學》(傳8章). "人之其所親愛而辟焉 之其所賤惡而辟焉 之其所畏敬而辟焉 之其所哀矜而辟焉 之其所敖惰而辟焉 故好而知其惡 惡而知其美者 天下鮮矣."

하는 점을 인정한다.

보통의 경우, 자녀의 존재와 생존은 전적으로 부모의 배려에 달려 있다. 부모들의 존재와 생존이 자녀의 배려에 달려 있는 경우는 드물다. 그러므로 자연은 부모의 애정 감정을 아주 강렬하게 만들어서, 이 감정을 일으키는 필요가 아니라 알맞게 조절할 필요가 있도록 했을 정도다. 그리고 도덕론자들은 우리들에게, 우리가 다른 사람들에 앞서 우리 자신의 자식들에게 쏟고 싶어 하는 우리의 맹목적 사랑, 지나친 애착, 부당한 편애에 탐닉하는 것이 아니라 일반적으로 이런 감정들을 어떻게 억제할지를 가르치려고 노력한다.[19]

이 글에서 스미스는 부지불식간에 과도한 사랑에 대한 타인의 공감의 관대함의 원인을 제대로 말하고 있다. 이전의 논리대로라면 타인들의 관대한 공감이 부모의 과도한 사랑의 원인이라고 말해야 할 것이나, 여기서는 자녀의 생존적 절대의존 상태와 부모의 배려능력 사이의 거대한 불균형이 부모의 — "알맞게 조절할 필요가 있을" 정도로 — "아주 강렬한" 사랑과 제3자의 관대한 공감을 낳은 것 같다고 제대로 말하고 있다.

그러면 사람들이 중화를 어떻게 이룰 수 있는가? 공자는 《예기》에서 "화녕和寧은 예의 효용이다(和寧 禮之用也)"라고 갈파했다.[20] 이에 대해 공

---

18 Smith, *The Theory of Moral Sentiments*, I. ii. iv. §3. 스미스는 유사한 주장을 반복한다. "그 지나침에 의해 불쾌하게 만들기 지극히 쉬운 저 친애적 감정들의 지나침조차도 비난받을 만한 것으로 보일지 모르지만 결코 가증스러운 것으로 나타나지는 않는다. 우리는 부모의 지나친 사랑과 걱정을 결국 자식에게 해로운 것으로 입증될지도 모르는 것, 또 이러저런 사이에 부모에게 지나치게 불편한 어떤 것으로 나무란다. 그러나 우리는 쉽사리 그것을 용서해 주고, 결코 증오와 혐오로 바라보지는 않는다." Smith, *The Theory of Moral Sentiments*, III. iii. §14.

19 Smith, *The Theory of Moral Sentiments*, III. iii. §13.

자의 제자 유약有若은《논어》에서 이렇게 부연한다. "예의 효용은 중화를 가장 귀중히 여기는 것이다. 선왕의 도는 가장 아름다운데, 크든 작든 도가 다 이 중화로부터 말미암기 때문이다. 중화를 행하지 못하는 경우가 있는 것은, 중화를 알고 중화하게 하지만 예로써 이를 조절하지 않아서 역시 중화를 행할 수 없기 때문이다(禮之用 和爲貴. 先王之道 斯爲美 小大由之. 有所不行 知和而和 不以禮節之 亦不可行也)."[21]

중화를 알고 직접 행하려고 하면 중화를 행할 수 없다. 예를 투입해야만 중화를 이루고 행할 수 있다. 예는 천지의 법도이기[22] 때문이다. 유희적 행위인 농담도 중화에 적중해야 한다는 것을 알고도 이를 어기기 쉽다. 그러나 농담을 하면서도 예의를 적용해 농담한다면 중화를 이룰 수 있다. 그러면 이 예의 있는 농담은 사람들을 더 재미있게 더 많이 웃길 수 있는 것이다. 음담패설의 농담도 마찬가지다.

■ 중도中道와 중도中度로서 '중' 개념

공자는 균형과 조화로서의 '중'과 '화' 외에 양극단들(지나침과 모자람) 사이의 양적 '중간'인 양적 '중도中度'로서의 '중' 개념과, 노선상의 가운뎃길을 뜻하는 '중도中道'로서의 '중' 개념도 말한다. 먼저 공자는 가운뎃길로서의 '중도'에 대해 논한다.

---

20 《禮記》〈燕義 第四十七〉.

21 《論語》〈學而〉(1-12).

22 《禮記》〈喪服四制 第四十九〉: "凡禮之大體 體天地 法四時 則陰陽 順人情 故謂之禮. 訾之者 是不知禮之所由生也."

공자는 말했다. "순임금은 아주 지혜로우셨다! 순임금은 묻는 것을 좋아하셨고 속언들을 살피기를 좋아하셨다. 악을 은닉하고 선을 선양하고 그 양극단을 붙잡아 백성에게는 그 중中을 썼다. 이 때문에 순임금이신 것이다."(子曰 舜其大知也與 舜好問而好察邇言 隱惡而揚善 執其兩端 用其中於民 其斯以爲舜乎).23

그리고 공자는 순임금의 이 중도를 모방해서 스스로의 행동에 적용하기도 하는 사실을 스스로 밝힌다.

내가 지식이 있는가? 나는 지식이 없다. 여느 비부가 내게 물었는데 내가 텅텅 비었다면 나는 그 양단을 물어보고 힘을 다할 뿐이다.(子曰 吾有知乎哉? 無知也. 有鄙夫問於我 空空如也 我叩其兩端而竭焉.)24

이 두 인용문은 공자가 '가운뎃길'로서의 중도中道를 설명하고 적용한 것을 말해 주고 있다. 이 중도(*middle way*)는 양극단의 가운뎃길로서 양극단 사이의 균형이라고 할 수 있다. 따라서 중도中道는 중화의 '중'(균형·대칭)의 일종이라고 할 수 있다.

나아가 공자는 양적 '중도中度'에 대해서도 논한다. 이런 의미의 양적 중도(*middleness, propriety*)도 '지나침(過)'과 '못 미침(不及)' 사이의 중간으로서 중화에서 말하는 '중', 곧 균형의 일종이라고 할 수 있다. 이것은 '지나침'의 극단과 '못 미침'의 양적 극단에 대해 균형적 정도이기 때문이다. 공자는 다음 세 개 명제에서 양적 '중도中度'를 논한다.

---

23 《中庸》(6章).
24 《論語》〈子罕〉(9−8).

도를 행하지 않음을 내가 아노니, 지자는 이것이 지나치고 어리석은 자는 못 미치기 때문이다. 사람들은 먹고 마시지 않는 사람이 없지만, 맛을 잘 아는 사람은 드물다(道之不行也 我知之矣 知者過之 愚者不及也. 人莫不飲食 也 鮮能知味也.)[25]

그리고 공자는 잘 알려져 있듯이 '과유불급過猶不及'의 표현으로 '중도 中度'를 말한다.

자공이 "자장과 자하는 누가 더 현명한가요?"라고 묻자 공자는 "자장은 지 나치고 자하는 못 미친다"고 답했다. 다시 "그렇다면 자장이 더 나은 겁니 까?"라고 묻자, 공자는 "지나침은 못 미침과 같다"고 답했다(子貢問 師與商 也孰賢? 子曰 師也過 商也不及. 曰 然則師愈與? 子曰 過猶不及).[26]

그리고 공자는 뒷담화만 한 것이 아니라 자장에게도 직접 이 평가를 말해 준다.

자장아, 너는 지나치고, 자하는 못 미친다(師 爾過 而商也不及).[27]

이 세 개의 명제를 차례로 분석해 보자. 먼저 첫 번째 명제의 마지막 구절인 "사람들은 먹고 마시지 않는 사람이 없지만, 맛을 잘 아는 사람은 드물다"는 말은 사람들이 같은 음식을 너무 많이 넌더리나게 먹거나 안

---

25 《中庸》(4章).
26 《論語》〈先進〉(11-16).
27 《禮記》〈仲尼燕居 第二十八〉.

달날 정도로 적게 먹는(혀로 먹는 것이 아니라 배로 먹는) 통에, 또는 너무 짜게 먹거나 너무 싱겁게 먹는 바람에 음식 맛을 제대로 아는 사람들이 없다는 말이다. 여기서 '지나침'과 '못 미침'은 양적인 양극단을 말한다. 이 경우에 '중'의 뜻은 산술적 의미에서 '양적 중간' 또는 '중간 정도의 양'이다.

'도지불행道之不行'의 '행行'이 사람이 도를 행하는 것을 말하는 것이 아니라 도가 스스로 행해짐을 말하는 것이다'라는 혹자의 해석을 따르든, 이 해석을 비판하고 '사람이 도를 행하지 않는다'는 율곡과 퇴계의 주장에[28] 따르든, '도지불행道之不行'의 의미는 별 차이 없이 분명하다. 천도나 지도는 사람이 시행할 수 없으므로 사람이 행하는 도는 '인도人道'일 것이다. 따라서 "도를 행하지 않음(도가 행해지 않음)을 내가 아노니, 지자는 이것이 지나치고 어리석은 자는 못 미치기 때문이다"는 구절은 "인도를 행하지 않음(인도가 행해지지 않음)을 내가 아노니, 지자는 지知가 지나친 나머지 인도를 행하지 않고, 어리석은 자는 이 지에도 못 미쳐 인도를 행할 수 없기 때문이다"는 뜻이다.[29] 또 "도를 밝히지 않음을 내가 아노니, 현자는 이것이 지나치고, 못난이는 못 미치기 때문이다"는 "인도를 밝히지 않음을 내가 아노니, 현자는 경험적 현명이 지나친 나머지 인도를 밝히지 않고, 못난이는 경험적 현명에도 못 미쳐 인도를 밝힐 수 없기 때문이다"는 뜻이다.

위에 제시했듯이 《논어》에서 공자는 자장과 자하에 대해 유사한 평가를 했다. "자장과 자하는 누가 더 현명한가요?"라는 자공의 물음에 공자

---

28 金長生, 《經書辨疑》, 86-87쪽.
29 주희도 《集註》에서 지자의 '지나침'을 "지가 지나침(知之過)"으로 풀이한다.

는 "자장은 지나치고 자하는 못 미친다"고 답하고 "지나침은 못 미침과 같다(過猶不及)" 덧붙였다. 또 공자는 같은 취지의 평가를 자장에게 직접 "자장아, 너는 지나치고, 자하는 못 미친다(師 爾過 而商也不及)"고[30] 말해 주었다. 자장은 자하보다 네 살가량 어려도 학술지식에 대한 관심을 잃을 정도로 노하우의 경험(현명)이 지나치게 많은 반면, 자하는 자장보다 네 살이 더 많아도 경험(현명)이 부족하다는 말이다.

정현鄭玄은 "지자는 이것이 지나치고 어리석은 자는 못 미친다"는《중용》의 저 구절에 대해 "지나침과 못 미침은 도를 행하지 못하게 만드는데, 오로지 예禮만이 이것들을 적중하게 할 수 있다(過與不及使道不行 唯禮能爲 之中)"고 주석하고 있다.[31] 이것은 적확한 주석으로 보인다. 그도 그럴 것 이 자장과 자하에 대한 저 평가에 잇대서 자공이 공자에게 "무엇으로 이 중中을 합니까?"라고 감히 물으니, 공자는 "예로다! 예! 대저 예는 '중中' 을 제도하는(마름질하는) 방도다"라고 답변하고 있기 때문이다(子貢 〔…〕 日 敢問 將何以爲此中者也. 子曰 禮乎 禮. 夫禮所以制中也).[32]

종합하면, 예가 중화의 방도이듯이 예는 또 지나침과 못 미침의 양극단 에 '양적 조절'을 가함으로써 '중도'를 달성하게 하는 방도이기도 하다. '예' 또는 '예법'의 효용은 중도를 위한 '조절기능'에 있다는 말이다.《예 기》는 말한다.

무릇 예의 대체는 하늘과 땅을 체현하고, 사시사철을 본받고, 음양을 법칙 으로 삼고, 인정에 순응한다. 그러므로 이를 예라고 이르는 것이다. 예를

---

30 《禮記》〈仲尼燕居 第二十八〉.
31 鄭玄注·孔穎達疏,《禮記正義》, 1664쪽.
32 《禮記》〈仲尼燕居 第二十八〉.

헐뜯는 것은 예가 생겨난 이유를 모르기 때문이다. 대저 예는 길흉이 길을 달리해서 서로 간섭할 수 없게 하는데, 이것을 음양에서 취한다. 상례喪禮는 네 가지 제도가 있어 변화하며 마땅함을 따르는데, 이것은 사시四時에서 취한다. 예에는 은혜가 있고, 분리가 있고, 조절이 있고, 시비변별이 있는데, 이것은 인정人情에서 취한다. 은혜라는 것은 인仁이고, 분리라는 것은 의義이고, 조절이라는 것은 예禮이고, 시비변별이라는 것은 지知다. 인의예지仁義禮知가 인도의 전부다.[33]

여기서도 공자는 "조절이라는 것이 예禮다"라고 언명함으로써 예의 본질적 기능을 '조절'로 기술하고 있다. 이 글에서 공자가 말하는 '인의예지仁義禮知'의 열거 순서는 인도적 근본에서 중요성의 순서로서 맹자에게 그대로 계승된다. 따라서 존경, 공손, 용기도 예에 적중해야만 존경, 공손, 용기일 수 있다. 그렇지 않으면 이 덕목들은 조야, (마음에 없으면서 굽신대는) 표리부동, 반역으로 뒤집힌다.

공자는 말한다. "존경하면서도 예에 적중하지 않으면 이를 '조야하다'고 하고, 공손하면서도 예에 적중하지 않으면 이를 '급給하다'고 하고, 용감하면서도 예에 적중하지 않으면 이를 '반역한다'고 한다." 또 공자는 "급給한 것은 자애와 인애를 없애 버린다"고 덧붙인다(子曰 敬而不中禮 謂之野 恭而不中禮謂之給. 勇而不中禮謂之逆. 子曰 給奪慈仁).[34]

---

33 《禮記》〈喪服四制 第四十九〉. "凡禮之大體 體天地 法四時 則陰陽, 順人情, 故謂之禮. 訾之者是不知禮之所由生也 夫禮 吉凶異道 不得相干 取之陰陽也. 喪有四制 變而從宜 取之四時也. 有恩有理 有節有權 取之人情也. 恩者仁也 理者義也 節者禮也 權者知也. 仁義禮知 人道具矣."
34 《禮記》〈仲尼燕居 第二十八〉.

여기서 "급給하다"는 말은 마음에 없으면서도 표리부동하게 굽신대며 아첨하는 것을 가리킨다.[35]

결국 "인도를 행하지 않음을 내가 아노니, 지자는 지知가 지나친 나머지 인도를 행하지 않고, 어리석은 자는 이 지에도 못 미쳐 인도를 행할 수 없기 때문이다"는 구절과, "인도를 밝히지 않음(인도가 밝지 않음)을 내가 아노니, 현자는 경험적 현명이 지나친 나머지 인도를 밝히지 않고, 못난이는 경험적 현명에도 못 미쳐 인도를 밝힐 수 없기 때문이다"는 구절은 구체적으로 무슨 뜻인가? 이 구절들은 정밀한 해석을 통해서야 '지혜'와 '현명'의 지나침과 못 미침의 의미를 정확히 잡아낼 수 있다.

먼저 '지혜'의 지나침과 못 미침의 뜻부터 살펴보자. 현자賢者와 '지자智者'는 다르다. 지자는 경험이 없더라도 지능과 학식으로 본질과 본성을 꿰뚫는 보편적·학술적 지식을 터득한 자인 반면, 현자는 지각의 반복과 오랜 누적으로 특수한 현명, 곧 경험지식을 갖춘 자를 가리킨다. 지자와 현자를 구별할 줄 모르는 소크라테스에게는 오로지 신神만이 '지자'일 따름이고, 인간은 잘해야 지자와 무식자의 중간에 선 '애지자愛智者(철학자)'로서 늘 더 많은 지식을 바라고 좋아하는 자가 될 수 있다. 하지만 공자는 "묻기를 좋아하고 속언을 살피기를 좋아함"과 동시에 "악을 은닉하고 선을 선양해" 인도를 실행하고 "그 양단을 붙잡아 그 중도를 백성에게 쓰는" 순임금 같은 성인을 '대지자大知者'로 간주한다면, '나는 안다, 나는 안다'고 되뇌며 실천을 도외시한 채 지식에 그치는 보통의 '지자'를 '지지자知之者'로 본다. 따라서 인도를 알고 좋아하는 '호지자好之者'나 인도를 알고 즐기는 낙지자樂之者는 인도를 단순히 알 뿐인 '지지자'를 월등

35 이상옥은 이 "급給"자를 "외모로는 비록 인자한 것 같지만 마음의 덕이 없다"는 뜻으로 풀이한다. 李相玉 譯著, 《禮記(下)》(서울: 明文堂, 1985·2002), 34쪽.

하게 능가한다. "지지자는 호지자만 못하고, 호지자는 낙지자만 못하기(知之者不如好之者 好之者不如樂之者)" 때문이다.[36] 따라서 "지자는 지가 지나친 나머지 도를 행하지 않는다"는 구절의 이 '지자'는 인도와 그 운행에 대한 자신의 학식에 만족해 이 학식에만 빠져 있는 통에 인도를 행하고 이 인도를 좋아하고 즐기는 실천적 '지자 겸 현자'의 경지에 도달하지 못한 자다. 따라서 지자는 이 인도를 행하는 데 필수적인 '예'를 체득하지도, 실천하지도 않는다. 이런 까닭에 지자는 "사람들이 '나는 안다'고 다 말하나 중용을 택해 한 달도 지킬 수 없는(人皆曰予知 擇乎中庸而不能期月守也)" 상태에서 벗어나지 못하는 것이다. 그러므로 지자는 일방적 지식 지향성과 지적 교만을 줄이고 경험적 현명을 더 넓혀 동포인간에 대한 '예'를 체득해 인도의 지식과 실천 사이에 관심의 '중도'를 이루어 예에 입각해 인도를 행하는 데도 힘써야 할 것이다.

반대로 이 지식에도 못 미치는 '어리석은 자'는 인도에 대한 경험과 실천적 현명은커녕 인도를 잘 알지도 못해 인도를 행하지 못하는 자다. 따라서 '어리석은 자'는 예를 깨닫고 체득해 지식관심을 높여 관심의 '중도'를 이루어 인도를 더 알고 '예'에 입각해 인도를 행해야 할 것이다. 지자와 어리석은 자는 둘 다 인도의 지식과 실천 간의 중도를 이루기 위해 아무튼 삶을 조절해 중도를 이루게 하는 '예'를 체득해야 한다.

반대로 "경험적 현명이 지나친 나머지 인도를 밝히지 않는" 현자는 다문다견의 경험이 너무 많은 나머지 몸소 경험하는 데에만 파묻혀 이 안에 안주한다.[37] 현자는 다문다견·박학의 경험에 만족해 경험의 범위를 벗어나지 않는다. 현자는 인도의 광범한 시행과 '명명덕明明德'에 필수적인,

---

36 《論語》〈雍也〉(6-20).

37 주희는 《集註》에서 "현자는 행이 지나치다(賢者 行之過)"고 했으나 이는 그릇된 말이다.

인도에 대한 심오한 보편지식을 갖추지 못한다. 현명하지도 않은 '못난이'는 경험도 태부족해 인도에 대한 관심조차 없다.

따라서 현자와 못난이도 과학적 지식을 체득해 인도의 경험과 지식 사이의 중도를 이루어야 한다. 공자는 "인자는 만사에 지나치지 않고, 효자도 만사에 지나치지 않는다(仁人不過乎物 孝子不過乎物)"라고 갈파한다.[38]

결론적으로, 순임금의 양단 사이의 '중'과, 지나침(過)과 못 미침(不及) 사이의 '중'은 '균형과 조화'가 아니라, '양적 중간'을 뜻한다. 그러나 중화의 '균형과 조화'는 상술된 '낮은 중도中度와 높은 중도'의 논의에서 알 수 있듯이 그 어떤 '중도' 또는 '중간'의 이념과 관련될 수도 있다. 마찬가지로 이 '양적 중간'으로서의 '중'도 역으로 다른 기준의 관점에서 보면 '균형·조화'의 측면과 관련될 수 있다. 상술했듯이, 지자는 지나친 지식 지향성을 줄이고 현명 지향성을 더 늘리고 인도의 실천적 경험과 이론적 지식 사이의 중화(균형과 조화)를 이루어야 하고, 현자는 경험적 현명이 지나치므로 현명 지향성을 줄이고 지혜 지향성을 더 늘려 인도의 경험과 지식 사이의 중화를 이루어야 한다. 이처럼 특정한 지향성을 양적으로 줄이고 늘려 '중간'을 구하는 것은 다른 측면에서 '균형과 조화'를 이루려는 것과 연결될 수 있는 것이다. 그럼에도 '중간' 또는 중도中度로서의 '중'은 일단 '균형·조화(중화)'와 구별할 수 있다. 아리스토텔레스와 흄의 도덕론에서 '중도中道'는 주로 이 '중간'을 뜻한다.

---

38 《禮記》〈哀公問 第二十七〉.

1.2. 존재론적 '중화' 이념

공자는 중화를 우주론적·존재론적으로 보편타당한 원리로 이해했고, 플라톤은 '중도' 또는 '비례적 조화'를 우주론적·존재론적 원리로 이해했다. 여기서는 공리적 행위와 유희적 행위에도 적용되는 이 두 우주론적·존재론적 중화이론을 천착해 보자.

■공자의 존재론적·우주론적 중화 개념

"발이개중절發而皆中節", 곧 "발동하되 다 절도에 적중함"이라는 이 '화', 곧 이 비례적 변화의 동태적 '조화'는 불변·부동의 '중', 곧 정태적 '균형'처럼 감정에만 적용되는 것이 아니라, 사회세계와 존재만물에도 일반적으로 적용될 수 있다. 사회가 변화발전의 변동을 겪으면서 가령 각 개인과 사회집단이 얻는 이익의 증대가 이 사회발달에 비례해 고르게 진행된다면, 이 발전은 조화롭고 이 사회는 조화로운 사회일 것이다. 동식물이 생육하면서 각 기관의 발달이 이 전체적 생육과 비례하고 주변환경과 어울린 식으로 시시각각 새로운 균형을 이루어 간다면, 이것도 조화로운 것이다. 무생명의 사물들, 가령 물방울이나 흙덩이가 주어진 시점의 균형을 깨며 커지면서도 이 변화가 안팎의 조건변동에 비례해 물방울과 흙덩이가 커진 형태로 그 모양을 유지한다면, 이것도 조화로운 발전이다. 시장상황, 생태계, 기후환경 등도 이 무생물적 사물의 변화 조화법칙에 준하는 것으로 보인다. 천지만물의 음양조화도 변화발전의 '중절中節'로서의 이 '화'에 속한다. 이 발전과정에서 음이 하나 있으면 반드시 양이 하나 더해

져야 음양의 조화가 이루어지는데, 이것이 변화의 도다. 그래서 공자는 "한번 음이고 한번 양인 것을 일러 도라고 하는 것이다(一陰一陽之謂道)"라고 말한다.[39]

이와 같이 '중'과 '화', 곧 비율적 부동의 정태적 '균형'과 비례적 변동의 동태적 '조화'가 둘 다 감정, 인간세계, 우주의 존재 일반에 보편적으로 적용되는 '보편적 존립과 발전의 법칙'이다. 따라서 《중용》은 "중이라는 것은 천하의 대본大本이고, 화라는 것은 천하의 달도達道다. 중화를 이루니 하늘과 땅이 이 중화에 자리하고, 만물만사가 이 중화에 화육한다(中也者 天下之大本也, 和也者 天下之達道也. 致中和 天地位焉 萬物育焉)"라고 천명한 것이다. 여기서 '천하'는 인간세계를 말하고, '천지'는 우주를 말한다. '만물'은 삼라만상의 생물과 무생물을 말한다. '중'으로서의 '대본'은 비율적 무변동의 정태적 '균형'으로서의 인간세계의 '가장 큰 근본'을 말한다. 천하의 이 '가장 큰 근본'은 인간세계의 모든 지엽말단을 부동의 적절한 비율, 불변적 균형 속에 유지시키는 '근본 중의 근본'을 말한다. 또 기계의 '달인達人'이 '기계에 통달한 사람', 곧 '기계를 가장 잘 만들고 가장 잘 관리하고 가장 잘 고치는 고수'를 뜻하듯이, 천하의 '달도'는 인간세계를 가장 잘 유지시키고 가장 잘 발전시키는 '지도至道'를 뜻한다. '지도'는 인도仁道와 의도義道가 통합된 '대도大道'다.[40] 이 '달도', 곧 장대한 인도 아래 장대한 의도를 통합한 이 '대도'가 바로 인간세계의 비례적 변동의 동태적 '조화'의 도다. 인간세계의 조화라는 '달도'는 인도와 의도를 합한 '지도'로써만 이룰 수 있을 것이다.[41]

---

39 《易經》〈繫辭上傳〉, §5.
40 《禮記》〈表記 第三十二〉(12): "道有至義有考. 至道以王, 義道以覇, 考道以爲無失.(도에는 지도와 의도가 있고 또 고도도 있다. 지도로써는 왕다운 왕 노릇을 하고, 의도로써는 패자 노릇을 하고, 고도로써는 실책 없는 정치를 한다.)"

그리고 '치중화致中和'를 '중과 화를 이루다'로 옮기면,[42] 불변적·정태적 부동의 '중'은 '천지위언天地位焉'에 걸리고, 발전적·동태적 변동의 '화'는 '만물육언萬物育焉'에 걸려야 할 것이다. 그러면 '치중화致中和 천지위언天地位焉 만물육언萬物育焉'은 "중화를 이루니 하늘과 땅이 불변부동의 균형〔中〕 속에 정위定位하고, 만물은 비례적 변화발전의 조화〔和〕속에 화육한다"고 풀이된다. '중'은 천지·우주를 부동의 '균형' 속에 제대로 위치시키고, '화'는 만물만사를 음양의 '조화로운' 발전 속에서 고루 생육하게 한다. "음양이 조화로우면 만물만사가 이루어지기(陰陽和而萬物 得)" 때문이다.[43] 그러나 저러한 정교함을 추구할 필요 없이 저 구절은 "중과 화를 이루면, 하늘과 땅은 중화에 정위하고, 만물만사는 중화 속에 화육한다"고 풀이해도 무방할 것이다.

이런 존재론적·우주론적 견지에서 공자는 중도의 원리를, 천도·지도·귀신·인도에 공통된 자연적 균형을 위한 '겸허謙虛' 원리로 규정했다.《주역》 겸겸謙괘의 〈단전彖傳〉에서 공자는 말한다.

천도는 가득 찬 것을 덜어 겸허한 것에 더하고, 지도는 가득 찬 것을 바꿔 겸허한 곳으로 흐르게 하고, 귀신은 가득 찬 것을 해치고 겸양을 복되게 하고, 인도人道는 가득 찬 것을 싫어하고 겸허한 것을 좋아한다. 그러므로 겸허는 높고 빛나는 것이다.[44]

---

[41] 《禮記》〈表記 第三十二〉. "인에 후한 자는 의에 박하여 친하나 높지 않고, 의에 후한 자는 인에 박하여 높지만 친하지 않다. 도에는 至道와 義道가 있고 또 考道가 있다. 지도로는 왕도를 펴고 의도는 패도를 부리고, 고도로는 무실을 실천한다(厚於仁者 薄於義 親而不尊. 厚於義者 薄於仁 尊而不親. 道有至義有考. 至道以王, 義道以覇, 考道以爲無失)."

[42] 李滉,《四書三經釋義》(서울: 퇴계학연구원, 1997), 101쪽.

[43] 《禮記》〈郊特牲 第十一〉.

[44] 《周易》'謙'괘〈彖傳〉: "天道虧盈而益謙 地道變盈而流謙 鬼神害盈而福謙 人道惡盈而好謙 謙尊

균형으로서의 '중' 개념에 짝하는 덕목인 '겸허'는 균형과 조화로서의
'중'을 산출하는 덕목, 곧 남음을 덜고 모자람을 보태어 격차들 간에 균형
과 조화를 만들어 내려는 덕목이다. 말하자면 '겸허'는 '과過'와 '불급'을
중도로 이끌어 균형을 산출하는 덕성인데, 공자는 이 겸허를 천도·지도·
귀신·인도에 두루 타당한 존재론적·우주론적 원리로 언급하고 있다. 이
겸허의 덕성으로부터도 중화이론은 존재론으로 유입한다.

중화가 천지의 정위定位와 만물만사의 화육(생성·발전)을 규제하는 보
편적인 존재론적·우주론적 원리이므로 인간의 공리적·유희적·예술적·도
덕적 행위의 성취 여부도 결정한다. 여기서 우리의 대상인 유희적 행위의
성취 여부도 공자의 이 존재론적 중화 원리에 의해 규제된다. 중화(균형·
조화·중도)에 맞는 유희적 행위는 재미있고, 중화에 맞지 않는 유희적 행
위는 재미없다. 재미와 유희적 행위에 대해서는 유희 개념의 정밀한 규정
과 함께 뒤에 본격적으로 논한다.

■ 플라톤의 우주론적 중도 개념

플라톤은 《국가론》에서 '선善 중의 선', '지선至善' 또는 '최고선'에 해당
하는 '선의 이데아'에 대한 학學을 '큰 학문(great learning, 메기스톤 마테마
μέγιστον μαθήμα)', 곧 '대학大學'이라고 부르면서도 그 구체적 의미는
안개 속에 방치했었다.[45] 그러나 그는 말년에 저술한 《필레보스(Φιληβο

而光".

45 플라톤은 《국가론》에서 '선의 이데아'에 대한 학문을 '대학', 곧 '큰 학문'으로 명명하는 식으로
   '선의 이데아'를 간접적으로 암시하기만 했었다. Platon, *Politeia(Der Staat)*, 505a. *Platon
   Werke*. Bd 4 in Acht Bänden, hg. v. G. Eigner, deutsche Übersetzung von Friedrich

ç)》에서 이 '선의 이데아'를 '중도中度' 또는 '중화中和'로 제시한다. 상론했듯이 공자는 일찍이 플라톤보다 120여 년 전《중용》에서, "중中이란 천하의 큰 근본이고, 화和란 천하의 달도다. 중화를 이루니 하늘과 땅이 이에 정위하고 만물만사가 이에 화육한다"고 갈파함으로써, '중'과 '화'를 하늘과 땅의 '존립'과 만물만사의 '생육·성장·발전'의 원리로 천명했다. 그리고 상론했듯이《주역》겸謙괘의〈단전〉에서는 이 중도의 원리를, 천도·지도·귀신·인도에 공통된 자연적 균형의 '겸허' 원리로 규정했다.

플라톤은《필레보스》에서 '중도' 개념을 자연과 우주의 모든 존재자와 생명체의 창조와 유지·보존의 원리 및 기술창조의 원리로 일반화한다. 그런데 저 '선의 이데아', 곧 '지선至善'이라는 말과 '대학(메기스톤 마테마)'이라는 말이나, 이 중도·균형(대칭)·비례·조화·적절성의 개념들은 모두 "대학의 도道가 명덕을 밝히는 데 있고, 백성을 새롭게 하는 데 있고, 지선至善에 사는 데 있다(大學之道 在明明德 在親民 在止於至善)"고 역설하는 《대학》과[46] 공자의 중화철학에 상응한다. 이것으로 미루어보아 공자의 철학과 중화이론은 기원 전 고대에 불교가 히말라야 차마고도茶馬古道를 넘어 중국으로 들어왔듯이, 역으로 이 차마고도를 넘어 다른 인도·중국철학 및 수학·과학사상과 함께 그리스로 전해졌을 것으로 추정된다.[47]

플라톤은, 삼라만상의 존재는 한정된 '일자一者'(즉, 전부)이면서 무한한 '다자多者'인데, 이 한정된 '일자'와 무한한 '다자' 사이에는 '몇몇' 또는 '수적 일정함'이 있다고 말한다. 이 '몇몇' 또는 '수적 일정함'은 한정된

Schleiermacher (Darmstadt: Wissenschaftliche Buchgesellschaft, 1977).

46《大學》(經文首章).

47 윌리엄 템플, 쇼펜하우어, 막스 셸러 등은 고대그리스철학에 대한 공자철학과 불교철학의 영향을 꽤나 상세히 논했다. 참조: 황태연,《공자철학과 서구 계몽주의의 기원(상)》(파주: 청계, 2019), 31-41쪽.

'일자'와 무한한 다자의 '혼합'이다. 이 세계의 존재자는 ① 무한자(무제한자), ② 유한자(제한자), ③ 무한자와 유한자의 혼합에 의해 생성된 존재, ④ 혼합의 원인(혼합을 만드는 자) 등 네 종류다.[48] 한도는 온도·속도·습도·양·크기·강도 등과 관련해서 더 뜨거움과 차가움, 더 빠름과 느림, 더 건조함과 습함, 더 많음과 적음, 더 큼과 작음, 더 셈과 약함 등 위아래로 무한히 진행될 수 있다. 이 무한한 '더함과 덜함'은 무한자(다자)의 성질을 나타내는 특징이다. 여기에 한정을 가해 일정한 '한도'를 주면, 곧 이것들에 대해 일정한 정도·수량·비율을 부여해 이것들을 한정하면, 더 한 쪽이나 덜한 쪽으로의 무한진행은 멈추게 된다. "수를 개입시킴으로써 이것들을 비로소 균형과 조화를 이룬 것들로 만들어 주는 것이다". 무한과 유한의 '혼합'을 통해 "생성들이 있게 된다". 무한과 유한의 "바른 결합"은 가령 몸의 경우에 "건강한 상태를 만들어 준다".[49] 이처럼 무한자에 대해 수적 한도를 부여함으로써 지나침과 무한함을 없애고 "중도(토 에메트론$to\ \check{\epsilon}\mu\mu\epsilon\tau\rho o\nu$)과 균형(쉬메트론$\sigma\nu\mu\mu\epsilon\tau\rho o\nu$)을 실현하는 것"이다. 가령 자연질서로서의 '사계절'도 "무한자와 유한자가 혼합됨으로써 생긴다."[50] 건강, 아름다움, 사계절, 덕과 기술적 탁월성, 음악 등도 바로 이런 중도적·균형적 혼합의 산물이다. 자연에서 種으로 생성되어 생존을 영위하고 있는 만물은 이런 중도적 혼합 또는 바른 결합의 소산이다. 그리하여 플라톤은 무한자와 유한자의 소산은 모두 하나로 보면 "한도와 함께 실현된 중도에서 비롯되는 존재의 생성"이라고 말한다.[51]

---

48 Platon, *Philebos*, 27b. *Platon Werke* Bd. VII in Acht Bänden. Hg. von Gunther Eigner (Darmstadt: Wissenschaftliche Buchgesellschaft, 1977).

49 Platon, *Philebos*, 24c–25e.

50 Platon, *Philebos*, 26a–b.

그런데 "이 생성되는 것은 실은 모두 어떤 원인에서 생기는 것이 필연적이다". 나아가 "만드는 자(조물주)의 천성은 그 이름을 제외하면 원인과 다르지 않다". 따라서 "만드는 쪽과 원인이 되는 것은 하나로 말해도" 된다.[52] 그런데 플라톤은, 《국가론》에서 인간(소우주)의 영혼으로부터 대우주에도 영혼이 있다고 유추하면, 우주의 이 영혼(지성·지혜)은 생성과 창조에서 '선善의 이데아'를 본받으므로 생성과 존재의 궁극적 원인은 실은 이 '선의 이데아'라고 말했었다.[53] "모든 행위의 목적은 선이고 이 선을 위해 다른 모든 것들이 행해지는 것이다".[54] 따라서 플라톤은 은연하게 중도를 '선의 이데아'와 등치시키고 있다.

그런데 진정 '모든 행위의 목적은 선인가?' 증오·전쟁·배신행위 등 모든 불선不善행위의 목적도 선인가? 선의 개념이 실질 없이 너무 형식적이다. 아무튼 이 형식적인 '선의 이데아'는 우주창조에서부터 무릇 자연적 생성과 인위적 창작과 기술적 제작 및 실천행위에 이르기까지 궁극원리로서 역할을 한다. 이 '선의 이데아'를 따르지 않는 존재는 인위적인 것이든 자연적인 것이든 결국 소멸하게 된다. 플라톤은 《국가론》에서 이 '선의 이데아'에 대한 배움이 '대학大學(= 큰 학문, 메기스톤 마테마 $\mu \acute{\epsilon} \gamma \iota \sigma \tau o \nu$ $\mu \alpha \theta \acute{\eta} \mu \alpha$)'이라고 말했었다.[55] 그러나 '선'은 한 가지 모습으로 나타나지

---

51 Platon, *Philebos*, 26d.

52 Platon, *Philebos*, 26e.

53 Platon, *Politeia*, 509b.

54 Platon, *Gorgias*, 499e-500a. *Platon Werke*. Bd. II in Acht Bänden. Herausgegeben von Gunther Eigner(Darmstadt: Wissenschaftliche Buchgesellschaft, 1977)..

55 Platon, *Der Staat(Politeia)*, 505a. *Platon Werke*. Bd 4 in Acht Bänden, hg. v. G. Eigner, deutsche Übersetzung von Friedrich Schleiermacher(Darmstadt: Wissenschaftliche Buchgesellschaft, 1977).

않고 적어도 '아름다움·균형·진리' 등 '세 가지'로 나타난다. 이 '세 가지' 이면서도 '일자一者'로 보이는 '선'은 모든 혼합의 원인이다. "제일가는 선 은 적도適度(메트론 μετρον)·중도中度(토 메트리온 τ o μετρον)·적시適時 (토 카이리온 το καίριον)이다". 그리고 버금가는 선은 "균형·아름다움· 완전성·충족성"이다. 세 번째 선은 "이성과 현덕"이다. 네 번째 선은 "학 식(에피스테메)·기술·옳은 의견"이다.[56] 아무튼 도度·양量·시時의 문제 에서 '선의 이데아'는 중도·중간(토 메손 το μεσον)·적시이지만, 그 아래 로 갈수록 미적·지성적으로 변하고 있다. '제일가는 선'에서 '네 번째 선' 에 이르기까지 선의 '형식'만 있지 '실질'이 없다. 따라서 플라톤에 따르 면, 이 '형식'에만 맞고 가령 강도·강간·서구제국주의·특정국가·특정집 단·이기적인 자아 등의 '생성과 존재'의 원인적 목적에 기여한다면, 증오· 독선·오만·배신·전쟁·지배 등도 선일 수 있고, '선의 이데아'의 적용을 받을 수 있는 대상이다.

그러므로 "일체의 혼합(쉰크라시스 συνκρασις)은 무슨 혼합이든, 어 떻게 이루어진 혼합이든, 중도와 균형에 맞지 않으면, 혼합을 이루고 있는 것들과 함께 무엇보다도 그 혼합물 자체를 필연적으로 파멸시킨다. 이것 은 화和(크라시스 συνκρασις)가 아니라, 화합하지 못한 채 한데 모인 것 으로서, 그 파멸과 같은 불행은 실제로 그때마다 일어나기 때문이다." 중 도와 균형에 맞는 혼합은 파멸할 '혼합'이 아니라 영속할 '화합'이다. 화합 은 아름다운 것이다. 이처럼 "선의 특성"은 곧장 "아름다움으로 달아나 버린다." 왜냐하면 "중도와 균형은 모든 경우에 아름다움과 훌륭함(덕성) 이 될 것이 틀림없기 때문이다." 그리고 여기에 바로 "진리가 섞여 있는

---

56 Platon, *Philebos*, 66a–b.

것이다."[57] 이렇게 보면, 적어도 '아름다움·균형·진리' 등 '세 가지'로 나타나는 최상의 '선의 이데아'는 '제1·2·3·4의 선'(적도·중도·적시+균형·아름다움·완전성·충족성+이성·현덕+학식·기술·옳은 의견)의 '화합'이다.

나아가 '기술'도 자연에서의 생성을 흉내 내는 것(미메시스)이기 때문에 중도의 원리를 따른다. 플라톤은 《정치가》에서 기술의 생명은 '중도의 창출'에 있다고 말한다. 모든 기술은 중도에 그 존립기반을 두고 있다는 뜻이다. 중도가 견지될 때, 기술이 탄생하고 존립한다. 이 중도를 측정하는 기술 자체가 '측정술'이다. 참된 기술은 '상대적 측정'과 함께 '중도의 측정'을 실현할 때만 성립한다. 수량·길이·넓이·속도를 '반대되는 상태'에 관해 측정하는 상대적 측정술은 "서로에 대한 크고 작음의 상호관계에 관련된 것"인 반면, 중도·적중·때맞음·마땅함, 그리고 '극단을 피하고 중간을 향하는 모든 것'에 관해 측정하는 중도의 측정술은 "생성의 불가결한 성립에 관련된 것"이다.[58] 따라서 모든 기술은 중도를 잃으면 소멸한다. 측정술에 의한 '중도의 창출'은 기술의 본령으로서, '선善의 실현'이다. 사물과 일이 제대로 이루어지기 위해 선이 따르지 않을 수 없는 궁극적 원리라는 것은 이처럼 기술의 경우에도 그대로 적용된다. 자연에 있는 모든 사물이 중도나 균형의 형태로 제 나름의 선을 자연적으로 실현하고 있고 또 그러지 않고서는 소멸할 수밖에 없듯이 인위적 실천이나 기술도 그러지 않을 수 없기 때문이다.

플라톤의 '선의 이데아'는 '중도'로 드러났다. 그러나 그의 우주론적 중도 개념은 '실질'을 결했다는 비판을 면키 어렵다. 플라톤의 선은 선의

---

57 Platon, *Philebos*, 64d-e.
58 Platon, *Der Staatsmann*, 283e-284e. *Platon Werke*. Bd. VI in Acht Bänden. Hg. von Gunther Eigner.

특성이 미美로 자꾸 달아나고 진리가 과도히 대표되는 미·균형·진리의 수학적 혼합체다. 이 선은 '인의仁義'나 '예禮', 또는 우주론적 겸허와 연민의 덕성이 이니라, 다분히 지성적이고 미학적인 혼합물이다. 따라서 플라톤이 줄곧 '균형'과 '화합'을 거론할지라도, 그의 선 개념은 이성적·수학적·기술적 진리와 미美가 양적으로 압도하는 일종의 '불균형'과 '불협화음'이다. 이 점이 공자의 순수한 덕성적 중화 개념과 다르다.

가령 균형과 중도의 사람 사랑은 사랑다운 사랑이다. 이때 가령 자식에 대한 자애를 모자라지도 않게 또 넘치게도 하지 않도록 조절해 주는 균형적 중도와 비례적 조화는 이 '사랑다운 사랑'의 제대로 된 '형식'일 뿐이다. 이 중도는 이 사랑의 '실질적 내용'이 아니다. 공자의 경우, "문질빈빈文質彬彬"을 추구하되, 실질적 내용(자애)이 먼저고 형식은 그 다음이다. 그러나 플라톤은 이성적으로 인식된 균형 또는 수학적으로 규정된 중도의 형식이 실질보다 먼저다. 따라서 실질이 가령 사랑·믿음·평화·자유에서 증오·독선·배신·전쟁·지배로 바뀌어도 상관없다. 이 증오·독선·배신·전쟁·지배 등은 결과적으로 존재자 일반 또는 특별한 존재자(인간 대신 맹수, 자기 국민, 자기민족, 자기집단, 나 등)의 생성·양육·보존에 기여하기에 적당해서 중도적·균형적이라면 '무조건' 선하다.

플라톤의 지성주의적 '중도'와 수학적 '선의 이데아' 개념은 이런 점에서 사변적 위험을 떨쳐 버리지 못하는 것이다. 베이컨의 말대로 '거미'의 오만은 플라톤에게서 가장 정화淨化된 형태로 나타나고 있다. 하지만 '거미'의 사변적 오만은 필연적으로 위태로운 독단과 공상으로 흘러가고 만다. 그래서 공자가 노자나 에피쿠로스처럼 "경험에서 배우기만 하고 생각하지 않는 것은 공허한(學而不思則罔)" 반면, 플라톤처럼 "생각하기만 하고 경험에서 배우지 않는 것은 위태롭다(思而不學則殆)"고 한 것이다.[59]

플라톤의 중화 개념은 공자의 그것과 마찬가지로 우주론적·존재론적이다. 그러나 금방 지적된 그 이론적 위험을 몰각해서는 아니 될 것이다. 그럼에도 불구하고 플라톤이 중화의 원리를 우주론적·존재론적으로 보편화한 것은 중도를 인간세계 안에 가두고 산술화한 아리스토텔레스에 견주면 큰 진보라고 할 수 있다. 중화 원리의 이 우주론적·존재론적 보편화는 중화 원리가 인간세계(천하)에서만 아니라 자연세계(우주천지) 안에서도 작동하고, 또 인간의 사회적 행위세계 안에서는 예술적·도덕적 행위에 대해서만이 아니라 공리적(기술적)·유희적 행위에 대해서도 작동해 그 이익(기쁨)과 재미를 결정한다는 것을 함의하기 때문이다.

---

59 《論語》〈爲政〉(2-15).

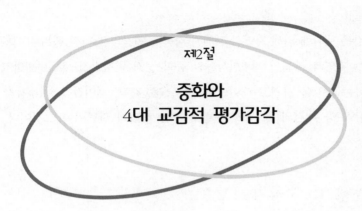

제2절

중화와
4대 교감적 평가감각

2.1. 내감의 변별력과 공감과의 연계

인간은 내감에 의해 자연의 자체적 작동과 인간의 사회적 행위로 이루어지는 자연과 사회의 제諸현상들의 중화 성격을 직감적으로 변별하고 판단하는 감각을 가지고 태어난다. 바로 쾌통감각, 재미감각, 미추감각, 시비감각 등 내감의 네 가지 변별력 또는 감각적 판단력이 그것이다.

■중화에 대한 내감적 직관과 변별

내감은 제諸현상에서 중화를 직감할 때 느낌으로 그에 합당한 중화·비중화를 변별한다. 뿐만 아니라 이 감성적 변별이 긍정적인 경우에만, 곧 공리적으로 기쁘고(이롭고), 유희적으로 재미있고, 미학적으로 아름답고, 도덕적으로 선한 경우에 한에서만 인간 뇌수의 '변연계邊緣系'를 발화시켜[1] 이 기쁨·재미·아름다움·선함 등의 감정들을 자기의 심중에 '재생'해 '같이 느끼게' 한다. 즉, 공감하게 한다. 따라서 내감은 바로 기쁨·재미·미·선의 변별감각으로 제현상의 분야별 중화를 느끼는 직관적 변별감각이면

---

[1] 인간의 뇌는 뇌간腦幹, 변연계, 대뇌의 삼중으로 구성되어 있는데, 뇌간은 육체적 생명을 관장하고, 변연계(중뇌)는 감정의 산출을 관장하고, 대뇌는 지성적 활동을 관장한다. 변연계는 해마, 편도체, 치상회, 대상회, 원시 피질을 포괄한다. 대뇌는 다시 좌·우뇌로 나뉘는데, 우뇌는 변연계와 연계되어 감정을 제어하고, 좌뇌는 언어와 사색을 관장한다. 이에 대해서는 참조: 황태연, 《감정과 공감의 해석학(1)》(파주: 청계, 2014·2015), 101-124쪽.

서, 공감 여부를 결정하는 판단감각이다.

이 말은 인간이 중화를 알기 위해 고등수학 또는 기하학을 알거나 이성적·논리적 사색을 수행하지 않고도 내감의 직감直感 또는 직관적 감지感知로 충분하다는 것을 뜻한다. 인간은 즉각적으로 대상의 분야별 중화를 직감해 쾌통(손익)·재미·미추·선악을 변별해 낸다. 수학과 이성은 내감이 제현상의 중화에 대한 이런 공리적·유희적·예술적·도덕적 변별판단을 내린 뒤에 사후적으로 이를 정당화하고 확인·정리하는 추수追隨 기능일 뿐이다.

그리하여 내감의 변별감각은 쾌통감각, 재미감각, 미추감각, 시비감각으로 나뉘는 것이다. 시비감각은 '도덕감각'이라고도 한다. 내감은 이 변별감각에 입각해 기쁨, 재미있음, 아름다움, 선함의 판단이 내려졌을 때만 공감과 연계시키는 결정을 한다. 그렇지 않고 변별판단이 아픔, 재미없음, 추함, 악함으로 나타난다면 내감은 이것을 인지하는 것, 곧 '교감'으로 그치게 하고 공감으로 유도하지 않는다. 기쁨·재미있음·아름다움·선함은 인간의 네 가지 기분 좋은 감정(흡족한 감정)인 반면, 아픔·재미없음·추함·악함은 인간의 네 가지 기분 나쁜 감정(불만족한 감정)이다.

앞서 지나치듯 시사했듯이 '공감(Mitgefühl, empathy)'은 타인의 감정을 인지하고 나서 이것을 넘어 변연계를 작동시켜 마음속에서 타인의 감정을 자기의 감정으로 재생하고 타인과 똑같이 느끼는 감정작용이다. 공감적으로 똑같이 느끼는 이 감정은 '동감同感'이라고 부른다. 그러나 '교감(Nachgefühl, vicarious feeling)'은 공감작용 없이 타인의 감정을 단순히 인지하는 것으로 그치는 인지적 감각작용이다.[2]

---

2 '공감'과 '교감'의 구분에 대해서는 참조: 황태연, 《감정과 공감의 해석학(1)》, 85-136쪽; 136-150쪽.

변별의 결과가 기쁘고, 재미있고, 아름답고, 선하다면, 이에 따라 제각기 다른 공감이 일어난다. 이 공감은 다시 쾌락적(공리적) 공감, 유희적 공감, 미학적(예술적) 공감, 도덕적 공감으로 대별된다. 이 분야별 공감의 구분도 내감이 결정한다.

■ 공리적·유희적·예술적·도덕적 공감

내감의 쾌·통감, 곧 '쾌통快痛감각'은 자신이 자기의 외감의 정도와 단순감정들과 욕구충족의 정도를 '양적 중도'의 기준에 따라 판단해 중도 범위 안에 들어오면 기쁘게(이롭게) 느낀다. 그렇지 않고 그 정도가 과過·불급하면 아프게(불리하게) 느낀다. 이것은 자기의 감정과 욕구충족에 대한 판단인 경우에 공감이 필요 없다. 이런 쾌통판단은 '단순한' 쾌통감각으로 가능한 것이다. 그러나 '타인'의 욕구충족과 이 욕구충족에 '이로운' 행동이 지각대상이 되면, 우리는 타인이 기뻐할 경우에 그것을 교감적으로 인지하고 쾌통의 판단 범주로 변별해 좋게 느끼면 '공리적 공감'을 한다. 이런 경우에는 사전에 타인의 기쁨을 교감적으로 인지하고 기쁨 여부를 판단해야 하기 때문에 '교감적 쾌통감각'이 필요하다.

어떤 물질적 욕구충족이나 이익 획득으로부터도 해방된 '유희'와 자유로운 유희행위들로 짜인 '유희현상'의 경우에도 상황은 유사하다. 우리는 자기 혼자 놀면서 재미를 느낄 수 있다. 또 위트와 유머로 남을 웃기거나 남과 놀며 즐기는 경우에도 우선 자기의 유희행위나 유희동작으로부터 재미를 느낀다.

이런 재미의 변별은 '단순한 재미감각'으로 가능하다. 그러나 남과 더

붙어 놀면서 재미를 느낄 때에는 개인적 재미를 각자 맛보는 것으로 그치지 않는다. 두 명 이상으로 이루어지는 '사회적' 유희행위에서는 타인의 유희행위와 타인의 재미를 교감할 뿐만 아니라 공감하고 이로부터 '공감적 재미'를 더한다. 타인이 노는 것을 보면서 타인의 재미를 공감적으로 즐기기 때문이다. 따라서 둘 이상이 같이 놀면 '단순 재미'에 이런 '공감적 재미'가 더해진다. 그래서 같이 놀면 두 배 더 재미있다. 이 때문에 우리는 '같이 놀' 친구를 그리도 찾고, 우리의 참여 없이 타인들이 플레이하는 경기와 게임의 관람이나 예능 프로그램을 관람하는 것을 그리도 좋아하는 것이다. 타인의 '재미'를 같이 느끼는 것은 '유희적 공감'이고, 이런 재미는 '공감적 재미'다. 이 '유희적 공감'을 위해서는 사전에 타인의 '유희행위'의 재미 유무를 교감적으로 인지해 재미감각으로 재미 유무를 판단하고 재미있다는 판단이 서면 공감적으로 같이 느끼는 '교감적·공감적 재미감각'이 필요하다. 이 교감적 재미감각으로 타인의 유희에서 공감적으로 느끼는 재미가 바로 '공감적 재미'인 것이다.

이것은 예술적 행위에서도 유사하다. 우리는 자연현상을 보고 우연히 그 현상이 중화를 이룬 경우에 아름답게 느끼는데, 이 아름다움이 바로 '자연미'다. 우리는 유구한 강산이 펼치는 풍경의 중화(균형과 조화)에서 자연미를 느끼고, 하늘의 시시각각 변하는 구름의 균형과 조화에서도 자연미를 느끼고, 바다의 파도의 동태적 조화에서도 자연미를 느낀다. 또한 인간의 예술작품을 보면서도 일단 그 작가나 연출가, 연기자의 예술적 의도를 고려치 않고 이 작품을 단순히 자연대상들(가령 영화의 색채, 의상, 무용수의 동작 등)처럼 대하고 그 유형적 대상의 외형적 구성의 객관적 중화 여부를 판단해 미추를 느끼기도 한다. 이런 미추판단은 '단순미감'으로 가능하다.

그러나 시인, 음악가나 미술가, 연극영화의 시나리오 작가, 연출가, 연기자 등 예술가들은 자기의 예술작품을 중화(균형과 조화)의 원리에 따라 만들고 손질하며 완성된 자기 작품을 스스로 평가하는 경우에도 자기의 예술적 미감美感이 유형적 물질에 적절하게 표현되었는지를 타인의 객관적 시청각이 되어 객관적으로 점검해 자기공감을 얻은 뒤에야 공중 앞에 내놓는다. 여기서 '유형적有形的 물질'은 사물들의 유형적有形的 양태와 움직임의 언어적 형상화形象化와 결합적 구성, 음성과 음향, 재료, 화폭, (무용의 경우에) 신체동작 등을 포괄한다. 공중 앞에 작품을 내놓기 위해서는 공감하기 전에 자기의 작품을 타인의 작품처럼 교감적으로 인지해 미추를 판단하는 '미학적 자기교감'이 필요하다. 나아가 우리가 타인의 예술작품을 감상하고 미적 공감을 느낄 때는 작품을 만든 예술가들의 미적 감정을 공감 이전에 교감적으로 인지해 미추를 판단하는 '교감적 미감'이 더욱 필요하다. 이 교감적 미감을 통해 우리는 '자연미'와 구별되는 예술작품의 '예술미'를 공감적으로 느끼고 감상한다. 이것이 바로 '예술적 공감'이고, 이 아름다움이 바로 '예술미'다. 따라서 '예술미'는 언제나 '공감적 아름다움'인 것이다. '예술미'를 감상하는 미각은 공감적 미감이다. 반면, 자연미는 단순한 아름다움이고, 따라서 공감능력이 없는 자(사이코패스)도 단순미각만으로 자연미를 감상할 수 있다.

'도덕적 행위'와 '도덕적 현상'의 경우에는 사정이 판이하게 다르다. '도덕적 행위'란 도덕감정을 실행하는, 곧 행동으로 표출하는 행위다. 여기서 도덕감정은 연민(측은지심), 정당한 몫을 취하는 것과 관련된 정의감, 수치심, 분함, 공분, 복수심, 공경심, 충성심, 겸손, 근친상간금기 등을 포괄한다. 도덕감정은 인간들 간의 감정적 중화의 기旣발생한 교란(불균형과 부조화)을 해소하거나 가능한 교란위험을 속히 해소하고 중화를 회복·유지하려고 하는 경우에 오직 소극적으로만 작동한다. 그러나 도덕감정은 이웃돕기·의행義行(의로운 항의)·존중·기념·제사 등 도덕적 행위를 하도록 동기화되는 경우에 적극적으로 작동한다.

도덕적 평가감각(시비감각)은 가可하게 또는 선하게 느끼는 동조감정, 불가不可감정, 결백감과 가책, 자찬감과 죄책감 등이다. 도덕감정은 모조리 공감감정이다. 따라서 도덕적 공감감정들을 변별하는 시비감각은 애초에 '단순한' 시비감각의 형태로 존재할 수 없다. 시비감각은 먼저 타인 행동의 감정적 동기를 교감에 의해 인지해야만 작동하므로 애당초 '교감적'이다. '단순한' 시비감각은 없다. 타인의 도덕적 행위를 '선하게 느끼는' 도덕적 동조감, '떳떳하게 느끼는' 감정이나 불가不可감정, 자기의 행위를 '뿌듯하게 느끼는' 자찬감, '죄스럽게 느끼는' 자책감과 죄책감 등의 도덕적 평가감정을 불러일으키는 '시비감각'은 그 자체가 '교감적 감각'인 것이다. 시비감각은 동조감정을 갖고 도덕적 공감을 느끼기 전에 '도덕행위'의 의도를 구성하는 타인의 도덕감정을 먼저 교감적으로 인지해 그 시비(선악)를 변별하기 때문이다. 우리는 이 도덕적 교감감각으로서의 시비감각에 따라 가하게 느낄 때만 자기의 행동에 스스로 도덕적으로 공감해 떳떳하게 또는 뿌듯하게 느낀다. 타인의 도덕행위에 대해서도 우리는 시비감각으로 타인의 품행을 교감적으로 인지하고 스크린해 '가(선)하게' 느낄 때만 타인의 도덕행위의 도덕적 의도와 동기에 동조하고 그 도덕감정적 동기를 함께 느낀다. 즉, '도덕적으로 공감하는 것'이다.

2.2. 단순쾌감과 교감쾌감

유희적 행위와 재미의 논의로 넘어가기 전에 공리적 행위에 따른 기쁨
과 아픔(쾌락과 고통)을 변별하는 쾌통감각을 두고 먼저 중화의 이론을
적용하고 검증해 보고자 한다. 이를 통해 '유희적 행위'와 '재미'의 중화론
적 이해로 가는 순탄한 길을 타개하고자 한다.

■ 감각과 감정의 중화

기쁨은 욕망의 충족에서 나온다. 이 욕망은 어떤 욕망이든 상관없다.
'이익' 또는 '이로움'(유용함)은 욕망충족에 이바지하는 모든 물질적 성질
이다. '공리적 행위'는 욕망을 충족시키기 위한 또는 이익의 획득과 수호
를 위한 모든 사회적 행위다. '공리적 행위'의 전형적 형태는 노동, 학습·
공부·연구, 사업, (이익의 수호나 극대화를 위한) 평화적 투쟁(경쟁과 논
쟁), 방어적 전쟁 등이다. 노동과 사업은 물적 이욕利慾에 의해서만이 아
니라 다시 이차적 욕망인 성취욕(성공욕)에 의해서도 추동되고, 투쟁과
전쟁은 이익 수호의 욕망에 의해서만이 아니라 여기로부터 파생되는 이
차적 욕구인 승부욕과 권력욕에 의해서도 추동된다.

욕망의 충족에 따르는 '기쁨'(희열=쾌락)은 어떤 욕망이든 욕망의 충
족 시에 발생하는 기분좋은 느낌(흡족함)이다. 여기서 '욕망'은 육체적 욕
망(식욕, 수면욕, 배설욕, 몸 편하고 싶은 욕구 등), 따뜻하거나 시원하고
싶은 욕망, 심적 평정 욕구(마음 편하고 싶은 욕구, 귀찮지 않고 싶은 욕구),
안전욕구, 지식욕(=진리욕=호기심), 성취욕, 승부욕, 권력욕, 각종 소망

과 희망 등을 다 포괄한다. '즐거움'은 타인의 기쁨에 대한 공감, 타인의 재미에 대한 공감, 타인의 예술적 행위로 표현된 예술적 미감에 대한 공감, 나와 남의 도덕적 행위에 대한 공감, 사랑·우정·연대·서로어울림 (*company*) 등의 공감적 일체감(유대감) 등으로부터 발생하는 '깊이 흐뭇한 느낌'이다. 한마디로 '기쁨(喜)'은 단순감정인 반면, '즐거움(樂)'은 공감감정이다.

따라서 기쁨과 즐거움의 두 감정은 이렇게 공감의 유무에 의해 엄연히 구분되는 것이다. 그러므로 《논어》 첫 장 〈학이學而〉편의 첫 두 구절은 이 즐거움과 기쁨을 구분하는 것으로부터 시작한다. "경험에서 배우고 때맞춰 그것을 익히니 이 역시 기쁘지 아니한가! 나를 알아주는 지지자들이 있어 멀리서 찾아오니 즐겁지 아니한가!(子曰 學而時習之 不亦說乎! 有朋自遠方來 不亦樂乎!)"³ 첫 구절은 알고 싶은 욕망(지식욕)의 충족에서 생기는 기쁨을 말하는 반면, 두 번째 구절은 나를 알아주는 자들이 나의 뜻에 동조하는 것을 인지한 가운데 공감적으로 일어나는 즐거움을 말하고 있다. 이 경우에 나를 찾는 지지자들이 멀리서 올수록 더욱 즐겁다. 나의 뜻이 그만큼 멀리까지 공감적 감동을 일으키고 있다는 것을 뜻하기 때문이다. 2500년 동안 기쁨과 즐거움의 차이를 모르는 자들은 《논어》를 백날 암송해 봤자 《논어》의 이 첫 구절도 이해하지 못했다. 그들은 공자가 자신의 도(학문방법)를 "공감(恕)에 충실한 것(忠恕)", 곧 "공감 하나로 꿰는 것(一以貫之)"으로⁴ 거듭 밝혔음에도 '공감' 개념도 알지 못했고, 따라서

---

³ 《論語》〈學而〉(1-1).

⁴ "공자가 '증삼아! 나의 도는 하나로 꿰는 것이다'라고 말하니, 증자가 '예, 그렇습니다'라고 답했다. (...) 그리고 증자는 '선생님의 도는 공감에 충실한 것일 따름이다'라고 풀이했다."(子曰 參乎! 吾道一以貫, 曾子曰 唯. 〔...〕曾子曰 夫子之道 忠恕而已矣.)《論語》〈里仁〉(4-15). 또 "공감에 충실한 것은 도와 거리가 멀리 않다. 자기에게 시행하는 것을 원치 않으면 남에게

이 기쁨과 즐거움의 차이도 몰랐기 때문이다.

'기쁨'은 타인의 공감 없이도 개인적·독아적獨我的으로 발생한다. 따라서 기쁨은 기본적으로 사적이다. 하지만 '즐거움'은 공감 없이 발동하지 않고 공감이 일어날 때만 이 공감으로부터 이차적으로 생겨나는 감정이다. 그러므로 공감감정인 '즐거움'은 근본적으로 사회적이다. '즐거움'의 다른 말은 '행복감'이다. 기쁨은 한시적이고 덧없는 반면, 즐거움은 공감적으로 무한반향을 일으켜 때로 반半영구적이다. 위험을 무릅쓰고 타인의 생명을 구한 시민들의 의행義行을 직접 보거나 부부애에 대한 미담을 건네 들을 때의 공감에서 발현되는 즐거움, 타국의 이야기든 우리나라의 이야기든 반향을 일으키며 전해지는 거룩한 소문을 여러 사람들을 거쳐 전해 들을 때의 즐거움, 공자의 삶과 도덕적 언행에 대한 공감에서 나오는 2500년 동안의 '영구적' 즐거움 등을 보라. 따라서 인간의 행복은 덧없는 단순감정인 '기쁨'에 있는 것이 아니라, 무한반향의 공감감정인 '즐거움'에 있는 것이다.

우리는 단순쾌감으로 욕구의 물적 충족에 대한 느낌에서 그 '양적量的 중도' 여부를 변별해 이에 따라 '기쁨'과 '아픔'을 느낌으로써 판단한다. 욕구충족은 부족하면 '안달'하고, 과하면 '넌더리'를 내는 반면, 중화적이면 기쁨을 느낀다. '안달'과 '넌더리'는 둘 다 일종의 아픔이요 고통이다. 기분 좋은 느낌으로서의 '기쁨'은 이 안달과 넌더리 사이의 중도적 욕망충족에서(만) 나온다.

기쁨과 아픔의 이 판단은 감각적이다. 그리하여 인간의 모든 감각과 감정은 언제나 감성적 '인지'를 내포하는 판단이라고 일반화해도 무방

도 역시 시행하지 말라."(忠恕違道不遠 施諸己而不願 亦勿施於人.)《中庸》(十三章). '서恕'는 파자하면 '여심如心', 곧 '동감'으로서 공감을 뜻하는 고대 한자다.

하다.

　'욕구'는 거의 모든 감각과 감정을 대상으로 삼는다. 시각·청각·미각·후각·촉각·근筋감각 등 6감의 '외감적 욕구'는 가령 시각상 밝은 조명을 욕구하는 것, 청각상 적절한 크기의 소리를 욕구하는 것, 미각상 간이 맞는 것을 요구하는 것, 촉각상 따뜻한 온기를 욕구하는 것 등이다. 감각적 욕구에서도 중화가 결정적으로 중요하다. 조명이 너무 밝으면 눈이 시고, 조명이 너무 희미하면 눈이 아프다. 시각적 기쁨은 너무 밝음과 너무 희미함의 중도적 명도에서 나온다. 체감적·촉각적 기쁨도 체온과 너무 동떨어진 너무 뜨거움과 너무 차가움 사이의 중도적 온도에서 나온다. 우리의 시각과 37.5도의 체온은 명도와 온도의 중도(적절성)를 결정짓는다. 이 감각적 쾌감으로서의 기쁨에서도 중도가 결정적이다.

　'감정적 욕구'는 물적 충족의 가용성(이로움, 유용함)에 대한 욕구, 슬픔·분노·두려움·아픔·배고픔의 회피에 대한 욕구, 지식욕, 승리욕(승부욕), 명예욕, 좋은 평판과 인정에 대한 욕구, 희망(소망·비전) 등이다. 이 욕구의 충족 여부에 대한 평가감정인 '기쁨'과 '아픔'은 '단순쾌감'과 '단순통감'이다. '단순쾌감'은 오직 외감에 대한 감각대상들의 투입 및, 감정대상이 일으키는 감정의 양적 적절성, 그리고 물적 대상에 의한 욕구충족의 양적 적절성과만 관계된 기쁜 감정이다. 따라서 이 쾌감은 일시적이고 그 대상이 없으면 재현되기 어렵다. 또는 이 쾌감은 쾌락수단의 존속시간만큼 지속되고, 또 이 존속시간만큼만 지속된다.

　따라서 이 단순쾌락 또는 단순한 기쁨은 이런 감정을 야기하는 나의 물건 또는 이 물건을 얻는 데 도움이 되는 나의 것들, 곧 이 물건을 생산하고 교환하는 나의 공리적 행위, 이에 필요한 나의 유형적 생산·교환수단, 화폐의 구매력이나 제품의 품질(가성비), 화폐로부터 자라나는 무형적·

심리적 가치인 신용, 제품의 가성비에서 자라나는 브랜드가치 등과 널리 관련된다. 따라서 단순한 쾌통감각은 손익감각, 또는 이해利害감각으로 전환되어 확장된다.

욕구를 충족시키기 위한 '공리적 행위'는 중화의 원리를 반드시 지켜야만 수행될 수 있다. 공리적 행위를 과소하게 수행하면 일을 완수하지 못하고, 과다하게 수행하면 행위자의 건강이 훼손되어 일을 완수하지 못한다. 학습과 공부도 과소하면 목표에 미달하고, 과다하면 학도學徒가 쓰러져서 목표를 달성하지 못한다. 노동은 과소하면 물건을 만들지 못하고, 과다하면 노동자가 아프고 노동가치와 부대비용(의료비)이 물건의 가치를 초과해 노동이라는 이 공리적 행위를 부조리에 빠뜨린다. 수단이 목적을 잡아먹는 불합리가 발생하는 것이다.

엄청난 이득을 가져다주는 성공과 승리는 '기쁜' 일이다. 그러나 이 '기쁨'은 중화의 비례성을 담은 쾌감이기에 무조건적이지 않다. 성공과 승리의 쾌락은 성공과 승리에 투입된 투쟁노동과 비용이 초래하는 고통(손해)과의 대비 속에서 비례적으로 결정된다. 따라서 너무 많은 손실, 상처, 고통을 야기하고 후유증을 오래 남기는 '패배나 다름없는 승리', 곧 이른바 '피루스의 승리'는 기쁜 가운데서도 상당히 뼈아프다. 고통과 비용을 너무 많이 요구한 성공, 또는 '배꼽이 배보다 더 큰' 성공도 뼈아프다.

그러나 기쁨과 이익으로부터 자유로운 '유희적 행위'에서는 다르다. 여기서는 '피루스의 승리'도, 비용손실을 너무 많이 초래한 성취도 재미있을 수 있고, 재미있으면 그것으로 끝이다. 이 점에서 쾌락·이익추구 행위는 유희적 행위와 구별된다. '공리적 행위'는 목적을(욕구충족을 위한 이익)을 합당한 수단으로 달성하려는 목적-수단 관계의 행위다. 이 공리적 행위의 목적(이익, 욕구충족으로서의 기쁨)은 이 행위의 바깥에 있다. 공리적 행위는 이익(기쁨 획득)을 위한 행위다. 특정한 공리적 행위는 이익을 얻지 못하거나 얼마간 이익을 얻더라도 수단이나 비용이 목적에 견주어 과하면 즉각 중단된다. 반면 '유희적 행위'는 '자기목적'이다. 재미있는 '유희적 행위'는 그 자체가 행위의 목적이다. 이 행위 외의 다른 목적이 없다. 따라서 '유희적 행위'는 전혀 재미없이 지루하게만 한다면 중단되겠지만, 얼마간 재미만 있다면 그 행위의 수단이나 비용이 과하더라도, 심지어 행위자가 이 유희적 행위로 말미암아 상당히 큰 부상을 입더라도 계속된다.

공리적 행위의 기쁨과 이로움은 다 '단순쾌감'으로 판단 가능하다. 그러나 타인의 쾌락과 이로움은 간단히 쾌락과 이로움을 변별해 느끼는 단순쾌감으로 포착할 수 없다. 타인이 느끼는 쾌락과 이로움을 우리가 같이 느끼기 위해서는 상술했듯이 '교감적 쾌감'이 필요하고, 이 교감적 쾌감의 긍정적 판단에 따라 이 쾌락과 이로움을 '공감'해야 한다. 이 교감쾌감의 작용으로 우리는 나의 경제행위가 타인에게 일으키는 욕구충족의 기쁨을 같이 느끼기도 하고, 타인이 스스로 느끼는 기쁨을 같이 느끼기도 한다. 또한 우리는 이런 교감쾌감의 작동으로 나의 어떤 행위가 타인으로 하여금 쾌락과 이로움을 느끼게 하는지를 미리 알고, 타인에게 쾌락과 이로움을 줄 수 있다. 아니, 적어도 고통이나 부담을 주는 짓을 피할 수 있다. 이런 상호적 쾌락 증진 또는 이익 증진을 기축으로 인간공동체의 기초적 관계인 교환적·협업적·공동적 공리功利행위 관계와 공공적 경제관계가 운용된다.

■공리적 정체성과 생존도덕

타인들과의 육체적·정신적·기능적·경제적 쾌락·이익관계에서 우리는 '개인적 정체성' 가운데 가장 기본적인 정체성을 형성한다. 우리는 타인과 함께 쾌락과 이익을 주고받을 교환적·협업적 능력과 실력이 있고 그렇지 못하면 적어도 자기가 자기의 생계를 책임지고 타인에게 고통이나 부담을 전가하는 것을 피할 능력을 갖추고 있다는 것, 또는 갖춰야 한다는 것을 '교감쾌감'에 의해 잘 알고 있다. 따라서 우리는 우리가 타인에게 쾌락과 이익을 주거나 적어도 스스로 자기 앞가림을 잘해서 남에게 민폐를 끼치지 않고 또 앞으로도 그럴 수 있는 육체적·정신적 능력과 수완을 갖췄다는, 곧 자신이 '쓸모없는' 사람이 아니라는 자기확인과 자기확신을 요한다. 이 공리적 '자기확신'이 바로 우리의 '공리적 정체성(*utilitarian identity*)'의 밑받침이다. 우리가 타인에게 불쾌감을 초래하거나 손해나 민폐를 끼치고 있는 상황은 우리의 '공리적 정체성'을 심각하게 훼손한다.

따라서 '돈도 벌어오지 못하는 주제'에 타인을 돕거나 기쁘게 할 능력도 수완도 없는 '밥벌레' 또는 '쓸모없는 자'라는 공리적 자기폄하가 없고 또 타인들의 공리적 괄시를 받지 않는 상황에서만 개인적 자아는 공리적 정체성을 건실하게 유지할 수 있다. 그렇지 않으면, 무능한 개인을 부담으로 짊어진 사람이 머지않아 이 개인을 카프카의 단편소설 《변신》의 세일즈맨 그레고르 잠자(Gregor Samsa)처럼 '벌레'로 취급해 밖에 내다 버리거나 제거할 것이다. 아니면 생계능력이 없는 개인은 스스로 굶어죽을 것이다. 그러므로 공리적 정체성은 일상적 '쾌락(이익, 유익)의 문제'이기 전에 '생존의 문제'이다. 즉, 공리적 정체성은 생존문제와 결부된 가장 기초적이고 가장 '심각한' 개인적 정체성 가운데 하나다.

문명사회에서 교육과 수신은 일차적으로 이 공리적 정체성의 확립과 구비를 위해 그렇게 중시되어 왔다. 모든 교육의 최소한의 목적은 학생이 커서 적어도 제 앞가림을 하고 남을 부양하거나 도울 수 있는 '쓸모 있는' 사람을 만드는 것이다. 오늘날 치열한 입시경쟁과 학업경쟁도 일차적으로 이 온전한 공리적 정체성을 갖추기 위한 노력의 일환이다. 이런 까닭에 흄은 "우리는 우리 자신을 이 세상에서 어떤 최선最善의 의도를 갖게 하고 온갖 불의와 폭력으로부터 가장 멀리하도록 만들려면 적어도 적당한 몫의 재능과 지성을 갖추지 않고서는 그 자신을 많이 존중받게 만들 수 없을 것이다"라고 말했던 것이다.[5]

다른 정체성, 가령 개인의 유희적·미학적·도덕적 정체성이 완벽하더라도 공리적 정체성이 무너진다면, 다른 정체성도 동요할 것이다. 공리적 정체성이 온전히 확립되지 않은 상황에서는 어떤 재미도 거론할 수 없고, 아름다움이나 도덕성도 거론할 수 없고, 어떤 즐거움, 어떤 행복도 거론할 수 없을 것이다. 치국과 평천하를 위해 아무리 열심히 노력하더라도 개인적 수신을 이루지 못해 식구들을 먹여 살릴 제가齊家 능력을 갖추지 못한 사람은 치국과 평천하에도 성공할 수 없을 것이다. 또는 개인적 수신을 이루지 못하고 제가의 능력을 갖추지 못한 사람이 국가와 천하의 일을 먼저 도모해야 하는 시대라면, 그 시대는 불행하기 짝이 없는 일제日帝시대 같은 '무도無道의 시대', '혁명의 시대'일 것이다.

관점을 뒤집으면, 우리가 가까운 타인들에게 육체적·정신적으로 욕구충족의 공리적 쾌락과 이익을 주는 개인적 삶을 일관되게 영위함으로써

---

5 David Hume, *A Treatise of Human Nature*, Book 3. *Of Morals*, edited by David Fate Norton and Mary J. Norton, with Editor's Introduction by David Fate Norton (Oxford·New York·Melbourne etc.: Oxford University Press, 2001·2007), 387쪽.

'공리적 정체성'을 확립해 유지하고 향유할 수 있다면, 우리는 일단 행복으로 가는 최소한의 '발판'을 확보한 셈이다. 개인의 가장 기본적인 행복은 '공리적 정체성'을 확립하고 남들에 의해 공감적으로 이 정체성을 인정받는 '공리적 즐거움'이다. 공리주의자들이 유일시하는 이 '공리적 즐거움' 또는 '공리적 행복'은 건물의 기초와 같은 공리적 정체성에 대한 타인들의 공감적 인정에 있다.

그러나 욕망충족의 기쁨(쾌락)은 시간적으로 찰나적이고 덧없고, 욕망충족을 위한 물적 수단은 유한하고 희소하다. 또한 물적 수단의 생산과 재생산은 토양, 날씨, 기후, 강우량 등 다른 우연적 자연조건에 크게 좌우된다. 생산력을 발전시켜 생산을 높일 수 있지만, 인간의 쾌락범위의 확대와 인구증가로 말미암아 생산력은 늘어나는 욕구에 늘 미달할 수 있다. 따라서 '쾌락적 행복'은 언제나 한시적이고 덧없고 희소하다.

인류는 자연자원의 넘치는 풍요로움 속에서도 이런 인구·욕구폭발과 기후변동, 천재지변 등으로 말미암아 오랜 세월 풍요와 궁핍을 번갈아 겪어 왔다. 농경이 정착한 이후에도 천재와 착취·수탈·전쟁 등의 인재로 인류는 든든한 풍요 속에서도 자주 엄습하는 궁핍을 맛보았다. 인류는 수십만 년 동안 '생존' 문제를 완벽하게 해결하지 못한 것이다. 이 때문에 일부 인간들은 안팎의 타인들을 강탈해 자기 생존을 유지했다. 이런 강탈전쟁은 이익을 지키는 방어전쟁과 본질적으로 다른 것으로서 집단들 간에 벌어지면 제국주의적 전쟁이 되었고, 이것은 계급격차가 확대되고 무기가 발달한 문명시대로 들어올수록 잦아졌다. 2000여 년 전부터 일부 지역에서 생산력 발전의 고도화와 함께 이 생존문제를 극복한 소수의 문명사회가 나타났지만, '오랑캐'라고 불린 주변종족들에 의해 늘 약탈당하고 수시로 정복당했다. 약탈과 정복에 몰두한 집단은 점차 공리적 행위능력을 상실해 가고, 결국 '공리적 정체성'을 포기한 '제국주의적 강도떼'가 되고 만다.

19-20세기 식민주의·제국주의 국가들은 자국의 부를 자기 국민의 공리적 행위와 선진적 기술로써만 증대시킨 것이 아니라, 타민족의 약탈을 통해서도 증대시켜 왔다. 이를 통해 국내적 착취도 조금 완화시켰고, 제국주의 국가의 노동자계급도 非제국주의국가의 노동자들보다 더 잘살았다. 따라서 침략·정복·약탈범죄만큼 도덕적으로 타락한 제국주의 국가들의 부르주와지와 노동계급은 공리적 행위의지를 그만큼 잃었고, 공리적 정체성도 그만큼 훼손되고 부패했다. 그리하여 세계최대의 식민주의·제국주의 국가 스페인과 포르투갈은 식민지들의 저항투쟁과 독립으로 식민지를 잃자 약소국으로 전락했고, 영국과 프랑스도 항구적 경제난을 겪으며 유사한 운명을 향해 가고 있다. 그 대신 제1·2차 세계대전 패전으로 제국주의 경략에서 좌절당하고 '전후재건'의 캐치프레이즈 아래 공리적 행위와 공리적 정체성을 다시 강화한 독일과 일본이 전후에 미국 다음으로 선두를 차지하게 되었다.

인류의 발생과정에서 '진화'는 태초로부터 종의 생존과 번식의 필연성에 의해 규제되었다. 이 점에서 인류의 진화는 생산력의 비약적 발전과 욕구충족의 혁명적 향상으로 '인간적 정체성'에 기초한 훌륭한 '도덕적 정체성'을 향유하는 '인간 고유의 행복도덕', 곧 인도적 '정체성도덕'이 자립화되기까지 오랜 세월 생존의 이익을 중심으로 진행되었다. 그리하여 생존을 위한 공리적 행위는 오랜 세월 심각한 생존문제를 해결하기 위해 무조건적으로 요구되는 '도덕', 곧 심각한 '생존도덕'을 만들어 냈다. 생존도덕은 이기적 정의의 자연권(개인에게 고유한 몫인 자연적·본성적 욕구와 그 충족에 대한 존중), 가부장적 부부 중심 가족도덕과 성도덕, 내외차

별 의무, 영토수호를 위한 침략자에 대한 텃세 의무, 다수를 위한 소수의
희생(최대다수의 최대의 행복) 의무, 절도금지, 강탈금지, 신체적 정결·
청결 의무와 근친상간 금기 등을 중심으로 발달했다. 여기에는 일련의 개
인적 소덕小德들, 곧 근면·검소·민완(민첩성)·수완(솜씨)·청결·인내심·
신중·무경신無輕信(남의 말을 경솔하게 믿지 않음)·신용·상호성 또는 호
혜성(*mutuality or reciprocity*) 등이 대응하고, 현재와 미래의 생존이익을
위해 이런 소덕들은 꽤나 강하게 요청된다. 이 소덕들은 잘 체득하는 경우
에 덕행의 주체에게 직접적으로 이득이 되지만, 타인들에게는 아무런 직
접적·적극적 이득이 없다. 다만 소덕자小德者라면 장차 남에게 얹혀 살
지 않을 것이라는 점에서 주변 사람들에게 간접적·소극적 이익이 있을
뿐이다.

소덕, 곧 공리적 생존도덕은 이와 같이 그 주체나 주변 사람의 이익
또는 이득과 연결된다. 반면, 인의예지의 '대덕大德', 곧 인도적 정체성도
덕은 모든 직간접적 이익을 초월할 만큼 그 자체로서 정언적으로 강력하
다. 따라서 소덕들에 대한 이 요청도 강력하지만, 불이행 시에 공리적
주체의 공리적 정체성이 와장창 무너지거나 그가 '양심의 가책'을 느끼
는 것이 아니라 그의 직접적 이익이 약간 손실될 뿐이다. 따라서 소덕의
강도는 위반 시에 '양심의 가책'으로 처벌하기도 하고 때로 형법으로 처
벌하기도 하는 인의예지의 정체성도덕, 곧 '대덕大德'의 강한 요청에 견
주면 그렇게 강행법규적인 것이 아니다. 그래서 공자의 수제자 자하子夏
는 "대덕은 경계를 넘지 않고, 소덕은 넘나들어도 가하다(子夏曰 大德不踰
閑 小德出入可也)"라고 말하고,[5] 《중용》은 "소덕은 시냇물처럼 흐르고, 대

---

5 《論語》〈子張〉(19–11).

덕은 두텁게 교화한다(小德川流 大德敦化)"고 말한다. 소덕의 도와 대덕의 도가 이렇게 다르더라도 병립할 수 있다. "도는 병행해도 서로 어긋나지 않기(道竝行而不相悖)" 때문이다.[7]

인간의 동물적 생존과 번영은 처음에 인간적 정체성보다 더 중요한 지상명제였다. '생존'이 심각한 당면 문제라면, '번영'은 세대 간 존속과 계승을 보장하는 미래의 생존문제다. 따라서 현재와 미래의 '생존'은 유희적·미학적·도덕적 정체성을 초월하는 무조건적 필연성이었다. 여기로부터 생존도덕에 고유한 정언명령적 성격이 생겨났다. 이 정언명령적 '생존도덕'은 공리주의가 대변해 왔다.

공리주의 도덕론의 오류는 공리주의자들이 이 생존도덕을 인간적 도덕의 모든 것으로 과장하는 데 있다. 그러나 측은·수오·공경지심의 위대한 도덕감정에 기초한 도덕적 행위에서 생기는 도덕적 행복을 추구하는, 곧 인간에게 비로소 인간다운 정체성을 부여하는 인도적 '정체성도덕'은 공리적·유희적·미학적 행복을 초월하는 것으로서, 사회적 존재자로서의 인간적 정체성의 유지·강화·향유와 관련된 까닭에 '생존도덕'에 못지않은 정언명령이다.

'정체성도덕'은 인도적 도덕이고, 인도는 인의예지다. 이런 까닭에 공자는 "인의예지가 인도의 전부다(仁義禮知 人道具矣)"라고[8] 갈파했던 것이다. 따라서 인간다운 '정체성도덕'은 인도적 도덕이고, 생존도덕을 초월한다. 남의 아픔·슬픔·불행을 동정해서 남을 돕는 도덕적 지원행위나, 남의 억울한 심정에 공감해서 제3자가 이 남에게 저지르는 불의한 행동을 타파하려고 나서는 의거義擧는 무조건으로 타인들의 공감을 얻고 이 도덕적 행

---

7 《中庸》(三十章).

8 《禮記》〈喪服四制 第四十九〉.

위자에게는 이 행위에 따르는 손실부담에도 불구하고 흐뭇한 도덕적 '즐거움', 곧 '행복감'을 준다. 따라서 '정체성도덕'은 '행복도덕'이기도 하다.

이 인도적 '행복도덕' 또는 '정체성도덕'은 하위의 저 모든 공감적 즐거움(공리적·유희적·예술적 즐거움)의 유지에도 필수적이다. 도덕적 행복이 없다면 저 다른 행복들은 신기루 같은 것으로 전락해 버리기 때문이다. 부와 외적 쾌락은 우리의 상상 속에서 적잖은 부피를 차지한다. 하지만 부 속에서의 행복에 대한 이 평가의견은 그 상상 속에서 우리에게, 적어도 우리 가족이나 친척들에게 소중한 사람들에게 호의를 베푸는 어떤 상정된 시혜적·인애적 의도를 언제나 동반해야만 한다. 그리고 외적 쾌락으로 말미암은 우리의 상상적 행복 속에는 언제나 사교의 어떤 도덕적 향유, 기쁨의 어떤 소통적 전달과 공감, 사랑·우정·존경·감사의 어떤 것에 대한 모종의 관념들이 포함되어 있다.

쾌락의 추구가 시혜도, 인애도 없이 이기적으로 격렬하기만 하다면, 이 쾌락은 모든 사람들에게 얼마나 상스럽고 얼마나 경멸적으로 보이겠는가! 따라서 프란시스 허치슨(Francis Hutcheson)은 이에 대해 이렇게 확언한다.

인애 속에 어떤 도덕감각도, 어떤 행복도 들어 있지 않다면, 그리고 우리가 자기애(이기심)의 원리에서만 행동한다면, 확실히, 모든 외감적 쾌락은 사회 속에서보다 더 적은 수고와 더 적은 비용으로 우리가 홀로 즐길 수 있을 것이다. 그러나 도덕적 즐거움의 혼합은 매혹적인 풍미를 주는 것이다. 그 것은 호화사치를 떠는 사람들을 구역질나고 김빠진 것으로부터 지켜 주는, 쾌락을 타인들에게 전해 주는 모종의 우정·사랑 현상이다. 그리고 타인들에게 수많은 잔인한 비인간적, 파괴적 귀결을 가져다주는 행동들(가령 전쟁

- 인용자) 속에 들어 있는 어떤 훌륭한 도덕적 성질들, 인애의 이 부분적 상상도 어떤 다른 고려보다도 더 많이 악덕의 낯을 세워준 것이다. 그러나 부와 외적 쾌락의 행복이 어디에 있는지를 스스로 더 확신하기 위해 악의, 분노, 앙심 또는 이 감정들의 보유와 결부된, 우정·사랑·사교·존경의 부재, 곧 고독을 상정해 보자. 그러면 모든 행복이 꿈처럼 사라질 것이다. 그러나 사랑·우정·사교·인간애는 빈곤이나 고생을 수반하더라도, 아니, 마음을 온 전히 점령하지 않는 고통과 같은 더 적은 정도의 고통을 수반하더라도 타인 들의 사랑의 대상일 뿐만 아니라, 일종의 경쟁적 모방의 대상이기도 하다. 이것은 "덕성이 전 인류의 판단 속에서 으뜸 행복이다"는 것을 분명히 보여 준다.[9]

이와 같이 인간 고유의 '정체성도덕적 행복'이 모든 유형의 행복 가운 데 최고의 행복인 까닭에 '인간 고유의 도덕적 정체성에 기초한 정체성도 덕'은 '생존도덕'과 대비하는 의미에서 간단히 '행복도덕'이라고도 불릴 만하다.

또한 맹자가 "측은지심이 없으면 사람이 아니고, 수오지심이 없으면 사람이 아니고, 사양지심이 없으면 사람이 아니고, 시비지심이 없으면 사 람이 아니다"라고 했듯이, '행복도덕'은 인간다운 인간의 정체성이 걸린 '정체성도덕(identity moral)'이다. 인간은 이 행복도덕적·인도적 정체성을 유지할 수 없다면 더 살아야 할 인간적 의미와 목적을 상실한다. 이때 인간은 생존이 보장된 상황 속에서도 인간적 의미를 잃거나 인간적 치욕 을 당하면 '생존'을 버리고 '자살'할 수 있다. 또는 행복도덕적 의미를 실

---

9 Francis Hutcheson, *An Inquiry into the Original of Our Ideas of Beauty and Virtue; In two Treatises* (1st ed. 1726; 3rd ed. 1729; London: Printed for R. Ware, J. Knapton etc., 5th ed. 1753, Indianapolis: Liberty Fund, 2004), 165·-166쪽.

현하기 위해 불가피하다면 성웅 이순신처럼 순국의 '도덕적 자살'을 선택할 수도 있다. 이 도덕적 '자살'은 우리가 공리적 타산에서 가령 50명을 살리기 위해 '선의의 제3자'를 살해하는 것과 차원이 다른 것이다. 인류 역사 속에서 생존이 보장된 가운데 이런 행복도덕적 '자살', 곧 다른 사람들을 위한 '살신성인殺身成仁'이 등장했다는 것은 '행복도덕'이 '생존도덕'과 갈등을 빚을 만큼 '심각한' 정언명령이 되었다는 것을 뜻한다. 정체성도덕은 보편적인 연대적·동정적 원조(도움)와 동물사랑 의무, 이타적 정의, 무조건적 살상금지, 공동체와 수장에 대한 공경과 충성 의무, 동성동본 사이의 혼인도 금지하는 선까지 확장된 근친상간금지 등을 중심으로 전개되었다.

그러나 공리주의적 '생존도덕'은 그 자체로서 수단적·도구적인 까닭에 '행복도덕'을 인간다운 목적으로 요구하고, '행복도덕'도 역으로 '생존도덕'을 삶의 수단으로 요구한다. 생존도덕은 가령 민족의 생존이 걸린 상황에서 영웅과 국가지도자, 그리고 군인의 정체성도덕적 '살신殺身'을 요구하고, 개개인과 사회의 인간다운 행복도덕은 개개인과 사회집단의 무조건적 생존과 그 정언명령적 생존도덕을 전제로서 요구한다.

자아가 가령 무고한 제3자 1명을 '직접' 죽여 5명을 살리는 계산적·공리적 살인을 차마 행하지 못하는 것은 인간의 '정체성도덕'에 속한다. 우리는 아무리 선한 목적을 위한다고 하더라도 제 손으로 '직접' 무고한 남을 살해하는 살인을, 우리의 정언명령적·무조건적 측은지심과 정면으로 배치되는 것으로 느낀다. 그래서 우리에게 살인에 대한 거부감은 본능적인 것이다. 당장 닥친 이 거부감의 강도가 너무 커서 우리는 조금 뒤에 죽을 위험에 처한 5명을 동정할 겨를이 없는 것이다. 이런 이유에서 우리는 1명의 생명을 그대로 살려 둔 채 5명을 살릴 방도를 달리 찾지 못하면

손 놓고 5명의 죽음을 감내하고 주저앉아 땅을 치며 통곡·애도하는 인도 人道를 택한다.[10] 이 경우의 슬픔은 5명을 살리기 위해 1명을 살해하는 경우보다 배가되겠지만, 사이코패스를 뺀 '인간으로서의 인간'은 누구도 무고한 제3자에 대한 살인의 '범죄'를 차마 저지르지 못할 것이다. 하지만 우리는 이 가운데서도 다른 사람을 살해하지 않았기에 인간으로서의 정체성을 온전히 보존한다. 정체성도덕의 차원에서 유일한 선택은 누군가 한 사람이 스스로 몸을 던지는 살신성인적殺身成仁的 자기희생의 길밖에 없다.

또 가령 3개 연대(750여 명)밖에 탈 수 없는 배에 4개 연대가 타서 선박이 침몰하는 경우에 1개 연대의 군인들이 자발적으로 바다 속으로 뛰어들어 사라지고 3개 연대 병력이 살아남는 것도 유사한 경우다. 다윈이 지적한 대로 자활능력 없는 빈자·불구자(장애인)·노인·환자를 먹이고 치료하고 살리는 사회의 '정언적인' 반공리적反功利的·비합리적 복지비용 부담, 양민養民복지를 국가의 존재이유로 삼는 유교적 국가론 등은 다 '정

---

10 인간은 동정심의 성선性善 유전자 때문에 함부로 다른 사람을 해칠 수 없다. 미군 소총수들은 심지어 제2차 세계대전 당시 자기가 죽을 위험에 처한 전투 시에도 대부분 적군을 조준하여 사격하지 않았고 이들 가운데 단지 15%만이 조준사격을 한 것으로 나타났다. 참조: Samuel L. A. Marshall, *Men against Fire: The Problem of battle Command* (Norman, OK: University of Oklahoma Press, 1947·2000). 공맹의 성선설은 오늘날 여러 가지 심층연구를 통해 다시 과학적으로 확증되고 있다. 상술했듯이 대커 켈트너는 "사람들 간에 일어나는 인정, 인간애, 존경의 복합적 혼합감정"을 인간의 진화적 본성으로 보고 이런 "긍정적 감정의 과학"을 "공자의 仁(jen) 개념에 경의를 표하기 위해 仁과학(jen science)"으로 부른다. 그리고 그는 '인'을 "공자 가르침의 중심 관념"으로 해석하면서 "새로운 긍정적 감정의 과학"으로서의 "인과학"에 "다윈적 렌즈"를 들이대고 있다. 국민의 '仁지수(jen ratio)', 곧 국민 간의 신뢰도가 떨어지면 국민의 '윤리·경제발전'이 저해된다. 국민의 인지수가 가령 15% 포인트 떨어지면 국민소득은 430달러 하락한다. 노르웨이, 중국, 독일, 대만 등의 국민 인지수는 40이상, 멕시코, 가나, 필리핀, 브라질 등은 30 미만이고, 인도와 미국은 30과 40 사이에 위치한다. Dacher Keltner, *Born to be Good: The Science of a Meaningful Life* (New York: W. W. Norton & Company, 2009), 3쪽, 4·-7쪽.

체성도덕'에 속하는 것이다.

평시에는 인도적 정체성도덕이 공리적 생존도덕에 대해 압도적 우위에서 주도권을 행사한다. 반면, 전시나 기타 위기 시에는 생존도덕이 정체성도덕보다 우위에서 주도권을 발휘한다. 그러나 평시든, 위기 시든 생존도덕과 정체성도덕이 서로를 대체하지 않고 병립하는 상태에서 주도적 위치만 바꿀 뿐이다.

'생존도덕'과 '정체성도덕'이 병립·결합하는 경우를 보자. 50명을 직접 살해해야만 150명을 살릴 수 있다면 우리는 여전히 이도저도 할 수 없는 도덕적 딜레마에 처해 있을 것이다. 그러나 가령 선박이 암초에 충돌해서 침몰하는 위기상황이라면, 사람들은 다른 인간적 방책을 찾을 것이다. 이 위기상황에서는 일단 생존도덕이 주도권을 쥘 것이다. 그러나 정체성도덕도 이 생존도덕의 휘하에서 이차적으로 작용한다. 가령 한 척당 최대 50명을 태울 수 있는 2척의 구명보트로 승선인원 150명 가운데 100명을 구하기 위해 임의의 50명이 침몰선박에 남아야 한다는 싸늘한 계산적 결정이 불가피한데 이 결정은 아무리 싸늘해도 생존도덕의 관점에서 '선한 것'으로 간주될 것이다. 그러나 구체적으로 '누가' 남아야 하는가는 공리주의적 생존도덕에 따르지 않고 살신성인殺身成仁의 '정체성도덕'에 따를 것이다. 어린이, 노인, 여성 승객들이 먼저 구명보트에 태워지고, 선장·간부·일반승무원·남자승객의 순서로 살신殺身할 50명이 선정될 것이다.

한마디로, 이 침몰하는 전함의 사례에서 일부 인원이 자발적으로 선박에 남아야 한다는 정언명제가 생존도덕에 따라 냉정하게 수립되었지만, 구체적으로 누가 침몰하는 선박에 남아야 하는가는 공리주의적 생존도덕에 입각하는 것이 아니라, 정체성도덕의 논리에 따른 것이다. 우선 부상병, 병든 군인, 약골사병 등이 구명보트에 타고 가장 온전한 군인들 1개

연대가 침몰 전함에 남는 것이 정체성도덕상의 이타적 정의일 것이다. 부상병, 병든 군인, 약골사병 등은 전쟁 중에 더 큰 고통을 겪은 반면, 가장 온전한 군인들은 비교적 고통 없이 지냈고, 또 바다 속으로 침몰하더라도 저 부상병들이나 병든 병사들보다 살아남을 가능성이 더 크기 때문이다.

'버큰헤드(Birkenhead) 해난구조수칙'도 정밀하게 분석해 보면 생존도덕의 주도권 아래 정체성도덕이 결합된 원칙임이 드러난다. '버큰헤드 수칙'은 162명을 구명정에 태워 보내고 남은 472명의 장병들이 장렬하게 수장당한 영국전함 버큰헤드(HMS Birkenhead)호의 난파·침몰사건 (1852)으로부터 유래했다. 구명정의 수와 구명정 1척의 정원의 관점에서 구조 가능한 162명의 생존을 위해 나머지 472명이 죽어야 하는 것은 공리주의적 생존도덕의 시각에서 필수적·정언적이다. 그러나 구체적으로 누가 구명정에 타야 하는가는 공리주의적 생존도덕에 따르지 않고 정체성도덕에 따랐다. 함장과 병사들은 아직 더 살아야 할 권리가 있는 어린이들, 군인들을 키워준 고마운 노인들, 이들을 보살피기 위해 따라나서야 할 여성들을 구명정에 태워 보내고 이들을 지키고 살려야 할 자기들의 인간적·군인적 의무를 다하기 위해 함선과 함께 "God save the Queen"을 부르며 장렬하게 바다 속으로 사라졌다. 구명정 승선 인원의 선정에서 공리적 생존도덕에 따랐다면 노동력이나 전투력으로 쓰기 좋은 건장한 군인들과 청년들을 골라 구명정에 태워 보냈을 것이지만, 버큰헤드 장병들은 이 공리적 도덕노선을 버리고 정체성도덕을 따랐던 것이다. 버큰헤드 해난구조수칙이란 바로 주도적 생존도덕과 보조적 정체성도덕이 상하로 결합된 원칙이다. 전쟁국제법도 본질적으로 전쟁이 요청하는 공리적 생존도덕(승리를 위한 정력집중의 원칙)과 인도적 정체성도덕(인간애)의 타협으로 이루어져 있다.

그러나 생존도덕이 정체성도덕을 배제하고 단독으로 작용하는 가혹한 양자택일적 상황도 없지 않다. 자기가 살기 위해 무고한 남을 살해해야 하는 경우가 아니라, 남 또는 남의 자식을 살릴 여유가 없어 내가 먼저 살고 봐야 하는, 또는 내 자식부터 먼저 구해야 하는 상황에서는 생존도덕이 단독으로 작용한다. 또 살인은 정체성도덕의 견지에서 보편적으로 죄악이지만, 전시에 적군을 사살하는 것은 생존도덕의 견지에서 '선善'이다. 그리고 전시에 후퇴하는 상황에서 불가피할 경우에 공리적 관점에서 임의의 1개 연대로 하여금 전선을 사수하도록 배치하고 그 사이에 1개 사단을 후퇴시켜 살리는 고육지책은 생존도덕상으로 가하다. 무고한 1명을 직접 죽여 5명을 살리는 것은 살인의 죄악으로 5명을 살려야 하는 것이므로 생존도덕과 정체성도덕 간의 갈등상황을 초래해 우리를 딜레마에 처하게 한다. 하지만 1개 연대를 (내 손으로 '직접' 살해하는 것이 아니라) 죽음의 위험 속에 그냥 '배치'해 1개 사단, 2개 사단 살리는 길을 택하는 것은 전시의 '생존도덕' 관점에서 '가하다'고 말해야 할 것이다. 이런 경우에 정체성도덕은 단지 사후에 죽은 사람에 대한 깊은 애도와 통곡으로나 표출하는 것으로 등장할 것이다.

인류의 진화과정에서 생존도덕을 넘어가는 참으로 인간다운 정체성도덕의 도덕감각이 생존이익과 쾌통감각으로부터 점차 분화되기 시작한 것은 30만 년 전부터 2만 5천 년 전까지 지속된 '대형사냥감 수렵(large-game hunting)' 시대[11] 중후반 이후일 것으로 추정된다. 이 시대를 지내면서 현생인류는 대형동물의 사냥을 위해 10-20명 안팎의 단위(사

---

11 Christopher Boehm, *Moral Origins: The Evolution of Virtue, Altruism, and Shame* (New York: Basic Books, 2012), 151쪽, 154쪽, 319쪽.

회집단 40-80명 단위)로 대규모 협업의 합동작전을 조직하였다. 또 이 대형동물의 육류로부터 넘치는 양의 충분한 동물성 단백질을 취해 인심과 동정심이 보편적으로 확대되고 의식주의 풍요 및 인구의 폭발적 증가와 함께 언어와 지능이 비약적으로 발달하게 되었을 것이다. 재미·아름다움·도덕성은 생존이익 또는 욕구충족의 기쁨의 구속으로부터 분화·자립화되면서 이 쾌락 또는 생존이익과 긴장관계에 처하게 되었다.

그러나 시사한 바와 같이 여러 가지 이유로 궁핍이 간헐적으로 재현되었기 때문에 인류 역사에서 오랜 세월 기본욕구 충족과 생존안보 문제는 늘 모든 문제를 능가하는 1순위 문제로 간주되어 왔다. 이 때문에 원시적 공리주의 세계관은 특정 고도문명 지역에서 일시 약화되더라도 다시 강화되는 패턴을 반복하며 온 누리를 지배했다. 약 1만 년 전부터 시작된 농경은 생산력 발전과 생계안정의 혁명적 전환점이었다. 그러나 인력으로 감당할 수 없는 천재지변과 자연재해, 그리고 거대한 자연조건과의 싸움이라는 지난한 문제에서 벗어날 수 없었기 때문에 농경적 생계안보는 늘 완전무결하다고 할 수 없었다. 심지어 폭발적 생산력발전을 가져온 자본주의 시대에도 궁핍은 주기적 공황과 불황, 시장경쟁에 처한 기업들의 생존투쟁과 부도, 대량실업, 식민주의적·제국주의적 약탈과 전쟁에서 최근의 '소리 없는 주변화'와 생태위기·사막화로 이어지는 제3세계의 황폐화 등으로 말미암아 기대보다 많이 완화되지 않고 있다. 따라서 생존문제는 끈질기게 계속되고, 최대의 쾌락(욕구충족과 생존이익)을 도덕과 등치시키는 공리주의도 계속 제국주의적으로, 곧 정체성도덕을 절멸시키는 식으로 발언권을 유지한다.

결론적으로, 공리적 정체성은 공리적 행위의 중화적 실행에 의해서만 창설되고 확립된다. 욕망충족의 기쁨도 욕망충족을 위한 공리적 행위의 중화성에서만 생겨나는 것이다. 동시에 개인과 집단의 공리적 정체성이란 모름지기 자기능력으로 내외의 타인들에게 욕구충족의 쾌락과 이익을 제공하고 내외의 타인들과 이런 이익을 주고받거나 얹혀 살지 않음으로써 최소한 안팎의 아무에게도 피해를 입히지 않을 수 있는 능력과 수완에 대한 교감쾌감에 의해 확립되고 그 일관성에 의해 유지된다. 공리적 정체성의 유지를 고취하는 감정은 이런 실력과 수완이 가져다주는 기쁨(이익)에 대한 교감쾌감에서 유발되는 칭찬과 괄시다. 그러므로 공리적 자아정체성은 그 개인적 주체들이 궁경에 처해 물적·심적 여유를 잃고 이런 칭찬을 바라지도, 괄시를 피하지도 않게 되는 도덕적 자포자기 상황에 처하게 된다면 바로 무너지고 만다. 이런 까닭에 공리적 정체성은 그 완전한 보존과 유지를 위해 반드시 공리적 생존도덕을 초월한 인도적 정체성도덕의 지원을 요하는 것이다.

제3절

유희적 중화로서의 재미와
게임의 이해

3.1. 유희와 재미

유희적 행위와 재미의 중화론적 이해는 공리적 행위와 기쁨의 중화론적 이해와 구조적 유사성이 있다. 이런 이유에서 공리적 행위와 기쁨을 먼저 시험삼아 분석했다. 공리적 행위와 생존도덕(소덕)에는 생존이 걸려 있어서 '심각한' 사회적 행위다. 따라서 사람들은 공리적 행위로서의 직업 활동을 '천명(*calling, Beruf*)'으로 알고 '심각하게' 수행한다. 인간의 도덕적 행위와 인도적 정체성도덕(대덕)도 '심각한' 범주다. 여기에 인간적 정체성이 걸려 있기 때문이다. 그러나 유희적 행위와 예술적 행위는 '심각하게' 수행하지는 않는다. 하지만 유희적 행위는 그것이 비록 장기나 바둑, 게임이나 도박이라 하더라도 아주 '진지하게' 수행한다.

가령 경기나 예술공연은 웬만한 부상이나 재물손괴가 나오더라도 그대로 '진지하게' 속행하지만, 사상자가 나오는 '심각한' 사태가 발생하면 경기와 공연은 중단되거나 나중에도 사망자가 속출하면 아예 폐지된다. 유희와 예술은 재미와 미를 위한 행위이지 인간과 생존과 도덕적 정체성을 건 심각한 행위가 아니다. 반면, 가령 농사를 짓거나 건물을 짓거나 전쟁을 수행하는 공리적 행위는 사람이 죽거나 크게 다쳐도 속행되고, 위험에 처한 사람을 구조하거나 독립투쟁을 하거나 나라를 지키기 위해 전쟁을 하는 도덕적 행위는 경우에 따라 오히려 '살신殺身'의 희생을 통해서 수행된다.

한마디로, 공리적 행위와 도덕적 행위는 '심각한' 행위인 반면, 유희적 행위와 예술적 행위는 '진지한' 행위다. 따라서 재미와 유희적 행위에 대한 본격적 논의를 시작하기 전에, '심각함(Seriosität, seriousness)'과 '진지함(Ernst, earnest)'의 구별을 개념적으로 명확히 해두어야 한다. 인간은 인간의 생사가 걸린, 또는 생사를 거는 공리적 행위나 인간적 정체성이 걸린 또는 이런 정체성을 거는 도덕적 행위와 같은 심각한 행위라면 목숨을 걸고서라도 수행하는 반면, 진지한 행위는 반드시 안전한 생존과 온전한 인간적 정체성의 보전保全을 전제로 해서 단지 재미와 아름다움만을 추구할 뿐이다.

■유희는 생명력과 심신능력의 자유분방한 표출

'재미'의 본질을 알기 위해서는 '유희적 행위(ludicrous action)' 또는 '놀이(play, Spiel)'를 알아야 한다. '재미'는 '유희적 행위'로부터만 나오기 때문이다. 요한 호이징거(Johan Huizinga)도 '재미'를 "유희의 재미"로 한정하고, "유희의 '재미'는 일체의 분석과 논리적 해석에 저항한다"고 지적하면서 "하나의 개념으로서 재미는 어떤 심적 범주로도 환원될 수 없다"고 말한다.[1] '유희적 한정' 없는 재미의 정의는 부당전제와 동어반복에 빠진다.[2] '유희적 행위'(놀이)의 전형적 종류들은 난장판놀이, 날뛰기놀이 또

---

1 Johan Huizinga, *Homo Ludens: A Study of the Play - Element in Culture* (Boston: The Beacon Press, 1950·1955), 3쪽.

2 가령 김선진은 '재미'를 "재미주체와 재미객체 간의 지속적인 신체적·인지적·정서적 상호작용의 결과로 주어지는 긍정적 심리반응이자 유쾌한 정서적 변화로서, 재미주체가 목적의식 없이 자유로운 의식상태에서 자발적으로 재미활동 자체와 재미객체가 제공하는 다양한 재미요소들을 즐기는 것"으로 정의한다. 김선진, 《재미의 본질》(부산: 경성대학교 출판부, 2013), 112쪽. 여기서 '재미주체', '재미객체', '재미활동', '재미요소' 등은 '재미'를 정의해야 할

는 싸움놀이(play-fighting), 놀리기(놀려먹기), 흉내(미메시스), 내기, 유머와 위트, 술래잡기·숨바꼭질·땅따먹기·오징어게임·보물찾기·전쟁놀이·칼싸움놀이에서 올림픽·월드컵·컴퓨터게임에 이르는 각종 게임(=경기·시합), 마술(눈속임 기술능력의 발휘), 묘기 퍼포먼스, 도박 등이다. 어린이들에게 가장 하고 싶은 것이 무엇인지를 물으면, 가장 흔한 대답은 "놀이"다.[3] 다양한 행동을 포괄하는 이 '놀이', 곧 '유희적 행위'란 무엇인가?

필자는 거두절미 유희의 예비 개념을 먼저 정의하고 논의의 전개에 따라 이를 다듬어 갈 것이다. 유희의 초기적·원시적 형태들이 진화론적 관찰자들의 눈에 여러 가지 분명한 진화적 적응성의 의미(생존이익)를 내포하고 있는 것으로 비칠지라도, 적어도 유희행위자에게 '유희' 또는 '놀이'는 물적 쾌락이나 이익 또는 미적 가치나 도덕성의 추구로부터 자유로운 순수한 시간·공간 속에서 생명력과 심신능력의 자유로운 발휘를 맛보는 행위다. 따라서 유희의 정의에 속하는 본질적 요소는 다음 두 가지로 요약된다.

1) 순수한 자유: 재미 자체를 제외한 모든 이익·의미·가치·목적으로부터의 자유
2) 생명력과 심신능력의 발휘: 생득적 생명력과 특정한 생득적·획득적 심신능력들의 자유분방한 표출과 발휘

마당에 부당전제로 끼어든 동어반복이다.

[3] Jaak Panksepp, *Affective Neuroscience: The Foundations of Human and Animal Emotions* (Oxford: oxford University Press, 1998), 280쪽.

공리적 행위의 가장 기본적인 종류인 '노동'도 생명력과 심신능력의 발휘. 하지만 노동은 제작된 제품의 이익(사용가치와 교환가치)에 구속된 행위로서 '자유분방한' 행위가 아니다. 놀이는 그 자체가 목적(자기목적)이지만, 노동은 그 목적이 외부(이익)에 있다. 이 점에서 유희는 노동과 구별된다. 또한 이 점에서 유희는 창작한 작품의 미라는 외적 목적에 묶인 예술행위와도 다르다. 물론 어떤 노동하는 엔지니어는 자기가 제작하는 물건의 이익(유용성)을 일시 도외시한 채, 또는 뒤로한 채 자기의 기술능력을 자유롭게 발휘해 '기술적 완전성'만을 순수하게 추구하는 창작활동으로서 물건제작의 노동을 수행할 수 있다. 이 경우의 노동은 예술미가아니라 순수한 '기술적 완전성'을 추구하므로 유희의 본질 정의에 따라 '예술적 행위'보다 '유희적 행위'에 근접한다고 할 수 있을 것이다. 이 경우에 엔지니어는 일시적으로 노동도 유희처럼 재미있게 수행할 수 있을 것이다. 그러나 일시적으로 그럴 뿐이다. 노동에서 외적 가치들로부터 자유로운 자유분방성은 노동과정의 일정한 단계에만 한시적으로 허용될 수밖에 없기 때문이다. 노동의 전 과정은 공리성功利性으로부터 자유로울 수 없다.

'외적 목적과 외적 가치로부터 자유로운 능력발휘'로 정의된 유희의 저 본질 개념에 따르면, 사람만이 아니라 모든 동물도 놀이를 한다. 유희는 목적지향적(목적-수단적) 행위가 아니라, 행위목적을 자기 안에 두는 예술행위나 도덕행위처럼 '자기목적적(*selbstzwecklich, self-purposive*)' 자율행위다.

요한 호이징거도 "모든 놀이는 무엇보다도 자발적 행위"라서 "명령에 따른 놀이는 더 이상 놀이가 아니고", 이것은 "잘해야 놀이의 강제적 모방에 지나지 않을 수 있다"라고 함으로써 '자발성' 또는 '자유(자유분방성)'

를 놀이의 일차적 특징으로 강조한다. "자유의 이 특성만으로도 놀이는
자연과정과 분리되는 특징을 보인다. 놀이는 자연과정에 더해진 어떤 것
이고, 개화開花·장식·의관처럼 이 자연과정을 넘어 펼쳐진다. 명백히 자
유는 여기서 결정론의 철학적 문제를 건드리지 않은 채 놓아두는 더 넓은
의미에서 이해되어야 한다. 동물과 어린이는 이런 자유가 없다고 반론이
제기될 수 있다. 그들은 그들의 본능이 그들을 자유로 내몰기 때문에, 그
리고 그들의 육체적 능력과 선택력을 전개하는 데 기여하기 때문에 놀
'수밖에 없다'. 하지만 '본능'이라는 술어는 미지의 양量을 꺼내는 것이다.
초장부터 놀이의 공리성을 전제하는 것은 부당전제의 오류를 저지르는
것이다. 어린이와 동물은 노는 것을 즐기기 때문에 노는데, 정확히 여기에
그들의 자유가 있다."[4] 로제 카이와(Roger Caillois)도 놀이를 생활의 나머
지로부터 고립되고 보호되는 순수공간 안에서 벌어지는 "자유롭고 자발
적인 활동"으로 정의함으로써 자유의 계기를 강조한다.[5] 김선진도 재미
개념에서 '목적의식 없는 자유로운 의식상태'를 강조하고, 성영신·고동
우·정준호 등도 여가 등의 재미에서 '자유감'을 강조한다.[6]

유희는 그 '자체'로서 재미있고, 유가치한 것이다. 반면, 공리적 행위
아래로 포섭되는 모든 목적-수단 관계의 목적지향적 행위는 이 행위로
결말에 가서 얻으려고 의도된 목적(기쁨, 이익, 성과, 성취, 승리, 명예 등
결과)을 이 행위의 외부(종결 부분)에 설정하고 일정한 수단(도구)으로
수행하는 행위다. 목적지향의 공리적 행위는 노동·학습·공부(=자기의 두

---

4 Huizinga, *Homo Ludens*, 7-8쪽.

5 Roger Caillois, *Les jeux er les hommes* (Paris: Librairie Gallimard, 1958). 영역판: *Man, Play and Games* (Urbana·Chicago: University of Illinois Press, 1961·Reprint 2001), 6쪽.

6 김선진, 〈여가본질의 심리적 본질〉, 《소비자학연구》(1996)(김선진, 《재미의 본질》, 133쪽에서 인용).

뇌와 신체를 가공하는 노동)·사업·경쟁·(방위)전쟁 등으로 대표된다. 그러나 유희는 외부의 어떤 목적을 지향하지 않고 '자체' 안에 목적(재미)을 가진다. 유희적 행위 자체가 바로 '목적', 여기서는 '재미'다. 이것을 '자기목적'이라고 부른다. 공리적 행위 자체는 이롭지 않고 오히려 비용이 들고 결말에 가서야 이익을 얻고 그 과정은 기쁨을 주기는커녕 오히려 노고와 어려움을 주고 결말에 가서야 기쁨을 얻을 수 있을 뿐이다. 반면, 유희적 행위는 과정이 재미있고, 따라서 과정이 목적이다.

어린것들과 젊은것들은 사람이든 동물이든 늘 생명력이 넘쳐나고 언제나 힘이 치솟는다. 아이들과 젊은이들은 이 넘치는 생명력과 치솟는 심신 능력을 자연본성적으로 자유분방하게 표현하고 발휘하고, 이 자연본성적 표현과 발휘에서 재미를 맛보고 누린다. 여기서 발휘하고 표현하는 것은 자기 자신도 아니고 자기의 생각이나 감정도 아니고, 오직 타고난 '생명력'이나 생득적·획득적 '심신능력'이다. '자기 자신', 자기의 '생각'이나 '감정'을 표현하고 발휘한다면, 이것은 유희가 아니라, 소통적 감정전달, 단순한 언표, 연구발표, 경우에 따라 도덕행위나 예술행위일 것이다. 유희적 행위는 본능적 유희심에 내몰릴 수 있지만, 유희로 표출되는 것은 이 유희심이 아니라 생명력과 심신능력이다.

유희가 자유분방한 능력 발휘인 한에서 유희는 혼자서 자기의 손발이나 몸만 가지고도 놀 수 있다. 난장판놀이, 달리기·높이뛰기놀이, 공중제비돌기 등이 그것이다. 그러나 장난감 같은 물건을 가지고 놀면 더 재미있고, 다른 사람과 함께 놀면 더욱 더 재미있다. 하지만 장난감과 다른 사람은 유희의 필수요건이 아니다. 사람과 동물은 홀로 높이 뛰고 달리고 공중제비를 넘으면서 혼자 아무것도 없이 놀 수 있는 것이다. 팽크셉, 그랜딘과 더불어 뒤에 상론하는 바와 같이 신경과학적으로 놀이의 재미는 기본적으로 뇌와 몸놀림 간의 본성적 관계에서 비롯되기 때문이다. 여기서 '몸놀림'은 장기·바둑·화투·트럼프·퀴즈풀이·수수께끼 놀이처럼 정신능력을 발휘하는 놀이의 경우라면 '뇌 놀림'도 포함한다.

■재미는 유희의 중화성에 대한 느낌

내감에 속하는 변별감각으로서의 '재미감각'은 각종 유희적 행위의 재미 유무를 직감한다. '재미'의 사전적辭典的 의미는 유희의 여러 요소들이 '구성지고 아기자기해서' 느껴지는 좋은 기분이다. 구성지고 아기자기하다는 것은 여러 가지 요소들이 정교하고 세밀하게 어울려서 기분 좋게 느껴지는 것을 뜻한다. 여러 가지 요소들이 정교하고 세밀하게 어울린다는 것은 여러 요소들이 균형 있고 조화롭다는 말이다. 균형과 조화는 곧 중화中和다. 따라서 '재미'의 본질은 유희적 행위의 짜임새와 변동을 '중화적으로', 곧 '균형 있고 조화롭게' 느끼는 감정, 말하자면 '구성지게' 느끼는 감정이다. 내감의 재미감각은 유희적 행위가 중화적일 때 이 유희적 행위의 짜임새와 변동의 '중화성中和性'을 '재미'라고 감지하는 것이다.

생명력과 생득적·획득적 심신능력을 발휘하는 유희행위가 재미있는지 여부는 ① 생명력과 능력의 자유분방한 발휘의 중화 여부와 ② 유희적 노력의 양적 중도中度 여부에 달려 있다. 생명력과 능력들을 발휘하는 유희적 행위가 중화적이면, 곧 유희적 행위의 내외적 구성에서 균형과 조화가 있으면('아기자기하고 구성지면') 재미감각은 즉각 '재미있다'고 느끼고, 균형과 조화가 없으면 즉각 '재미없다'고 느낀다. 여러 육체적·정신적 능력들의 발휘와 발산을 요구하는 게임이나 스포츠사냥 같은 '복잡다단한' 유희는 더 힘들더라도 중화적이고 중도적이면 두말할 것 없이 단순한 활쏘기나 사격 같은 간단한 유희보다 더 재미있고, 여럿이 하는 유희는 혼자 노는 유희보다 훨씬 더 재미있다.

상론했듯이 유희는 본질적으로 생명력과 심신능력의 자유로운 표출을 요한다. 따라서 유희에서는 '중화성'만이 아니라, 생명력과 능력 표출에 쏟는 노력勞力의 양적 '중도中度'도 재미를 좌우한다. 힘의 분출을 너무 적게 요구하는 유희는 시시하게 느껴지지만, 힘의 분출을 양적으로 지나치게 많이, 그리고 시간적으로 지나치게 오래 요구하는 유희는 너무 힘들게 느껴져 재미가 없다. 지나치게 힘들면 유희에 대해 공리적 타산이 비집고 나오고, 공리적 타산이 나오자마자 상황은 곧 심각해지고, 유희는 무산되기 때문이다. 따라서 아이들의 경우에 잘 놀다가도 누군가 다쳐서 울거나 다쳐서 싸우게 되면 놀이는 즉각 파탄에 봉착하고 만다. 또 아무리 기상천외한 마술이라도 하루 종일 관람하면 재미없는 법이다. 인간의 '재미감각'은 바로 유희활동의 이러한 질적 중화와 양적 중도를 즉각적으로 판단하는 내감적 직관감각인 것이다.

시사했듯이 유희는 무엇보다도 자신의 생명력과 능력을 자유롭게 표현·발휘하는 '자기목적적 행위'다. 이런 한에서 유희의 공간은 이익·미·도덕성으로부터 분리된 절대공간이지만, 우리는 이 명제를 왜곡시켜 유희의 주체가 마치 '유희행위자'에서 '유희' 자체로 바뀌는 것으로까지 유희 '자체'를 절대화하고 신비화해서는 아니 될 것이다. 유희의 주체는 여전히 유희 자체가 아니라 유희행위자 자신이다. 유희적 '재미'라는 주관적 '감정'은 오직 유희행위자만이 느끼고 유희행위자에 의해서만 평가되는 것이다. 따라서 유희 자체는 재미를 위해 시작되고, '재미있다'는 유희행위자의 느낌에 따라 진행되고, '재미없다'는 이 유희행위자의 느낌에 따라 그친다. 유희가 아무리 순수하게 자기목적적인 행위일지라도 유희적 '재미'라는 의미는 오직 유희행위자 자신과 공감적 관찰자(관객·시청자)에 의해서만 느껴지고, 유희행위자와 공감적 관객에 의해서만 평가되는 것이다.

모든 목적으로부터 '자유롭게' 자기 능력(생명력과 능력)의 발휘에서 나오는 재미를 느끼고 맛보고 누리는 '유희'는 ─ '아무것도 아니다', '사소하다'는 의미에서가 아니라 ─ 물적 욕구충족(기쁨·쾌락)이나 이익, 예술미나 도덕가치를 추구하지 않는다는 의미에서 '장난'이다. 아니, 그것은 공리적 행위와 차별된다는 의미에서 '유흥遊興(entertaining)'이다. 나아가 유희는 '심각한' 공리적·도덕적 목적을 추구하지 않는다는 의미에서 '오락', '도락道樂'이다.

유희는 삶의 관점에서 자기목적적 행위다. 하지만 진화적 관점에서는 종종 유희의 학습 효과가 지목된다. 모든 유희는 노동·사업·경쟁·공격·방어·예술·예절 등 다양한 공리적·예술적·도덕적 행동과 지식을 학습하게 해 준다. 그러나 유희적 행위가 주는 이 학습효과의 대단히 큰 이익은 유희 자체의 관점에서 전혀 중요하지도 않고, 진화의 관점에서도 유희로부터 늘 기대하는 효과라고 말하기도 어렵다. 왜냐하면 두뇌나 육체가 완전히 발달한 동물성체와 인간성인들의 유희는 어떤 종류의 학습이나 배움도 의식적 목적으로 삼지 않지만, 학습이 필요 없는 성체와 성인, 심지어 노인들도 유희를 어린이들처럼 즐기기 때문이다. 그리고 다른 진화론자와 동물행태론자들이 중시하는 유희의 학습 효과는 유희행위자와 공감적 관객의 관점에서가 아니라, 진화론적·과학적 관점에서만 포착되는 것이다. 따라서 여기서는 유희의 학습효과에 대한 고찰은 옆으로 제쳐둔다. (뒤에 '유희의 신경과학'에서 재론한다.)

그러나 유희는 재미 이외의 모든 의미와 가치로부터 자유로운 나름의 자기목적적 '순수성'을 갖는 점에서 동시에 나름대로 '진지하다(*earnest*; *ernstlich*)'. 따라서 '유희'는 난장판놀이, 날뛰기놀이, 내달리기, 장난걸기와 놀려먹기, 공중제비돌기, 줄타기 등 각종 서커스 묘기 및 기타 퍼포먼스, 각종 흉내(소꿉장난, 경찰관놀이, 은행놀이, 장사놀이 등), 유흥오락, 관광과 유람(풍경구경과 세상구경), 각종 생명(동식물)관람, 소풍·피크닉 등 각종 야유회와 캠핑, 잔치와 축제, 농담·재담(유머·위트)·만담, 수다, 해학, 개그, 물놀이·뱃놀이·봄놀이·단풍놀이·달맞이, 불놀이와 불꽃놀이, 낚시와 사냥, 장기·바둑·체스 등 각종 잡기, 윷놀이, 운동경기·격투기·당구·컴퓨터게임 등 각종 게임, 경마·경륜·경정, 각종 내기·화투놀이·트럼프놀이, 마술, 각종 도박(놀음), 그리고 이런 것들에 대한 공감적 관람과 구경 등 수많은 생명력과 육체적·정신적 기능·기량의 발휘를 느끼며 누리는 것으로 이루어진다. 인간은 이런 능력발현을 통해 '재미'를 '진지하게, 적어도 예술미를 추구할 때처럼 '진지하게' 추구한다.

한국어에서 '재미'의 사전적 풀이는 '아기자기하게 즐거운 느낌', '어떤 일이나 생활의 형편'("자네는 요즘 재미가 어떤가?"), '좋은 성과나 보람'("장사 재미가 쏠쏠했다") 등 마치 무관한 듯한 세 가지 의미를 열거한다. 따라서 이 세 가지 의미를 따라다니다가는 재미 개념이 무한대의 활동유형 속으로 흩어져 버릴 것이다. 그런데 '재미'의 이 용례들에서 의미론적 우선순위에 따르면, 저 '재미'의 세 가지 의미 가운데 첫 번째 의미가 근본적이고, 재미의 나머지 의미는 유희적 요소가 일, 생활, 장사 등에 섞여 있어서 부분적으로 느껴지는 재미일 따름이다. 첫 번째 의미에서 '아기자기하다'는 요소는 재미의 느낌이 어떤 실리적·미학적 목적이나 도덕적 목적으로부터 자유롭게 '구성지게 놀고 있는 것'의 이미지를 강하게 풍기고 있다.

따라서 필자는 일단 첫 번째 의미를 중시해 '재미(fun)'의 개념을 '장난', '놀이', '흉내', '내기', '게임' 등 유희적 행위로부터 얻는 '비공감적(단순한) 재미와 공감적 재미로 한정한다. 이 재미는 유희행위의 중화성, 곧 균형과 조화(아기자기함, 또는 구성짐)에 대한 느낌이다. 따라서 유희는 중화적일수록, 곧 아기자기하고 구성질수록 '재미있다'. 그러나 모든 유희적 행위는 중화성이 없거나 중화성을 잃으면 즉각 '재미없어진다'.

재미가 다른 행위들에서도 널리 느껴지는 것은 인간의 거의 모든 사회적 행위에 유희의 기술적 요소를 광범하게 전용하는 현상에 기인한 것일 뿐이다. 유희의 기술적 요소의 이렇게 광범한 사회적 활용은 거꾸로 재미 본질의 폭넓은 의미에 기인한 것으로 보이지 않는다. 이렇게 보면 재미 개념을 '유희'에 한정함으로써만 본래적 '재미'를 포착할 수 있다. 재미는 오로지 '유희적 행위'로부터만 나온다는 말이다. 따라서 필자는 '재미'를 간단히 '유희로부터 느끼는 중화성(균형 있고 조화로움, 아가자기하고 구성짐)'으로 정의한다. 따라서 '재미'는 공리적 행위에서 느껴지는 기쁨 속에 섞일 수가 있으나 '기쁨'과 본질적으로 다르고, 예술적 행위의 아름다움 속에 섞일 수 있으나 '아름다움'과 본질적으로 다르다.

아무튼 재미가 '심각하지 않지만' 나름의 '진지한' 가치인 만큼, 재미를 만드는 모든 유희도 '진지한' 활동이다. 그러나 모든 유희는 '진지하되 심각하지 않은' 활동인 한에서 공리적·도덕적 행위와 같은 '심각한' 행위들이 개입하거나 개시되면 어느 때든 즉각 중단된다.

그럼에도 만약 즉각 그치지 않는다면? 그치지 않으면 유희행위자가 병리적 상태에 처해 있는 것이다. 도박중독, 게임중독 등의 '유희중독'이 그 사례다. 그러나 이 '유희중독'은 유희의 본질에 속하는 것이 아니라,

최근 게놈프로젝트의 결론에 의해 확인된 바에 따르면 극소수의 사람들이 지닌 '사행성射倖性 유전자'(도박유전자)에 의해 야기되는 것인바, 어디까지나 병리적 난치병 현상으로 봐야 할 것이다.

■어린이들의 유희행위로서 '난장판놀이'와 '날뛰기놀이'

아이들은 먹고 마시고 배설하고 잘 때를 제외하면 늘 놀고 장난치는 것을 좋아한다. 아이들은 이 장난들 중에서 특히 ① 난장판놀이(*roughhouse or roughhousing play*)와 ② 날뛰기놀이(*rough-and-tumble play*) 또는 싸움놀이(*play-fighting*)를 좋아한다. 난장판놀이와 날뛰기놀이(싸움놀이)는 가장 단순한 놀이로서 이해관계로부터 자유롭게 자기의 생명력과 심신 능력을 분출한다는 정의적定義的 의미의 유희 개념을 그대로 구현한다. 날뛰고 짓밟고 찢는 힘과 능력을 표출해서 질서 있는 공간을 난장판으로 만드는 이 이익초월적 행동은 이익으로부터 자유롭게, 차라리 이익을 망가뜨리는 식으로 자기 능력을 발휘하는 것을 가장 단순한 전형으로 보여준다.

모든 아이와 어린이들은 장난삼아 난장판을 치고 날뛰면서 생명력과 몸과 마음의 능력을 발휘하며 아주 재미있어 한다. 자악 팽크셉(Jaak Panksepp)에 따르면, 난장판놀이나 날뛰기놀이는 모든 유희 중에서 가장 큰 재미를 주고, 또 거의 모든 포유류가 공통적으로 즐기는 본능적 놀이다.[7] 아이와 어린이만이 아니라 모든 동물들도 그렇다는 말이다. 어린 것

---

7 Panksepp, *Affective Neuroscience*, 280-281쪽.

들을 날뛰게 하는 이런 유형의 '유희심'은 모든 포유류의 본능이다. 그래서 강아지들도 혼자 날뛰고 구르고, 휴지와 헝겊을 찢어발기고, 집안을 어지렵혀 난장판으로 만드는 것이다.

■발전된 유희로서의 '흉내(미메시스)'와 '내기'

'흉내'(미메시스)는 난장판놀이보다 발전된 유희다. 여기서 말하는 유희의 한 종류로서의 '흉내'는 다른 사람과 동물의 '고유한' 겉모습이나 고유한 행동, 고유한 음성 등 '외감적 양태'를 유희 목적으로 모방하는 것을 말한다. '유희 목적의 미메시스'란 타인의 외모·행태·표정·의상·목소리·노래 등을 재미삼아 그대로 또는 풍자적으로 비틀어 흉내 내는 '개인기량'을 모든 외적 가치(이익·미·도덕성)로부터 자유롭게 발휘하는 자유분방한 행위를 말한다. 따라서 경제적 목적의 모방이나 각종 이익을 노린 복사·표절·컨닝·산업스파이행위는 유희가 아니고, 예술적 목적의 미메시스(회화·동상소조·조각·언어적 형상화)도 유희가 아니고, 요임금을 흉내내거나 어떤 위인을 롤 모델로 삼아 모방하는 도덕교육적 목적의 미메시스도 유희가 아니다.

그러나 국민이 다 아는 유명가수의 노래를 놀이삼아 흉내 내거나 유명인의 목소리를 흉내 낸다면 이 모창과 성대모사 등 이른바 '개인기'는 모창자와 성대모사자, 그리고 구경꾼들에게 큰 박장대소의 웃음과 재미를 준다. 사람이 어떤 동물의 가죽을 쓰고 나와 그 동물을 흉내 낸다면 이것은 유희이고 재미와 웃음을 준다. 근엄한 노인이 여장을 하고 나와 여자 흉내를 내면 이것은 아마 큰 재밋거리와 웃음거리가 된다.

다른 사람과 동물의 ① '고유한' ② '겉모습'(특징적 외양)을 ③ '의식적'으로 ④ 재미 삼아 모방하는 흉내나 미메시스만이 유희적 행위다. 따라서 타인의 고유하지 않은 가변적 의상을 흉내 내는 것은 유희가 아니다. 이런 의상은 갈아입으면 바뀌므로 타인의 '고유한' 양태가 아니기 때문이다. 그러나 만약 어떤 사람의 의상이 그의 고유한 레테르처럼 굳어졌다면, 이 의상을 흉내 내는 것은 물론 유희이고, 흉내 내는 사람과 이 흉내를 보는 사람들에게 큰 재미를 선사한다.

그러나 남의 외감적 특징이 아니라, 어떤 위인의 고유한 철학이나 생각·감정·의도를 '의식적'으로 모방하더라도 이것은 '겉모습의 미메시스'가 아니기 때문에 유희가 아니다. 이 미메시스는 단지 도덕학습에 섞인 유희적 요소일 뿐이다. 그리고 남들의 유행하는 의복이나 헤어스타일을 '무의식적'으로 따라하거나 남의 어투와 표현법을 '무의식적'으로 따라하는 것, 또는 남의 감정을 '무의식적'으로 휩쓸려 따라하는 것은 유희가 아니라, 줏대 없는 편승이거나 감정전염이다. 이것들은 '무의식적' 모방이기 때문이다.

'흉내' 또는 '모방'의 그리스어는 '미메시스($\mu i\mu\eta\sigma\iota\varsigma$)'다. 인간의 유희행위 중에는 자연이나 동물을 모방하고 타인의 고유한 모습과 특징적 행동, 사고방식과 철학을 흉내 내는 미메시스가 많이 끼어 있다. 모방과 흉내는 과장하거나 축소하거나 뒤틀 수 있지만 아무래도 그 모방 대상의 고유한 특징에서 완전히 벗어나지 못하기 때문에 무질서한 행동이 아니라, 특정한 질서행위다. 성인들의 가정생활을 흉내 내는 소꿉장난, 정복전쟁을 흉내 내는 땅따먹기, 성인들의 도박을 흉내 내는 구슬치기와 표치기, 성인의 구기球技운동을 흉내 내는 공치기, 경찰놀이, 은행놀이, 장사놀이, 동물놀이 등 어린이들의 많은 놀이는 동물행동의 미메시스이거나 성인의 실생활·도박·스포츠의 미메시스이고, 승패를 가리는 모든 게임은 모두 경쟁·투쟁·전쟁 형식의 부분적 미메시스다.

다시 확인하자면, 공리적 가치(기쁨·이익)나 예술미·도덕성으로부터 자유로운 '재미' 목적의 미메시스(흉내)만이 유희적 행위다. '유희적 행위'는 '예술적 행위'처럼 종종 아주 '진지한(earnest)' 행위이지만, 생존이 걸린 '공리적 행위'나 인간적 정체성이 걸린 '도덕적 행위'처럼 '심각한(serious)' 행위는 아니다. 따라서 일찍이 플라톤은 "미메시스는 일종의 유희(파이디아, παιδιά)이고, 심각하게 받아들여질 것이 못 된다"라고[8] 갈파했다. 그러나 아리스토텔레스는 스승의 이 놀라운 가르침을 무시하고 미메시스를 '놀이'가 아니라 미美의 요소로 보고 예술미의 '본질'로까지 격상시켰다. 이것이 아리스토텔레스 미학의 근본 오류다.

인간은 나아가 미메시스를 사물에 적용해서 장난감을 만드는 동물이다. 각종 장난감은 실물의 미메시스 작품이다. 장난감의 미메시스적 제작에는 축소형 미메시스와 확대형 미메시스가 있다. 장난감 칼·창·활·권총·기관총, 장난감기차·자동차·오토바이로부터 사람 모습을 축소해 만든 인형에 이르기까지 모두 축소형 미메시스 장난감이다. 그런데 작고한 서영춘 씨가 들고 나와 발로 켰던 탁자만 한 초대형 라이터는 확대형 장난감이다. 이 축소형·확대형 미메시스 장난감들은 모두 다 사람들이 놀이를 하는 데 쓰이는 '아주 재미있는(hilarious)' 소품들이다.

미메시스는 발전된 형태의 유희로서 여러 비非유희적 행위와 뒤섞여 쓰인다. 이익을 올리거나 예술미를 갖추기 위해, 또는 선행을 배우기 위해

---

[8] Platon, *Der Staat*, 602b. *Platon Werke*. Bd 4 in Acht Bänden, hg. v. G. Eigner, deutsche Übersetzung von Friedrich Schleiermacher (Darmstadt: Wissenschaftliche Buchgesellschaft, 1977).

타인과 타물을 모방하는 것은 차례로 유희적 요소를 활용한 공리적 행위, 예술적 행위, 도덕학습이다. 맹자는 요임금의 덕행을 배우려면 요임금의 옷을 입고 요임금의 말씀을 흉내 내고, 요임금의 행동을 흉내 내면 요임금이 된다고 말했다. 이 흉내는 모방적 덕행으로서 유희적 요소를 이용한 도덕행위다. 미메시스를 활용한 이런 공리적·예술적·도덕적 행위는 어디까지나 공리적·예술적·도덕적 행위이지, 그 자체가 유희적 행위인 것은 아니다.

그리고 모든 미메시스가 유희인 것은 아니다. 가령 돈벌이를 위해 남의 기술과 생산적 수법을 흉내 내는 것은 유희가 아니다. 허락을 받고 이 흉내를 통해 공공하게 배운다면 이 흉내는 공리적 행위로서의 기술학습이고, 허락 없이 몰래 훔쳐 쓴다면 범죄다. '표절' 또는 '산업스파이행위'이기 때문이다. 결론적으로, 이익·미·도덕에 봉사하는 미메시스는 유희가 아니라, 단지 공리적·예술적·도덕적 행위의 한 촉매나 보조 요소일 뿐이다. 오직 모든 공리적·예술적·도덕적 목적으로부터 자유로운, 재미를 위해서만 행해지는 미메시스만이 유희다.

코미디와 개그에서는 종종 어떤 사람과 동물의 고유한 모습·행동·버릇 흉내, 사람 목소리 흉내(성대모사)와 동물 울음소리 흉내, 여자의 남자 흉내, 남자의 여자 흉내 등으로 폭소를 터트리게 하곤 한다. 다른 사람과 동물의 겉모습과 소리를 유사하게 만들어 내는 이런 흉내는 언제나 폭소를 자아내게 만드는 일종의 마술적 유희다. 그래서 일찍이 플라톤은 "유사성을 산출하는 모방적 기예들"이 "그 생산물에서 성공한다면 이것들로부터 생겨나는 어떤 부수적 재미든 가장 정확하게 '마력'이라고 부른다"고 말했다.[9]

'게임'은 경쟁, 투쟁, 전쟁을 모방해서 승부욕과 이것의 충족으로서의 기쁨을 더함으로써 유희를 더 구성지게, 곧 더 중화적으로(더 균형 있고 조화롭게) 만들어 재미를 더한다. 뿐만 아니라 게임은 미메시스 자체의 재미를 더해 더 흥미진진하게 만드는 최고의 변형된 유희 형태다. 컴퓨터 게임은 투쟁형식과 내용의 이중적 미메시스에다 미메시스 자체의 재미를 배가한 것이다. 그래서 컴퓨터게임이 방분망식發憤忘食할 정도로 재미있는 것이다.

일단 여기서 분명히 해 둘 것은 미메시스가 재미를 주는 유희의 한 형태이지, 미美의 요소가 아니라는 점이다. 플라톤은 미메시스적 재미와 예술미를 구분하기 위해 분투했지만, 아리스토텔레스는 예술미의 본질을 미메시스로 정의하는 큰 오류를 범했기 때문에 미리 하는 말이다.

이런 미메시스 유희는 흔하다. 이 미메시스만큼 흔한 또 다른 유희는 '내기'다. 우리는 장난삼아 표적 맞히기, 알아맞히기, 힘겨루기의 승패, 또는 아무 행동의 성패를 두고 물건이나 돈을 걸고, 맞히거나 성공하거나 이긴 사람에게 못 맞히거나 실패·패배한 사람들이 내기에 건 물건이나 돈을 준다. 따라서 내기에 걸린 돈이나 물건은 이 점에서 주최 측이 내건 상금 또는 상품과 다르다. 이것이 '내기'다. '내기'는 그 자체로서 유희의 한 형태다. 그러나 뒤에 상론하듯이 '내기'는 '도박'의 뿌리이기도 하다.

'내기'의 한 종류이지만 좀 더 부드러운 형태로는 '걸기'가 있다. 어떤 겨루기나 경연, 또는 작품응모의 우승자에게 상금이나 상품을 주는 것을 예고하는 '걸기' 또는 '현상懸賞'은 어떤 '겨루기' 행위의 승패에 상품이나 상금, 또는 타이틀을 거는 것을 말한다. 이 '걸기'에서 상품과 상금을 거는

9 Platon, *Gesetze*(법률), 667d. *Platon Werke*, Zweiter Teil des Bd. VIII in Acht Bänden, hg. v. G. Eigner, deutsche Übersetzung von Friedrich Schleiermacher (Darmstadt: Wissenschaftliche Buchgesellschaft, 1977). 플라톤(박종현 역주), 《법률》(파주: 서광사, 2009).

쪽은 보통 겨루기 참여자들이 아니라, 이 겨루기를 제안하거나 주최하는 제3자다. 이 '겨루기'와 '걸기'는 '게임'의 한 요소이기도 하다.

■언어적 유희로서의 유머·위트와 유희적 정체성

우리는 사람을 '재미있는 사람'과 '재미없는 사람'으로 나눈다. '재미있는 사람'은 유머·위트·개그 등의 언어적 유희를 잘하고 잘 캐치하는 사람이고, '재미없는 사람'은 유머·위트·개그 등의 언어적 유희를 잘하지 못하는 무미건조한 사람과 남의 언어적 유희를 잘 캐치하지 못하는 '형광등', 곧 시쳇말로 '핵노잼'이다. 삶의 목적에서 보면 인간은 뛰고 날며 일하기 위해 사는 '호모 파베르(*homo faber*)'가 아니라, 이 호모 파베르보다 한 단계 위의 '호모 루덴스(*homo ludens*)'다. 따라서 '호모 루덴스'는 '나는 놈 위에 노는 놈'이다. 즉 '호모 루덴스'는 공리적 활동(노동과 생산행위)의 성과를 소비해서 놀기 위해 사는 사람이다.

이것이 우리의 유전자에 각인된 인간의 '유희적 정체성'이다. 호모 루덴스(유희인)로서의 삶은 호모 파베르 활동의 목적이고, 호모 파베르의 노동·사업·경쟁과 그 결과물 및 쟁취물은 호모 루덴스로 사는 데 쓰이는 수단과 도구일 뿐이다. '나는 놈 위에 노는 놈'이라는 명제는 바로 이 목적-수단 관계를 표현하는 것이다.

개그맨과 코미디언은 사람과 동물을 흉내 내는 미메시스로써 웃기기도 하지만, 주로 언어적 유희로서의 유희적 언어행위, 곧 '유희적 화용話用 (*ludicrous speech act*)'으로 웃긴다. 유희적 언어행위인 농담·재담·장난말이 '위트'와 '유머'다. '유머'는 익살, 곧 우스갯소리다. 유머는 때로 익살스럽거나 능청스런 표정과 몸짓도 동반한다. '위트'는 재치 있는 언어행위(재담)나 이를 수행할 능력을 가리킨다. 재치는 적재적소에 적절한(적중한) 단어와 표현을 선택할 언어적 유희능력이다. 즉 위트는 화행적話行的(언어행위적)으로 중화적인 유희적 언표다. 다시 말해서, 위트는 언표형식적·의미론적으로 균형 있고 조화로운 장난말(언어적 유희)이다.

유머 중에는 특별한 여성적 유머가 있다. 거의 모든 여성들이 즐기는 '수다'가 그것이다. 수다는 농담·만담 같은 유머이지만 늘 '왁자지껄하고' 또 '어지러울 정도로 빠르게 떠벌리는' 점에서 보통 만담이나 농담과 다르다. 수다꾼은 많은 화제를 유머러스하게, 장난스럽게 마구마구 쏟아냄으로써 남을 웃겨 재미를 느끼고, 사람들은 수다꾼으로부터 만담 같은 수다를 들으면서 줄곧 까르르 까르르 웃어대며 재미를 느낀다. '수다'는 ① 이해관계로부터 자유롭게 ② 빠른 말재간(즉흥적 말장난의 능력)을 발휘하는 점에서 유희의 정의에 따라 전형적 유희행위라고 할 만하다.

굳이 말로 하는 언어적 유희에 속하는 것으로 분류되어야 하는 유희로는 '만화漫畵'가 있다. '만화'는 시각적인 그림이 위주이지만, 만화의 생명인 재미의 견지에서는 스토리와 대사가 위주이기 때문에 합당한 의미에서 언어적 유희로 분류될 수 있다. 그림도 사실적 회화나 예술적 회화가 아니라 현실을 자의적으로 확대하고 과장하고 때로 찌그러뜨리고 뒤튼 미메시스다. 만화의 그림은 개그맨과 코미디언의 표정·몸짓·손짓에 대한 등가물로 보면 된다. 이렇게 보면 만화는 더욱 유희에 포섭된다.

만화의 스토리와 대화는 아기자기하고 구성지지만 아름답지는 않고, 차라리 웃기도록 과장되거나 과대망상적이고 황당하거나 익살스럽다. 그래서 '예술작품'이 아니라, 어디까지나 '유희적 작품'이다. 대사는 간결한 농담과 익살로 이어지는 점에서 아름다운 표현이 아니라 웃기고 재미있는 언어적 유희(유머와 위트)다. 그림도 현실 속의 인물과 풍경들의 자유자재한 자의적 미메시스이기 때문에 회화예술이 아니다. 혹시 그림에서 예술미가 느껴지는 경우가 있다고 하더라도 그것은 부차적인 것이다. 현실적 인간관계와 사건의 미메시스인 스토리의 경우에도 마찬가지다. 다시 분명히 하자면 미메시스는 유희의 요소이지, 예술의 요소가 아니다.

그러나 유머와 위트는 개그맨, 만담가, 코미디언들만이 독점적으로 구사하는 것이 아니다. 인간이 호모 루덴스(유희인)인 한에서 보통 사람들도 늘상 유머와 위트를 달고 산다. 유머러스하고 위트 있는 사람은 인간관계의 긴장을 잘 완화해 주고 대화와 소통을 재미있게 만들어 주기 때문에 모든 사람에게 호감을 준다. 이런 사람은 아주 인기가 있다. 유머와 위트 없이 무미건조한 사람, 시쳇말로 '핵노잼'은 반대로 인기가 없다.

유머와 위트가 있고 남의 농담을 재빨리 캐치하는 언어적 유희감각을 갖춘 사람은 중화의 '유희적 정체성'을 갖췄다고 할 수 있다. 그러나 독일인 같은 '핵노잼'은 유희적 정체성이 취약한 사람이다. '핵노잼들'은 농담을 모르고 입만 벌리면 '진정성 있는 진담'만 한다. 이들은 무미건조하고 지겨운 인간형이다. 이들은 친구도 적고, 애인도 없기 십상이고, 결혼도 어렵다. 사람들이 유머도 위트도 없는 배우자와 무미건조하게 평생 같이 사는 것을 끔찍이 여기기 때문이다.

반면, 하루 종일 진정성 있는 말을 한마디도 하지 않고 볼 때마다 맨날 농담만 하는 사람은 유희적 정체성이 너무 강한 사람이다. 핵노잼의 정반대 인물형인 이런 사람들은 농담과 개그를 무슨 '연출'이나 하듯이 늘어놓으므로 부지불식간에 상대방을 '관객화'하고, 이럴수록 개그맨과 관객 사이에 펜스를 치듯 상대방과의 거리를 벌린다. 이 때문에 유머'꾼'들이나 개그'꾼'들도 생활 속에서 대하면 꽤나 지겨운, 피곤한 사람들일 수 있다.

인간은 원만한 인간관계를 유지하기 위해서 유희적 정체성을 중화적으로(적당하게) 갖춰야만 한다. 유희적 정체성도 중화를 잃으면 사람들을 지겹게 한다. '핵노잼'도, 개그'꾼'도, 수다'쟁이'도 일상생활에서 우리들의 기피인물들이다. 이들을 우리는 유희적 정체성이 제대로 갖춰지지 않은 사람들이라고 말할 수 있다. '핵노잼'은 유희적 정체성이 약한 사람인 반면, 개그꾼과 수다쟁이는 유희적 정체성이 과강過强한 사람들이다. 유희 없는 삶은 무미하고 지겹고, 유희만 하는 삶은 피곤하고 가난하다. 둘 다 유희를 중화적으로 행하는 '호모 루덴스'에 반한다.

■최고 형태의 유희로서 '게임'

유희는 자유로운 행위인 한에서 무질서해도 상관없다. 그래도 여기에 유희의 구성의 중화성, 곧 유희의 아기자기하고 구성진 짜임새(중화성)의 수준을 높이기 위해, 또는 '심각한' 부상이나 손실을 막아 유희의 계속성을 유지하기 위해 일정한 '질서'와 '규칙'을 도입하면 재미는 중단 없이 배가된다. 유희는 유희동작의 중화성(균형, 조화, 중도)을 제고해 재미를 더하기 위해 때때로 여러 기술적 요소들을 활용해 질서를 갖춘다. 물론 '표적', '규칙' 등과 같은 기술적 요소들은 유희의 '본질적' 요소(자유로운 능력 발휘)가 아니기 때문에 이 기술적 요소들이 결여되더라도, 상술했듯이 무질서하더라도 유희의 본질('자유로운 능력 발휘')은 훼손되지 않는다.

유희 안에서 발전된 전형적인 기술적 질서요소로는 첫째, 표적(target) 설정 또는 목표(goal) 설정이다. 우리는 혼자 놀 때도 과녁을 향해 활과

총을 쏘아 맞추면 재미를 느끼고, 홀로 농구골대의 링에 공을 집어넣거나 홀컵에 골프공을 쳐 넣거나 테니스채로 테니스공을 벽에 쳐서 도로 튕겨 나오는 공을 다시 치는 스쿼시를 하면 재미를 느낀다. 또는 방망이로 공을 제대로 때려 목표지점을 향해 날리는 데서도 재미를 느낀다. 심지어 심심할 때 동그라미를 그려 놓고 이것을 표적으로 정의하고 홀로 이 표적 안에 동전을 집어넣는 데 성공해도 재미를 느낀다.

둘째는 게임규칙이다. 셋째는 두 편으로 갈려 벌이는 겨루기(대결, *agon*), 넷째는 투쟁 미메시스다. 게임은 규칙을 세워 행동을 제어하고 질서를 잡는다. 독특한 표적과 목표를 설정하고 일정한 '규칙'과 '질서'에 따라 맞추거나 도달하는 이 유희적 행위는 또 다른 기술적 요소인 '겨루기'를 더해 두 편이 표적 맞추기나 목표 달성을 겨루면 유희는 '게임'으로 발전하고 유희적 재미는 배가된다. 승패의 기준을 정하고 편을 갈라 겨루는 게임은 유희행위를 흥미진진하게 만들어 주기 때문이다. 편을 갈라 양편이 서로 겨루는 것은 그 자체가 일정한 긴장을 불러일으켜 유희적 행위를 아기자기하게, 또 구성지게 만듦으로써 재미를 고조시킨다.

나아가 모든 게임은 힘이나 기량을 비교하는 것으로 그치는 '겨루기'를 넘어서 '투쟁 미메시스(투쟁모방)' 요소를 담고 있다. ('게임규칙'도 현실 속의 법률과 사회적 수칙의 모방이다.) 게임에서 가장 큰 재미는 승패를 다투어 승리를 쟁취해 상대를 패퇴시키는 '투쟁 미메시스'에서 나온다. 승부욕을 야기하고 고조시키는 모방적 투쟁에서 승패는 기쁨과 아픔의 감정적 파행을 추가해 유희를 흥미진진하게 만든다. '승부욕'도 욕망이기에 승부욕의 충족은 기쁨을 가져다주고, 게임의 패자는 패배감을 맛보고 설욕을 다짐케 하여 유희를 연장시킨다. 재미와 기쁨이 합쳐지는 것이다. 게임에서 '투쟁 미메시스'는 게임을 불확실하게, 요행(운)에 던져지게 만들고, 긴장·스릴·서스펜스·반전효과를 불러오고 고조시킨다. 그리하여 게임의 심리적 작동요소는 불확실성·요행(운)·긴장·스릴·서스펜스·반전을 포괄한다. 이것은 모든 유희의 특징이 아니라 게임의 특징일 뿐이다. 그러나 로제 카이와는 이 불확실성·운·긴장·스릴·서스펜스·반전 등 게임의 특징을 유희 일반의 특징으로 착각했다.

게임은 '진지한' 것이고, 사람들은 게임을 '진지하게' 즐긴다. 그러나 게임은 진지할 뿐이지, 심각한 것이 아니다. 게임경쟁이나 게임투쟁은 아무리 '진지하게' 하더라도 어디까지나 '투쟁 미메시스'이지, '진짜 투쟁'(공리적 행위)이 아니다. 따라서 게임투쟁에서는 규칙이 있고, 표적(목표) 설정을 통한 승리의 정의가 있고, 심판이 있고, 반칙과 살상은 원칙적으로 완전히 배제된다. 반면, 진짜 투쟁이나 전쟁에서 규칙도, 반칙도, 승리의 정의도, 심판도, 살상 배제도 없다. 오히려 살상을 위주로 한다. 따라서 진짜 투쟁과 전쟁은 진지함을 넘어 심각한 것이다. 역으로, 게임은 심각한 반칙과 부상이 발생하면 일시 중단된다. 게임이 각목이나 흉기를 휘두르는 패싸움이나 진짜 투쟁으로 둔갑하면, 게임은 완전히 끝난다.

'게임'은 옛날에도, 그리고 오늘날도 가장 지배적인 유희행위다. 성인들의 놀이는 거개가 게임(경기·시합)으로 조직되어 있다. 게임은 실로 다양하다. 술래잡기·숨바꼭질·땅따먹기·오징어게임·표치기·보물찾기·전쟁놀이로부터 월드컵·올림픽게임·컴퓨터게임에 이르기까지의 각종 유희활동이 다 게임이다. 이 가운데 '컴퓨터게임'의 매력은 '미메시스' 측면에서 더 독특하다. 대부분의 컴퓨터게임은 거의 다 형식에서 투쟁 미메시스로 그치는 것이 아니라, 그 내용까지도 전쟁이나 투쟁의 미메시스로 되어 있다. 컴퓨터게임은 투쟁 또는 전쟁의 형식적·내용적 미메시스, 곧 이중적 미메시스다. 투쟁의 형식과 내용은 둘 다 유희를 긴장되게 만들고 따라서 두 배 구성지게 만들어 두 배 재미있게 만들고 또 승자에게는 기쁨을 덤으로 추가해 준다. 나아가 의식적 미메시스 행위 '자체'가 아주 재미있는 유희의 한 종류다. 그래서 컴퓨터게임이 젊은이들을 그리도 오래도록 사로잡는 것이다.

임의의 주최 측에 의해 컴퓨터게임 대회가 개최되고, 아마추어 게이머들이 이 대회에서 획득하는 상금으로 먹고 사는 프로게이머로 성장한다. 또한 새로운 컴퓨터게임을 계속 개발하는 '게임산업'이 국제적 차원에서 '거대기업'으로 성장했다. 한국이 가장 앞선 이 '게임산업'은 현재 거대한 '산업제국'이 되었다. 게임산업가들은 게임이라는 유희적 행위를 이용해 공리적 행위를 조직한 것이다. 자본주의 세계에서 자본주들이 유희적 행위만이 아니라 예술적 행위와 작품, 그리고 도덕적 행위까지도 이용해 이윤 추구의 공리적 행위를 하듯이 유희적 행위도 상업화한 것이다. 그럼에도 불구하고 이해관계를 초월한 유희적 행위의 절대공간은 자본주의적 이해타산에 의해 보통 생각하는 것과 달리 거의 훼손되지 않는다. 이 상업화된 게임산업에서 극대 이윤은 가급적 '재미'를 좀먹는 데서 나오는 것이 아니라, '재미'를 극대화하는 데서 나오기 때문이다. 이윤 극대화와 재미 극대화가 서로 연동되어 있는 것이다.

무한히 다양한 게임의 종류를 열거해 보자. 물놀이, 술래잡기, 숨바꼭질, 땅따먹기, 오징어게임, 표치기, 보물찾기, 전쟁놀이, 윷놀이, 주사위놀이, 장기·바둑·체스·화투·트럼프 등 이른바 '잡기雜歧', 각종 구기球技경기, 당구·볼링게임, 야유회, 사격·사냥·낚시대회, 레슬링·유도·권투·태권도·격투기 경기 등 게임 종류는 끝이 없다. 보통 게임을 더 흥미진진하게 만들기 위해 주최 측이 나서서 게임의 승자에게 상패와 메달, 상금 또는 파이트머니를 준다. 승부욕과 명예욕을 충족시켜 재미에다 기쁨을 더하는 유희적 게임에 물욕을 동시에 충족시켜 주는 공리적 기쁨 요소를 더하는 것이다.

각 지방의 명예를 건 전국체전, 국위가 걸린 올림픽, 월드컵 및 각종 국제경기 등 순수한 아마추어 게임의 경우에는 상패나 메달, 타이틀, 우승컵 등 명예로운 물건을 주는 것으로 그친다. 그러나 프로게임의 경우에는 이런 상패와 타이틀만이 아니라 거액의 상금을 준다. 이 경우에는 패자에게도 일정액의 참가비를 준다.

주최 측은 관람객으로부터 경기장 입장료를 받아 상금, 참가비, 기타 경비 등을 충당하고 나머지를 챙긴다. 이 '나머지'는 이윤이다. 이 이윤을 챙기는 주최 측은 곧 자본주의적 경기산업이다. 영화사들이 영화라는 대중예술을 이용해 공리적 행위를 하듯이 경기산업가는 게임이라는 '유희적 행위'를 이용해 '공리적 행위'를 한다. 이런 형태의 프로게임은 아주 일반적으로 확산되어 있다. 이런 까닭에 각종 프로게이머들이 먹고 사는 것이다. 바둑·장기·체스 프로기사, 프로 권투선수, 프로 격투기선수, 프로 레슬링선수 등이 다 마찬가지다. 최근에는 심지어 국제적 차원에서 활동하는 프로 컴퓨터게이머도 등장했다.

■공리적 유희로서 '도박'

유희 그 '자체'는 온갖 공리功利, 온갖 이익으로부터 자유로운 것이다. 그러나 유희의 한 형식으로서 '내기'는 그렇지 않다. '내기'는 '도박'의 씨앗이다. '도박'은 돈벌이다. 따라서 도박은 유희이지만, 공리적 행위가 두드러진 '공리적 유희'다. 반면, '내기'와 '걸기'는 순수한 유희다.

유희적 '내기'와 공리적 '도박'의 경계는 모호하지만, 대개 내기에 걸린 물건의 가치나 돈의 크기로 내기와 도박을 가른다. 내기에 걸린 돈이나 물건의 가치가 생계에 영향을 줄 정도로, 또는 한 사람의 재산을 형성하거나 날릴 정도로 크면 '내기'는 '도박'(놀음)으로 변한다. '내기화투'나 '내기 트럼프' 치기는 '유희'인 반면, 판돈이 수백만 원(수천 달러)을 호가하거나 땅문서나 집문서가 잡히는 화투나 트럼프는 '도박'이다.

도박 단계에 이르면 여기에서는 유희적 요소보다 이익 추구의 공리적 요소가 더 지배적이다. 따라서 도박은 단순한 내기 유희가 아니라, 유희(내기)와 공리적 행위로서의 진짜 경쟁(투쟁)이 결합된 '공리적 유희', 또는 '유희적 돈벌이'다. 따라서 도박을 위한 특수한 게임 형태와 도구가 만들어진다. 화투짝과 트럼프, 여러 카지노기계, 여러 도박방법 등이 그것이다. 그리고 도박 외에 다른 생산적 공리행위를 하지 않고 도박으로 생계를 벌거나 횡재하려는 직업적 도박꾼들이 생겨난다.

사람들은 단순한 내기를 재미로 즐기지만 이것도 꽤나 '진지하게' 한다. 반면, 도박은 진지함을 넘어 '심각하게' 한다. 도박은 생계와 재산이 걸린 일종의 공리적 행위가 되었기 때문이다. 따라서 '공리적 유희'로서의 도박에서는 사람들이 금방 총부리를 들이댈 만큼 '심각할' 수밖에 없다.

도박(놀음)에서는 두뇌의 '실력'도 작용을 하지만 '요행'도 큰 역할을 한다. 요행은 확신할 수 없는 것이지만 실력도 확신할 수 없다. 실력은 속임수가 끼어들지 않더라도 요행에 따라 유효하거나 무효화되고, 더 센 실력자를 만나면 패배하기 십상이기 때문이다. 여기에 직업적 도박꾼들의 속임수가 끼어들면 '실력'도, '요행'도 둘 다 무력화된다.

속임수의 개입 없이 일대일로 도박을 하는 사람들은 50%의 요행확률로 승리하거나 패배한다. 그러나 시간이 흐르면 최후의 승자도 결국 돈을 잃거나 많이 따지 못한다. 어느 쪽이 요행으로 자주 이기더라도 이길 때마다 도박판을 연 주변 사람들에게 이른바 '개평'을 뜯겨 판돈이 자꾸 줄어들기 때문이다. 도박 참가자가 3명, 4명, 5명으로 늘면 돈을 딸 확률은 거의 제로에 가까워지고 돈을 다 잃을 확률은 80−90%로 급상승한다. 게다가 어떤 도박자는 끝까지 가기도 전에 자기의 밑천이 바닥날 수도 있다. 한편 승률이 거의 로또에 가까운 카지노에서 도박하는 사람들은 순식간에 거의 다 돈을 잃고 빈털터리가 된다. 따라서 카지노 도박장에서는 도박을 다시 순수한 '내기' 수준으로 다운시켜 일정액의 돈을 잃는 것을 전제하고 도박게임이 주는 재미만을 즐기고 그 일정액의 돈을 다 잃으면 잃은 돈을 재미의 대가로 치고 미련 없이 도박장을 떠나는 것이 상책이다.

　게임 플레이 없이 순전히 돈 내기만을 하는 도박도 있다. 이 경우는 유희적 요소가 '내기', '돈 걸기'(투자)로 축소되어 유희적 행위라기보다 차라리 공리적 행위(사업)다. 주식투자가 그것이다. 주식투자에서는 세계 경제와 주식시장의 변동을 예측할 '천재적 실력'도 역할을 하지만 크게 보면 주식투자는 기본적으로 '요행'에 좌우된다. 그리하여 글로벌 차원에서 경제를 보고 투자플랜을 운용하는 투자회사 수준의 천재적 예측력과 노하우를 갖추지 못한 일반 '개미투자자'들은 장기적으로 늘 패자로 전락한다. 그래서 재산을 날린 개미투자자들이 그렇게도 많은 것이다.

　다시 돌아보면, 순수한 게임은 목표설정, 규칙, 겨루기, 투쟁(전쟁) 형식의 미메시스로 구성되어 있다. 순수한 게임에도 유희적 재미와 상이한 공리적 요소(승부욕의 충족)가 섞여 있는 것이다. 공리적 요소는 편을 갈라 벌이는 모방적 투쟁에서 싸워 이김으로써 승리에 대한 욕망과 승자로서의 명예에 대한 욕망을 동시에 충족시켜서 얻는 '기쁨'이다. 따라서 게임을 통해 사람들은 재미와 기쁨을 혼합해 얻는다. 그런데 임의의 게임에다 '내기' 요소를, 곧 작은 돈을 걸고 따먹는 공리적 요소를 더하면 이 '게임'은 더 흥미진진해지고, 건 돈이 크면, 이 내기 게임은 '도박'으로 변한다. 따라서 모든 게임은 그 자체로서 순수하더라도 여기에 큰돈을 거는 제3자들에 의해 거대한 도박으로 변질될 수 있다. 월드컵게임도 사람들이 도박으로 이용하면 도박으로 변질되고, 올림픽게임도 도박이 될 수 있다.

'도박'은 게임의 재미와 기쁨에 더해 '돈 버는' 공리적 기쁨과, 패자에게는 패배의 불명예에 더해 돈 잃는 아픔을 추가해 준다. 도박은 승자에게 이중적 기쁨을 주기도 하지만, 패자에게는 패배의 아픔과 금전 손실의 아픔을 이중적으로 준다. 그리고 도박판이 크면 기쁨도 크겠지만, 아픔도 배가된다.

그리하여 큰 도박판에서는 재미가 극소화되고, 기쁨과 아픔의 쾌통快痛, 그리고 이익과 손해가 팔자를 고칠 정도로, 또는 패가망신할 정도로 극대화된다. 그래서 도박은 '진지함'을 넘어 생사가 걸릴 정도로 '심각한' 것이다.

한편 타짜들이 사기술을 다투는 사기도박은 전혀 '유희'가 아니라, 약탈적 갈취, 약탈적 전쟁이다. 방어적 전쟁은 이익을 수호·보존하는 공리적 행위이지만, 타인과 타민족의 공리적 행위를 착취하고 그 소산인 재물을 파괴·수탈하는 약탈·정복의 침략전쟁은 인간의 사회적 행위에도 끼지 못하는 야수적 행동일 따름이다. 사기도박도 마찬가지다. 그렇기 때문에 국가가 개입해 일체의 이런 '심각한' 약탈적 도박을 금지하고 있다.

각국 정부는 승자에게 한밑천 잡도록 가급적 큰 판돈을 몰아주면서도 패자의 손실은 극소화하기 위해 복권도박을 확산시킨다. 합법적으로 가장 판이 큰 도박은 국가나 합법적 기관에서 운영하는 이런 로또복권이다.

그다음 큰 도박은 경마·경륜·경정競艇·카지노 등의 도박이다. 그다음은 도박꾼들의 불법도박이다. 동네에서 단지 '재미'로 작은 돈을 걸고 하는 내기 화투는 거의 순수한 게임에 가깝다.

종합하면, 목표설정·규칙·겨루기·미메시스 등 게임의 네 요소들은 여러 가지로 조합되어 재미의 효과를 극대화한다. 목표설정, 규칙, 겨루기, 투쟁 미메시스가 유희의 4대 '기술적' 요소들이라면, '자유'(쾌락, 이익, 아름다움, 도덕성으로부터 자유로운 절대질서)와 '생명력과 심신능력의 발휘'는 유희의 두 '본질적' 요소다. 따라서 유희에는 본질적으로 실제적 이익관념도, 실제적 손실관념도 없다. 가령 설정된 목표를 노리는 유희 도중에서 손실이 상당히 크더라도 유희의 본질은 영향받지 않고, 재미도 여전하다. 유희행위는 쾌락이나 이익으로부터 자유로운 나름의 '절대질서'를 갖기 때문이다.[10] 공리적 행위의 기쁨과 정반대로 게임의 유희적 '재미'는 유희에 투입된 비용이나 고통과 얼마간 무관하다. 따라서 유희적 게임에서는 가령 웬만큼 많은(즉, 심각하지 않지만 상당한) 손실, 출혈, 부상, 고통을 야기하고 상당한 후유증을 남기는 이른바 '피루스의 승리'는 재미없는 것이 아니라, 오히려 극적으로 재미있는 것이다. 공리적 행위는 이익·쾌락추구를 위한 수단적 행위인 반면, 유희적 행위는 재미 이외의 어떤 가치로부터도 자유로운, 나아가 재미 이외의 어떤 가치도 수단으로 얼마간 희생시키며 추구되는 자기목적적 행위이기 때문이다.

'피루스의 승리'의 경우에 부상이 심하고 후유증이 오래갈지라도 이것이 재미를 거의 가로막는 것이 아니라 오히려 재미를 극화시킨다는 말은

---

10 '절대질서'는 다른 가치와 의미로부터 '절대 자유로운' 공간질서라는 유희정의적 의미에서 '유희적 진지성'을 낳는다. 따라서 이것은 유희의 각종 '규칙'을 뜻하는 것이 아니다. 또한 호이징거가 말하는 미학적 가치와 중첩되는 미적 성격의 '절대질서'도 아니다. 참조: Huizinga, *Homo Ludens*, 10쪽.

유희에서 공리적 타산이 전무하다는 뜻이 아니다. 게임이 재미는 있지만 부상과 손실이 '지나치게' 크면, 중화의 원리를 깨트리면, 게임행위자들이 여러 가지 제한규칙을 도입해 이런 위험을 막고, 그래도 게임행위자가 죽는 불상사가 나면 그 게임을 일정기간 퇴출시키거나 아예 폐지·추방해 버린다.

3.2. 유희의 신경과학과 동물행태학

유희는 동물과 인간에게 공통된 감정적 신경체계에 속한 행위다. 동물도 놀이를 하고, 인간도 놀이를 한다. 이 공통된 감정적 신경·행태체계를 이해하는 것은 호모 루덴스와 유희의 본질, 그리고 재미의 뿌리를 깊이 이해하는 데 필수적이다.

■자악 팽크셉의 유희체계이론

자악 팽크셉(Jaak Panksepp)에 따르면, 신경과학적으로 동물과 인간에게 공통된 것으로 파악되는 감정적 신경체계는 탐구심·분노·두려움·공황·성욕·배려심·유희심의 7대 감정·신경체계다. 동물과 인간은 이 감정적 신경체계에 추동되어 의미(감정) 있는 특정 행동을 한다. 그는 유희를 '유희심遊戲心'의 감정체계에 의해 추동되는 행동으로 규정했다. 그가 뇌내腦內에 실존한다고 주장하는 이 유희심의 감정·신경체계는 곧 쾌통·미추·시비판단과 별개로 재미의 유무만을 판단하는 '재미감각'의 독립적 존재를 신경과학적으로 증명해 준다. 유희체계가 일으키는 '유희심'은 '놀이'를 하고 싶은 감정이고 재미의 유무를 판단하는 감각이기 때문이다.

유희는 아이들에게 큰 재미를 준다. '난장판놀이(*roughhouse or roughhousing play*)' 또는 '날뛰기놀이(*rough-and-tumble, RAT play*)'가 모든 놀이 가운데 가장 큰 재미를 주고, 또 거의 모든 포유류의 어린 것들에게 공통된 본능적 놀이다. 따라서 그는 신경과학적 유희 분석의 초점을 이 '난장판놀이'에 맞춘다.

팽크셉의 지론은, 놀이를 이해하면 뇌의 몇몇 주요 비밀이 밝혀지고 자폐증이나 주의력결핍장애(과잉행동장애)와 같은 아동정신과적 문제들이 해명될 수 있다는 것이다. 지금 확실한 것은, 뇌내에 난장판놀이 또는 날뛰기놀이를 전담하는 별도의 신경체계가 존재한다는 것이다. 날뛰기놀이(난장판놀이)는 중뇌·시상視床·대뇌피질 안의 체성體性감각적 정보처리와 내밀하게 연결되어 있다. 일정한 시냅시스 화학물질들(가령 아세틸콜린, 글루타메이트, 오피오이드)은 놀이를 유발하는 데 특히 효과적이다. 반면, 다른 화학물질들(세로틴, 노레피네프린, 감마이노낙산(GABA))은 놀이충동을 감소시킨다. 난장판놀이 체계는 많은 포유동물들의 뇌 속에 들어 있다.[11]

재미 외에 어떤 이익도, 어떤 목적도 고려치 않는 유희행위자의 관점에서가 아니라 진화적 적응성을 중시하는 과학적 관찰자의 관점에서 놀이는 "일정 종류의 학습의 용이화"와 "다양한 신체기량"을 포함해 "뇌와 신체"에 대해 많은 "유익한 효과"가 있다. 가장 중요한 놀이는 새끼동물들에

---

11 Panksepp, *Affective Neuroscience*, 280쪽.

게 "사회화"를 가능케 해 줄 수 있다. 새끼들은 놀이를 통해 자기들이 누구를 괴롭힐 수 있는지, 그리고 누가 자기들을 괴롭힐 수 있는지를 안다. 또한 협력관계를 맺을 수 있는 사람과 피해야 하는 사람을 확인하기도 해야 한다. 새끼들은 놀이를 통해 효과적으로 환심을 사는 기술과 육아 기술만이 아니라 "패배를 우아하게 받아들이는 방법에 관한 지식"을 포함해 공격의 다양한 측면들의 효율화 방법을 발전시킨다. 고차적 동물들은 놀이를 통해 자신들의 능력과 지식의 범위를 테스트한다. 요는 뇌의 유희체계가 이들의 삶의 무대인 사회조직 속으로 개체들을 꿰매어 넣는 것을 촉진한다는 것이다. 놀이는 이러한 장난이고 재미의 주요 원천이다. 아인슈타인은 평생 정신적으로 젊었고 장난기를 부렸다. 인간의 젊음과 장수의 신비적 원천은 놀이일 수 있다.[12] 이것들이 팽크셉의 설명이고 추정이다.

팽크셉에 따르면, 뇌 안에는 유희충동(*ludic* urge)의 신경적 뿌리가 존재한다. 재미는 뇌 안의 유희 회로의 발동으로부터 생겨난다. 놀이가 포유류 두뇌의 일차적 감정 기능이라는 사실은 최근에야 인정되었다. 가령 어린 쥐들은 탄생 초기에 아무런 놀이 경험이 없어도 난장판놀이나 날뛰기놀이 행태를 보인다. 대부분의 새끼 새들이 때가 무르익으면 날기 시작하듯이, 포유동물의 새끼는 때가 되면 놀기 시작한다. 새끼 쥐들은 생후 17일쯤이면 놀기 시작하고, 심리발달의 최초단계 내내(생후 15-25일 사이에) 사회적 상호작용을 할 수 없는 어린 쥐들도 놀 기회가 주어지자마자 활기차게 논다. 이것으로써 날뛰기놀이의 충동은 과거의 경험에 의해 형성된 것이 아니라, 뇌 안의 자연발생적 신경충동으로부터 생겨나는 것

---

12 Panksepp, *Affective Neuroscience*, 280·-281쪽.

이 확실하다. 포유동물들은 난장판놀이를 통해 많은 것을 학습한다. 그러나 이것은 궁극적으로 새끼들을 경쟁 영역에서 유희적 방식으로 상호작용하도록 유도하는 뇌 내부의 특별한 회로들 안에서 자연발생적으로 활성화되는 유희충동의 결과다.[13]

놀이가 신경체계에 유전자적으로 뿌리박은 유희충동(유희심)에 기인할지라도 놀이는 완전한 표출을 위해서 올바른 환경을 요한다. 가령 두려움과 허기는 일시적으로 놀이를 없앤다. 포유동물들의 경우에 대부분 놀이는 부모의 개입이 언제라도 가능한 집안의 따뜻하고 안전한 후원적 기반 안에서 발생한다. 침팬지 어미는 젖꼭지를 가지고 새끼의 놀이를 유도한다. 침팬지 어미는 거의 언제나 어린 새끼의 유아기 내내 새끼와 놀아준다. 그리고 몇몇 암컷 침팬지들은 어린 새끼와 놀아 주기만 하는 것이 아니라, 청소년 새끼, 심지어 성체 새끼와도 자주 놀아 준다. 아이들의 놀이와 초기 사회적 상호작용을 지도하는 엄마의 역할은 인간에게서도 분명하다. 많은 종에서 아비는 어미보다 덜 장난스럽고, 사회적으로 덜 관대한 반면, 암컷은 수컷보다 더 유희적이다. 인간은 인지의 매개 때문에 여기서 예외인 것으로 보인다. 가장 활기찬 놀이는 기존의 사회적 유대의 맥락에서 벌어진다.[14]

수컷의 큰 덩치와 강한 경쟁적·공격적 충동은 수컷들의 놀이를 더 거칠게 만들 수 있고, 이로 말미암아 '승리'라는 사회적 강화요소는 유년의 후기 단계에서 수컷을 더 장난스럽게 보이도록 만들 수 있다. 하지만 이 차이는 활기차고 재미있는 사회적 상호작용의 고양된 신경충동이라기보다 차라리 우위확보 충동(승부욕)을 반영할지도 모른다. 물론 이 우위확

---

13 Panksepp, *Affective Neuroscience*, 281쪽.
14 Panksepp, *Affective Neuroscience*, 281쪽.

보 충동은 유희회로와 통합적으로 작용할 수도 있다. 난장판놀이와 날뛰기놀이, 곧 싸움놀이(play-fighting)의 한 요소에 불과한 사회적 우위에 대한 수컷의 강한 충동은 난장판놀이 충동이 여성에게서보다 남성에게서 더 강렬하다는 오해를 유도할 수 있다. 인간의 경우에 거친 스포츠에 대한 남성들의 명백한 열광은 기본적 유희회로의 발동가능성 안에서 보이는 그들의 내재적 강렬성보다 차라리 생물학적·사회적 기반의 '권력욕'과 '승부욕'에 기인할 수 있다. 여성의 더 강한 유희적 욕구는 최근 스포츠정책의 자유화와 함께 경쟁적 스포츠에 대한 여성들의 참여가 엄청나게 확장된 사실로 확증된다.[15]

유인원의 경우에 대부분 초창기 동안 사회적 고립을 겪는 것은 놀이충동에 파멸적 영향을 미친다. 수일 동안 고립당한 어린 원숭이와 침팬지는 종속적이 되고, 재결합했을 때 상대적으로 거의 놀이 의욕을 보이지 않는다. 명백히 사회적 온기·후원·친화에 대한 그들의 기본적 필요가 먼저 충족되어야 하는 것이다. 유희회로는 다른 감정적 작동체계, 특히 사회적 체계가 집안 환경의 상대적 안전 속에서 작동하는 것을 가능케 한다. 놀이는 인간을 포함한 동물들이 자신들의 지식과 사회적 현실의 최대반경까지, 곧 진정성 있는 감정상태가 개입하기 시작하는 지점까지 재미있게 자신들의 행동 잠재력을 투사하는 것을 도와준다. 그리하여 놀이 중간에 한 동물은 진짜 분노·두려움·성욕·분리고통이 발동되는 지점에 점차 접근할 수 있다. 동물이 이 가운데 한 감정상태에 도달할 때, 장난스런 분위기는 이 동물이 곤경과 선택을 더욱 현실주의적이고 일차원적인 감정의 견지에서 처리하기 시작함에 따라 가라앉는다. 인간아동들의 경우에 이것

---

15 Panksepp, *Affective Neuroscience*, 281·-282쪽.

은 종종 아동들이 어떤 유형의 사회적 후원과 이해를 동원할 수 있는지를 알기 위해 그들이 겪은 일을 고자질하면서 눈물을 짜며 엄마에게 달려가는 것으로 나타난다.[16]

모든 포유동물들이 실제로 주는 전반적 인상은 "걱정 없는(careless) 역동적 야단법석의 질풍노도"다. 쥐의 경우에 놀이상대를 향해, 그리고 상대로부터 내달리는 빠른 스퍼트가 나타난다. 때로 한 쥐가 다른 쥐를 뛰어넘어 내달리고 이것은 장난스런 쫓기의 질풍을 야기한다. 다시 동물들은 빠른 선회와 역할 바꾸기로 서로를 추적한다. 동물들은 종종 마치 활기찬 상호작용을 조르는 것처럼 서로의 등 위를 덮친다. 이 '등 접촉'은 때로 교호성을 낳는 것이 아니라, 오래 걸리는 '등 털 고르기'로 끝나기도 한다. 놀이를 하자는 조름을 받는 동물이 멀리 내달리거나 비스듬히 몸을 꼼으로써 응하기도 하고, 한 동물이 위에 있는 동물과 땅에 등을 대고 누워서 감아 안는 레슬링 한판으로 넘어가기도 한다. 이것이 '피닝(pinning)' 자세다. 이 자세는 유희의 완결적 측면을 알려 주는 가장 뚜렷한 척도다. 대부분의 종에서 날뛰기놀이는 놀이가 양적으로 증가하는 유년기, 놀이가 양적으로 안정적인 소년기, 양적으로 줄어드는 사춘기 통과기간으로 특징지어지는 발달과정을 보여 준다. 이것은 "뇌의 성숙"과 관련되어 있을 뿐만 아니라, 발달과정에서 일어나는 "신경화학적 변동"과 관련된 것으로 추정된다. "날뛰기놀이"는 종종 "싸움놀이"라고도 불린다. 어떤 이들은 이것이 공격성 활동, 곧 수컷 간 공격의 유년기적 표현형태나 다름없는 것이라고 착각한다. 그러나 날뛰기놀이가 종종 외양상 공격적 싸움처럼 보일지라도, 진짜 싸움과 싸움놀이가 보여 주는 행태적 양상은 사뭇 다르다. 싸

---

16 Panksepp, *Affective Neuroscience*, 282·–283쪽.

움놀이에서는 심각한 공격적 자세가 거의 보이지 않는다. 진짜 싸움에서 쥐들은 종종 뒷발로 서서 앞발로 때리는 식의 '복싱'을 하고, 또한 '사이드 프랜싱(*side-prancing*)'이라고 불리는 — 자세를 비스듬히 하고 뽐내며 상대를 노리는 — 공격적 포즈를 취한다. 이것은 "털 세우기"를 동반한다. 놀이는 어쩌다가 진짜 싸움으로 발전하기도 하는데, 이렇게 되면 난장판동작 또는 야단법석 행동(광적 도약, 돌발행동, 덮치기)의 표시들은 즉각 그친다. 그리고 분노·두려움 회로가 가동되면서 행동상의 긴장이 발생한다.[17]

싸움놀이(날뛰기놀이)와 진짜 싸움은 상이한 수칙을 따르고, 상이하게 민감하다.

① 수컷들 간에 우위를 다투는 진짜 싸움에서는 한 동물의 영역 안에서 싸움이 났을 때 '터줏대감 동물'이 항상 승자다. 싸움'놀이'에서는 이런 일이 없다.

② 싸움놀이에서는 한 동물이 오랫동안 상위 자세를 지속하는 한편, 다른 동물이 등지고 눕는 어떤 '지속적' 방어자세(즉, 피닝자세)도 볼 수 없다.

③ 싸움놀이는 두 참여자에게 다 긍정적 보상을 준다. 이전 싸움놀이의 승자와 패자는 함께 놀 기회를 다시 얻기 위해 사다리타기(T-maze) 선택과 같은 도구적 과제를 신속하게 학습한다. 그들은 둘 다 놀 기회를 향해 같은 속도로 달려간다. 유일한 차이는 패자가 놀이판으로 좀 더 주춤거리며 들어가는 반면, 승자가 불쑥 놀이 상자 속으로 재빨리 뛰어 들어가는 것이다.

④ 공격적 우위성을 촉진하는 데 강력한 힘을 발휘하는 호르몬 테스토스테론은 싸움놀이를 감소시키는 것 외에 별 영향이 없다. 테스토스테론 치료를

---

17 Panksepp, *Affective Neuroscience*, 286쪽.

받은 며칠 뒤에 놀이가 감소하는 중세를 보이는 동물들의 경우에 놀이는 너무 빨리 공격적으로 변한다. 이럴 경우에 놀이행동은 '걱정 없는' 특징을 상실하고, 장난기는 전면적으로 억제된다.

⑤ 다양한 형태의 싸움을 현저하게 감소시키는 플루프라진, 엘토프라진과 같은, 고도로 특유한 반反공격성 약물들은 어떤 경우에 장난스런 상호작용을 증가시키는 것으로 나타나고, 적어도 놀이를 감소시키지 않는다. 난장판의 집행적 뇌 기제와 성인적 공격형태에서의 강력한 연속성에 대한 명백한 증거는 현재 존재하지 않는다. 양자는 동기적 기반이 다른 것으로 보인다.[18] 다만 유년기적 발달단계의 유희회로가 동물들이 성숙해 감에 따라 더욱 성인다운 광채를 띠게 할 수 있을 따름이다. 싸움놀이 중에 학습된 기술과 성인이 된 뒤 우위능력 사이에 연속성이 있을 것이라는 추정은 순전히 오류일 뿐이다. 유사하게 인간들의 경우에도 아동기 놀이는 축구나 농구와 같은 규칙화된 우위변별 스포츠로 변하며 소실된다. 프로축구나 다른 프로스포츠는 성인들에게서 유희회로의 참여를 요구하지 않을 것 같지만, 수행의 질은 이 유희회로가 발동될 때 아마 증가할 것이다. 그리고 거의 모든 프로스포츠 관람자들은 다른 사람의 놀이 활동의 관찰에 의해 공감적으로 발동하는 유희회로가 뇌 안에 들어 있기 때문에 이 프로스포츠들을 감상할 수 있는 것이다.[19]

프로레슬링은 그 안무가 인간들에게서의 날뛰기놀이의 본능적 표출과 닮았기 때문에 특히 매력적으로 관중의 관심을 끈다. 이 프로스포츠의 다른 차원은 그것이 평화로운 사회에서 혼란을 초래할 수 있을 남성들

---

18 '난장판의 집행적 뇌 기제'는 공격행동의 유희적 흉내(미메시스), 곧 유희적 행위기제인 반면, 진짜 '성인적 공격형태'는 공리적 행위기제다.

19 Panksepp, *Affective Neuroscience*, 286쪽.

간의 공격적 에너지를 분산시키는 제도화된 길일 수 있다는 것이다. "전
사戰士 에너지"를 장난기의 가식 안에 가둬 두는 것은 평시에 폭력의 수준
을 낮춰 줄 수 있다는 주장이다. 프로스포츠와 같은, 제도화된 놀이형태들
은 전 세계 차원에서 대형사업이 되었다. 그러나 팽크셉은 이러한 프로스
포츠의 발달은 놀이판을 특징지을 '감정성'의 자연발생적 표출에 새로운,
그리고 때로 어두운 그림자를 던져준다고 염려한다.[20]

팽크셉의 이 염려스런 견해는 프로스포츠게임의 유희 성격 때문이 아
니라, 이 프로스포츠게임에 내포된 한 요소인 강한 승부욕(우위성 충동)
과 승자의 극렬한 기쁨과 패자의 극단적 쓰라림 간의 큰 감정격차가 진짜
싸움을 부를 수도 있기 때문에 제기된 것이다. 사실 싸움놀이를 즐기게
만드는 '유희 회로'와 진짜 싸움을 야기하는 '공격성 회로'는 별개의 회로
다. 따라서 프로스포츠게임 같은 싸움놀이가 남성들 간의 공격적 에너지
를 분산시킬 수도 없지만, 진짜 싸움을 야기할 수도 없다. 싸움놀이가 진
짜 싸움을 유발하는 것은 이 싸움놀이에 섞인 (우위를 다투는) 승부욕과
권력욕이다. 그런데 이 승부욕과 권력욕은 재미를 주는 유희적 행위의
동기가 아니라, 기쁨과 아픔(쓰라림)을 주는 공리적 행위의 동기다.

팽크셉의 논지를 요약하면, 유희 회로는 공격성 회로와 독립된 별도의
회로다. 그러나 확실히 유희체계는 싸움놀이의 형태로 표출될 때 사회적
우위성 충동의 유발에 기여하고, 이것은 경기행위자와 관객의 마음속에
똑같이 우위성 관심이 현격하게 도드라지는 거친 프로스포츠에 대한 대
중적 사랑을 설명해 준다는 것이다. 싸움놀이는 일종의 게임이고, 게임은
본질적으로 승부욕을 자극하는 승패(공리적 요소)의 명확한 목표를 설정

20 Panksepp, *Affective Neuroscience*, 286쪽.

하고 있기 때문이다. 바로 프로스포츠경기의 공리적 승패, 그리고 승부욕을 충족시킨 승자의 격한 기쁨과 패자의 극렬한 쓰라림은 상징적 우열을 뚜렷하게 표현할 전형적 기회를 제공한다. 이 때문에 일상적으로 사활적 시장경쟁에 처한 자본주의 사회에서, 그리고 성적의 우열을 다투는 대학에서도 스포츠를 높이 중시하는 것은 놀랄 일이 아니다.

실생활에서 우리는 미소를 많이 짓지만, 극렬한 큰소리를 내지르며 요란하게 웃는 경우는 드물다. 실생활에서 예외적으로 '극렬한 큰소리를 내지르며 크게 웃는' 경우는 큰 성공을 거두거나 승리한 경우다. 그러나 반대로 유희 속에서는 재미날 때면 '언제나' 하하, 으하하(폭소), 호호, 흐흐, 깔깔, 낄낄, 껄껄, (숨넘어가는) 꺼억꺼억 소리, (자지러지는) 까르르 소리, 키득키득 등 온갖 소리로 자잘하게 웃어댄다. 그런데 싸움놀이에서는 극렬하게 큰소리를 내지르는 승리의 요란한 웃음과 재미의 자잘한 웃음이 융해된다. 그리고 요란한 큰 웃음에는 눈물도 흘린다.[21] 날뛰기놀이의 종결점인 피닝 자세에서 위에 있는 것이 바라는 신체적 위치이듯이, 토마스 홉스가 주장한 것처럼 유희 같은 사회적 대결 속에서 웃음은 하나의 승리의 시그널일 수 있다. 정말로 이것은 "웃음의 어두운 측면"이다. 왜냐하면 웃음은 종종 남이 다치고, 모욕당하거나, 당황하는 것을 보는 것에 대해서도 반응해 일어나기 때문이다. 이것은 자신이 심리적으로 불행을 당한 놈보다 더 운 좋고 더 영리하다는 느낌과 결합된, 패자의 익살스런 곤경에 대한 인식을 보여 준다. 유희적 경쟁·대결에서도 언제나 승자는 패자보다 많이 웃는다. 이런 웃음은 특히 인간에게 특징적이지만, 그렇다고 인간에

---

21 다윈은 일찍이 승리와 유희적 재미에 따르는 웃음을 말했다. Charles Darwin, *The Expression of the Emotions in Man and Animals* (London: John Murray, 1872·1890), 207–209쪽. 박장대소에 흘리는 눈물은 참조: 217–218쪽.

게만 있는 것이 아니다. 다른 동물들도 크게 웃는다.[22] 다윈도 일찍이 유인원(오랑우탄, 침팬지, 고릴라, 원숭이 등)의 웃음에 대해 말했다.[23] 그런데 왜 웃는가?

팽크셉은 이 물음에 동물행태학적으로, 그리고 신경과학적으로 답하려고 한다. 인간은 유독 장난스런 종이다. 이것은 부분적으로 우리가 성인 단계에서도 청소년 특징을 보이는 피조물(*neotenous creatures*), 곧 다른 종들보다 훨씬 더 긴 유소년기로부터 혜택을 보는 종이기 때문일 것이다. 우리의 유년기와 청소년기는 인생의 20% 이상이다. 이것은 덩치 큰 유인원과 비견된다. 그러나 다른 일반적 유인원들에게는 그 기간이 10%에 지나지 않고, 개·고양이·쥐의 유소년기는 5%에 불과하다. 인간의 경우에 더 복잡하게 하는 것은 인간들의 유희본능이 인지에 초점을 맞춘 고차적 뇌 영역들에 의해 아주 현저히 변한다는 사실이다. 특히 인간이 높이 발달할수록 피질적 과정은 확실히 우리의 장난스런 행동들에다 대단한 정도의 다양성을 더해 준다. 하지만 "유희성의 원초적 뇌 에너지가 이 고차적 뇌 기능에서 발생한다는 것은 있을 수 없는 일이다." 인간의 유희성의 이 에너지도 여전히 다른 종에게서 날뛰기놀이를 다스리는 태고대적 집행체계로부터 생겨난다. 이 원초적 장난 충동이 뇌를 관통해 스며들어감에 따라 이 충동은 익살스런 유머에서 인지적 즐거움에까지 이르는 새로운 형태를 취한다. 진정으로 인간에게 작동중인 유희회로의 특징은 "웃음"이다. '웃음'은 타인들에게 자신의 '걱정 없는' 동지애의 사회적 분위기와 감각을 표시하는 것 외에 어떤 명백한 기능도 갖지 않는 "발사적 호흡운동"이다. 어떤 이들은 웃음이 인간에 특유하다고 생각하지만, 이것은

---

22 Panksepp, *Affective Neuroscience*, 287쪽.
23 Darwin, *The Expression of the Emotions in Man and Animals*, 210쪽.

그릇된 생각이다.[24] 거의 모든 유인원과 개도, 심지어 쥐도 크고 작은 웃음을 보이기 때문이다. 그리고 승자의 요란한 웃음은 의식적으로 패자를 향한 것이 아니라, 무의식적으로 승자 자신과 그를 응원하는 연대적 동지 집단을 향한 것이다.

동물행태학자들은 친하거나 기쁜 두 가지 일반적 얼굴 유형, 곧 '사회적 미소'와 '웃음'을 오래전부터 구별해 왔다. 팽크셉에 따르면, 이빨을 현저하게 드러내는 미소는 태고대의 포유류적 위협 표시를 상기시키는 것이다. 가령 많은 포유동물은 잠재적 위협에 대응해 '쉿!' 소리를 내며 이빨을 드러내 보인다. 사회적 맥락에서 이것은 자기가 아주 위험한 이빨을 보유하고 있고 이것을 쓸 수도 있는 잠재적 용의가 있다는 사실을 전달한다. 이빨 표시 행위의 배후에 있는 가능한 진화적 적응은 잠재적으로 긴장된 상황이 자기가 살짝 미소 짓기만 한다면 그 이상의 어떤 행동도 요하지 않을 것이라는 사실이다. 인간의 미소는 자기가 기본적으로 우호적이지만 발생할 수 있는 어떤 난관도 아주 능히 처리할 수 있다는 잠재력 능력과 자신감(심적 여유)을 전달하는 기존의 오래된 재능에서 진화했을 수 있다. 반면 팽크셉에 따르면, 웃음은 유희 회로로부터 발생한 것이다.[25] 이것은 프로위쇼프트(Signe Preuschoft), 켈트너(Dacher Keltner) 등의 연구에 의해서도 다시 확증된다.[26]

어린이들에게서 웃음은 장난스런 상황에서 가장 흔하게 일어난다. 입을 벌린 표현은 웃음의 가장 강렬한 형태다. 그리고 유사한 제스처는 침팬지나 개와 같은 다른 종들에서 놀 용의가 있음을 표시하는 신호로 쓰인다.

---

24 Panksepp, *Affective Neuroscience*, 287쪽.
25 Panksepp, *Affective Neuroscience*, 287쪽.
26 Keltner, *Born to be Good*, 101-102쪽.

우리가 흔히 웃음의 존재를 급소를 찌르는 농담과 연결시킬지라도, 웃음은 확실히 많은 인지적 복잡성을 요하지 않는다. 신체적 간지럼은 어린아이들에게서 웃음을 유발하는 가장 쉬운 방법이다. 이 반응은 생후 6개월의 유아에게서도 유발된다. 물론 유아가 '웃는' 이 시점에 앞서 엄마와의 사회적 상호작용에 반응해 '미소' 짓는 강렬한 성향이 나타나는 생후 4개월쯤 시작되는 단계가 있다. 침팬지와 고릴라에게서도 헐떡거리고 그렁거리는 음성화를 동반하는, 웃음을 닮은 순환패턴이 간지럼으로 야기될 수 있다. 그리고 최근에는 외양상 유사한 과정이 쥐에게서도 발견되었다. 쥐가 웃는지를 판단하기 위해서는 간단히 간지럼을 태워보면 된다. 쥐들이 소통하는 초음파 주파수를 엿들어 보면 우리는 우호적인 간지럼이 아주 높은 주파수(약 50킬로헤르츠)의 찍찍거림을 유발한다는 것을 단박에 알 수 있다. 이 찍찍거리는 반응은 엉덩이보다 동물들이 보통 놀이를 조르는 곳인 목의 뒤쪽에 간지럼을 태웠을 때 더 효과적으로 유발되었고, 온몸 간지럼은 가장 효과적이다. 고주파의 이 찍찍거림이 인간의 웃음에 상응하는 것이라면, 인간의 유희적 재미는 쥐의 이러한 음성화 회로를 연구함으로써 이해될 수 있을 것이다. 인간들의 집단은 종종 함께 웃는다. 웃음은 전염성이 있다. 이것은 집단적 연대를 공고히 해 준다. 이것은 웃음의 기능에 대한 대중적 관점이다.[27]

웃음은 신경적 기반을 가진 것이다. 따라서 신경병리적 일탈의 위험도 같이 가진다. 신경학적으로 웃음은 뇌의 원시적 피질하부 영역에서 발생한다. 이것은 병리적 웃음과 상관된 유형의 뇌 손상에 의해 밝혀진다. 근위축성 측삭 경화증(筋萎縮性側索硬化症, ALS), 곧 뇌간을 건드는 탈수질환

---

27 Panksepp, *Affective Neuroscience*, 287–288쪽.

은 충동적 웃음을 방출하는 한 질병과정이다. 웃음간질(젤라스틱 에필렙시)은 여러 차례의 웃음을 동반하는 질환이다. 이러한 뇌 장애를 가진 사람들은 어떤 기쁨 체험도 동반하지 않는 웃음소리의 강렬한 운동신경적 요소들을 보여 준다. 이러한 질병에 걸린 환자들이 미소 짓고 웃을 때 기쁜 것처럼 보일지라도, 그들은 종종 아무런 긍정적 감정도 없다고 말한다. 가장 흥미로운 것은 이런 사람들이 이 질병의 초기 단계에서 어떤 슬픈 감정도 동반하지 않는 병리적 '울음'을 전형적으로 보여 준다는 점이다. ALS의 진행 동안에 병리적 '울음'의 개시가 '웃음'의 개시를 선행할 뿐만 아니라, '울음'은 '웃음'보다 더 낮은 측삭(側索) 수준으로부터 생겨난다는 것이다. 이 두 운동신경적 표출 사이의 명백한 신경적 관계는 웃음과 울음이 뇌 안에서 내밀하게 연결되어 있다는 사실을 시사해 준다. 하지만 뇌의 진화에서는 우는 능력이 웃는 능력에 앞선다. 환언하면, 사회적 유대 메커니즘과 분리고통 메커니즘은 웃음이 진화해 온 선행적 필수요건들이다. 이것으로부터 추정할 수 있는 것은, 사회적 유대의 진화와 이에 뒤따른 울음 능력은 '유희의 진화'의 선행적 필수요건이었을 것이라는 점이다. 그렇다면 우리는 유희와 웃음이 사회적 유대 기능에 봉사함으로써 가족과 친구를 이방인과 차별하는 것을 돕는다고 상정할 수 있다. 침팬지의 경우에 특히 오랫동안 분리된 뒤에 가지는 재결합 '의례'는 많은 폭소, 울부짖음, 접촉에 의해 특징지어진다. 분리 뒤에 위안을 제공하고 가장 쉽게 유희를 불러일으키는 탁월한 감각체계는 '접촉'이다. 진화과정에서 접촉의 기쁨은 유희의 발생을 위한 신경 틀을 만들어 냈다.[28]

인간들에게서 유희심(유희욕구)은 여러 방식으로 표출된다. 사람들이

---

28 Panksepp, *Affective Neuroscience*, 288쪽.

성숙해 감에 따라 많은 양의 인간 유희는 언어적 교환에 초점이 맞춰진다. 짓궂게 괴롭히는 것(가령 서로 놀리는 것)과 같은 심각하지 않은 상호작용을 종종 특징짓는 지속적 재치재담은 등 위에서 덮치는 접촉과 피닝의 외적 특징을 가진 것으로 보인다. 이 사람이 저 사람을 예리한 코멘트나 깨무는 코멘트와 같은 모종의 도발로 발동시키려고 애쓰고, 다른 사람들이 대응한다면 거기에는 종종 그들에게 특별한 영리한 반응으로 한 방 먹이려는 욕망이 있다. 성공하면 이것은 어린이들 사이에서는 한바탕 웃음을 자아내게 하고, 어른들 사이에서는 촌철살인의 급소를 찌르는 것이 된다. 이런 유형의 재담은 여러 번 반복되고, 각자는 한 사람이 우세하기까지, 또는 각자가 남에게 필적한다고 만족할 때까지 남보다 잘하려고 애쓴다. 이러면 개인들은 특별한 존경과 우정을 확립할 높은 잠재력을 가진다. 유희와 웃음의 이러한 사회적 유대와 사회적·유희적 계층화('재담꾼'과 '핵노잼' 등 유희적 정체성의 구분과 차별) 기능은 특히 제도화된 스포츠에서도 분명하다. 유사한 이유에서 우리의 문화는 '바비큐 파티'를 개인들이 자신들의 '잘 연마된' 장난기와 우월성 기술을 자기들이 좋아하는 사람들을 향해 과시하는 특별한 기회로 공식화한다. 명백히 유희 회로가 표출되는 유형들은 인간문화에 구석구석 삼투해 있고, 아마 고차적 두뇌조직의 상당량에도 삼투해 있을 것이다. 인간의 유희심을 다른 동물들에게서 날뛰기놀이(싸움놀이)를 다스리는 단일한 원시적 신경체계로 축소하는 것은 경솔할 것이다. 인간의 경우에는 너무 많은 복잡한 신경적 층위들이 원래의 유희 촉발 체계들에 보태졌다. 뇌의 상하위계적 제어 구조에서 각 제어 수준은 최종 산출의 형태에 모종의 영향을 미친다.[29]

---

29 Panksepp, *Affective Neuroscience*, 288·-289쪽.

재치재담과 날뛰기놀이의 통제신경은 체성體性감각으로 보인다. 날뛰기놀이에서 대부분의 재미는 접촉에서 생기기 때문이다. 유희는 "사회적으로 전염적인 과정"이다. 장난 충동이 이 동물에게서 일어날 때, 이 충동은 다른 동물들을 감각적·지각적 영향을 경로로 '전염'시키는 것으로 보인다. 그렇다면 어떤 감각체계가 사회적 유희에 가장 중요할까? 적어도 쥐에게서는 시각도, (코털까지 포함한) 후각도 보통 유희의 산출에 필요치 않다. 귀먹은 동물의 유희욕구가 좀 떨어지는 것을 보면, 청각은 좀 영향을 주는 것 같다. 그러나 보통 유희를 부추기고 지속시키는 일차적 감각체계는 "촉감"이다. 신체의 일정한 부분들은 다른 부분들보다 유희 부추김 신호에 더 민감하다. 동물들은 감촉될 때 신경체계 속으로 놀이 신호를 보내는 피부 영역을 특화한 것이다. 환언하면 포유류는 동물들 간에 장난스런 의도를 전달하는 뇌의 특별한 부위들에 정보를 보내는 수용체를 장착한 "유희 피부" 또는 "간지럼 피부"를 가진 것으로 보인다. 분명 인간들도 간지럼 피부를 가졌다. 팽크셉은 인간의 간지럼 피부가 목 뒤와 흉곽에 위치한다고 말한다.[30] 그러나 한국인에게는 앞목(턱밑의 목 부위)과 겨드랑이도 간지럼 피부다. 이것은 동양인과 서양인 간의 차이로 보인다.

아무튼 간지럼 피부를 만지면 즉각 장난 분위기로 들어간다. 상술했듯이 쥐에게서 상응하는 유희 피부는 등 표면이다. 쥐들은 놀자고 조를 때 다른 쥐의 등을 덮친다. 이것은 쥐의 놀이 조르기의 유일한 표적이 아니지만, 뇌의 유희회로는 특정한 신체영역으로부터 특히 "강력한 체성감각적 투입"을 받아들이는 것으로 보인다.[31]

---

30 Pansepp, *Affective Neuroscience*, 289.-290쪽.
31 Pansepp, *Affective Neuroscience*, 289.-290쪽.

이것으로부터 우리는 "나는 왜 나 자신에게 간지럼을 태울 수 없는가?"라는, 아주 많은 어린이들을 당황하게 만드는 물음에 답할 수 있다. 분명, 유희체계는 부분적으로 "예측불가능성에 대한 민감성"을 통해 사회적 자극의 지각에 조율되어 있다. 따라서 자기가 자기를 간지럼을 태우려고 하면 자기가 간지럼 피부에 대한 접촉시도를 즉시 예견하기 때문에 간지러울 수 없는 것이다. "신경체계는 우리 자신이 쉽사리 자기의 파트너나 놀이 친구가 될 수 없도록 설계되어 있다. 간지럼은 장난기를 유발하기 위해 다른 자아들을 필요로 한다." 놀이 파트너를 확인하고 지각하는 능력은 단순한 감각적 현상이 아니라, 유전자적으로 뿌리박힌 강력한 중앙 신경체계 개념인 것이다.[32] 요약하면, 뇌 안의 유희회로의 존재는 간지럼 현상을 설명해 주고, 유희피부의 체성감각적 자극에 대한 분석은 유희회로의 신경적 작동과정을 이해하는 열쇠일 수 있다.

필자는 유희행위자의 관점에서 '유희' 또는 '놀이'를 "물적 쾌락이나 이익 또는 미적 가치나 도덕성의 추구로부터 자유로운 순수한 시간, 공간 속에서 생명력과 심신능력의 자유분방한 발휘와 표출을 즐기는 행위"로 정의했다. 이 정의는 진화론적 관찰자의 관점을 제쳐 놓은 것이다. 유희에는 팽크셉이 강조하는 '생존목적'의 진화적 적응성이 분명히 있을 것이다. 그러나 필자는 여기에 사회적 '행복목적'('재미를 위한 재미'의 순수한 재미목적)의 진화 측면을 더하고 싶다.

팽크셉은 놀이의 생존적 적응성에 초점을 맞춘다. 이 생존적 적응성은 '사회적인 것'과 '비사회적·개인적인 것'으로 나뉜다. 전자는 사회적 유대형성과 사회적 협력을 용이하게 해 주는 행태로부터 사회적 지위와 리더

---

32 Panksepp, *Affective Neuroscience*, 290쪽.

십을 촉진하는 행태 및 효과적으로 소통하는 능력에 이르기까지의 다양한 경쟁적·비경쟁적 기량의 학습이고, 후자는 신체적 적합성과 인지능력, 도구사용을 증가시킬 수 있는 놀이의 능력과 혁신능력이다. 혁신은 넓은 범위의 상황에서 창조적으로 생각할 수 있는 능력과 같은 아주 일반화된 인지기술로부터 새끼 포식자들 사이에서 사냥하는 기술과 먹잇감 종에서의 포식자 회피 기술의 학습과 같은 아주 특별한 적성까지 포괄한다. 물론 여기에 여러 날뛰기놀이의 다양한 적합성 촉진 효과가 추가될 수 있다. 가령 미래의 성인들 간 경쟁대립에 대한 예방접종, 재생산능력을 높이는 사회적 매력성과 기량의 용이화 등이다. 놀이는 아마 기만적 술책을 연마하는 기회도 주고 허위적 인상을 창조하는 능력을 세련하는 기회도 줄 것이다. 놀이는 또한 재생산적(생식적) 적합성을 제고시켜 주는 것은 말할 것도 없다. 그러나 섹스와 관련된 행태는 날뛰기놀이 과정에서 아주 드물다는 것에 유의할 필요가 있다. 많은 연구 결과, 일반화될 수 있는 결론은 "놀이는 피상적인 것이 아니라는 것, 그리고 놀이의 몇몇 상이한 적응적 기능이 합리적으로 엄격한 양식으로 입증되어야 한다는 것"이다. 인간의 경우에 놀이의 '기능' 문제는 놀이 또는 유희라고 불리는 상이한 형태의 다양한 활동, 특히 사전 학습이 놀이의 수행에 필수적인 '보드게임'과 같은 활동들에 의해 흐려져 있다. 어린이들이 재미를 느낄 때 더 빨리 배운다는 것은 일반적 믿음이지만, 놀이의 전체적 개념은 교육목적과 관련하는 한 여전히 불확실하다. 형식적인 조사에 의해 밝혀진 놀이의 많은 이점은 단순히 다른 유형의 사회적 활동과 보완적 강습의 이로운 효과를 반영하는 것으로 보인다.[33]

---

33 Panksepp, *Affective Neuroscience*, 294·−295쪽.

팽크셉은 스스로 "놀이의 전체적 개념이 교육목적과 관련하는 한 여전히 불확실하다"고 하면서도 "형식적인 조사에 의해 밝혀진 놀이의 많은 이점은 단순히 다른 유형의 사회적 활동과 보완적 강습의 이로운 효과를 반영하는 것으로 보인다"고 하고 있다. 그리하여 그의 유희이론은 놀이의 생존적 적응성 기능에 지나치게 경사되어 있다. 필자는 놀이가 생존적 적응성 외에 사람들 간의 '재미를 위한 재미', 곧 사람들 간의 순수한 공감적 재미(유희적 즐거움, 곧 유희적 행복감)를 위해서도 진화했다고 생각한다. 이것은 '자연선택의 진화'가 아니라, '인간선택의 진화'로 봐야 하는바, 이것도 유전자화遺傳子化되었다고 생각된다. 가령 우리는 웬만한 부상과 웬만한 재산손실을 무릅쓰고 유희하고 유희행위자들과 공감적 관객들이 이 유희를 같이 즐긴다. 실로 인간은 경기 중에 종종 크고 작은 부상을 입을 뿐만 아니라, 놀이에 많은 돈, 아니 (요트를 사거나 수영장을 만든다면) 큰 재산도 쏟아붓는다. 인간은 이미 공리적 손해·고통·부상 등을 감수할 만큼 재미를 중시할 정도로까지 유희본능을 모험적으로 진화시킨 것이다.

그러나 노름'꾼'은 도박에 일부 재산이 아니라 전 재산을 걸기도 하고 빚을 내서 도박을 하기도 한다. 즉, 노름꾼은 공리적 쾌락과 생명욕을 능가할 정도로까지 병리적 노름충동을 보인다. 이 노름꾼 유전자는 팽크셉이 말하는 저 뇌신경적 유희회로를 작동시키는 일반적 유희 유전자와 다른 유전자다. 앞서 시사했듯이 유희심의 감정체계와 별도로 존재하는 '노름꾼'의 '사행성' 유전자가 최근에 게놈과학에 의해 확인된 바 있다. 보통 사람들도 노름을 좋아하지만 사행성에서 좋아하기보다 유희로서 좋아한다. 반면, 보통 사람들은 전 재산을 날리는 노름꾼을 경멸하고 결혼상대로서도 멀리 배제한다. 병리적 돌연변이 유전자로 보이는 불건전한 '노름꾼

유전자'는 이 점에서 보통 도박놀이의 재미를 가능케 하는 유희유전자와 다르다. 노름꾼이 노름꾼 자식을 낳는 경우가 적지 않기 때문이다. 모든 포유동물들에게 유희행위를 가능케 하는 '유희유전자'는 건전하고 행복추구적이다.

팽크셉의 유희이론이 노정하는 다른 결함도 있다. 그는 '난장판놀이'를 처음에 언급하긴 했지만 사실상 '싸움놀이(날뛰기놀이)'와 동일시해 '난장판놀이'를 제쳐 놓고 놀이의 '사회적 재미(social joy)'만을 다루고, 난장판놀이처럼 홀로 하는 놀이와 그 재미를 완전히 제외시키고 있다. 팽크셉은 감정에 대해 '사회적' 접근만을 허용하는 기본관점을 가지고 있다. "포유류의 뇌는 기본적으로 사회적 뇌(social brain)이고, 그렇게 취급될 필요가 있다. 기본적 감정체계는 일차과정적 차원에서도 사회적 공백 속에서 작동하지 않는다."[34] 팽크셉의 이 '전면적인' 사회적 기본관점은 문제가 있다. 난장판놀이, 달리기·높이뛰기 놀이, 공중제비돌기, 활쏘기, 사격, 스쿼시 등은 동물과 인간의 어린것들과 성인이 하는 전형적인 '나홀로 놀이'다. 팽크셉의 이 이론적 결함은 시급히 보완되어야 할 것이다.

팽크셉의 유희이론은 이런저런 약점과 결함도 있지만, 필자의 철학적 유희이론을 특히 신경과학에 의해 많이 뒷받침해 준다. 나아가 필자의 유희이론은 동물행태학의 도움도 받을 수 있을 것이다.

---

[34] Panksepp, *The Archaeology of Mind*, "Preface", xviii쪽.

■ 템플 그랜딘의 동물·아동유희론

콜로라도 국립대학교 교수 템플 그랜딘(Temple Grandin)의 동물행태학적 동물·아동유희론도 필자의 유희론을 뒷받침해 준다. 동시에 그녀의 이론은 '어린 것들'의 유희에 대한 플라톤의 설명을 다시 확증해 줄 뿐만 아니라, 진화적 적응성도 팽크셉보다 더 상세하게 설명해 준다. 나아가 팽크셉이 애당초 '난장판놀이'를 둘 이상이 하는 '날뛰기놀이(싸움놀이)'만을 특화해 다루고 '난장판놀이'를 분석에서 제쳐놓고 유희의 '사회적 재미'만을 다루고, '나홀로 놀이'와 그 재미를 완전히 몰각했다. 팽크셉은 감정에 대해 '사회적' 접근만을 말한다. 그러나 기대·실망 등 탐구체계의 기본감정들이 애당초 '나 홀로'도 느낄 수 있고, 심지어 '사랑'과 같은 사회적 감정이라도 한번 정상적 사회관계 속에서 제대로 형성되고 나면 이후에는 '자존감(self-respect)'이나 '자기애(self-love)'처럼 '나 홀로 사랑'도 가능한 것이다. 유희심 체계도 탐구체계처럼 애당초 나홀로 가능한 것인데, 팽크셉은 홀로 노는 것을 완전히 배제했다. 반면, 그랜딘은 '나홀로 놀이'와 '사회적 놀이'를 둘 다 균형 있게 분석하고 있다.

그랜딘은 먼저 놀이신경체계에 관해 고찰한다. 아무도 아이들과 동물들이 노는 것을 왜 그렇게 좋아하는지를 알지 못하지만, 아이들과 동물들은 놀기를 좋아한다. 놀이 성향의 재미 감정이 생겨나는 곳은 뇌 속의 유희 회로들이다. 겨울을 외양간에 갇힌 채 보낸 거구의 목장 소들을 봄에 밖으로 풀어 놓으면, 소들은 바로 송아지들처럼 들판을 가로질러 사방팔방으로 점프하며 날뛴다. 그들은 새끼동물들이 놀 때 그러는 것처럼 큰 재미를 느끼는 것 같다. 우리는 호기심, 사랑, 섹스에 대해 아는 만큼 많이 놀이의 뇌 기반에 대해 알지 못한다. 우리가 아는 한 가지 사실은 어떤 신피질新皮質(대뇌피질)도 놀이하는 데 필요 없다는 것이다. 이것은 신피질이 놀이하는 동안에 전혀 발화하지 않는다는 말이 아니다. 그러나 신피질이 제거된 동물도 잘 놀 것이다. 그리고 신피질에서 결정하고 책임지는 부분인 전두엽이 손상되면 동물들은 진짜로 더 많이 놀 것이다. 이것은 모든 인간 어린이들이 어릴수록 난장판놀이를 더 많이 하는 반면, 그들이 성장해 전두엽이 성숙할수록 난장판놀이를 점점 덜 한다는 사실과 부합된다. 인간의 전두엽이 더 지배적이면 지배적일수록 아마 인간은 (생존이 걸린 공리적 행위의 압도적 중요성 때문에) 더 '심각하고' 덜 유희적이 된다. 이것은 전두엽 기능을 증가시키는 각종 약물들이 자연스럽게 놀이도 줄이는 것에서 입증된다. 가령 과잉행동장애(ADHD) 아동이 리탈린이나 다른 자극제를 복용하면 놀이 관심을 매우 현저하게 상실한다. 그리고 동물새끼에게 이 자극제를 주면 동물새끼도 덜 논다. 따라서 놀이는 확정적으로 신피질적 기능이 아니다. 스트레스 호르몬이나 옥시토신 등을 포함하는 다른 화학약제들도 놀이를 감소시킨다. 아이들이 노는 동안에는 다량의 오피오이드(합성진통마취제 종류)가 방출된다. 그러나 이런 정보들은 놀이의 뇌 생물학을 명백하게 밝혀 주지 않고, 행동연구도 동물이 왜 놀이를 하는지를 밝히지 못하고 있다. 그러나 동물새끼들이 정확히 두뇌발달과 관계되는 동일한 연령 무렵에 모두 놀기 시작한다는 사실은, 놀이가 두뇌 성장과 사교社交에 중요하다는 것을 시사해 준다.[35]

그랜딘은 놀이가 두뇌성장과 사교에 도움을 준다는 이 시사를 '이동놀이(locomotor play)'나 '난장판놀이(roughhouse or roughhousing play)'의 사례

---

35 Temple Grandin & Catherine Johnson, *Animals in Translation: Using the Mysteries of Autism to Decode Animal Behavior* (Orlando·Austin·New York: Harcourt, Inc., 2005·2006), 118·-119쪽.

로 추정하고자 한다. 그랜딘이 인용하는 존 바이어스(John A. Byers)와 커트 워커(Curt Walker)에 따르면, 이동놀이는 동물새끼들이 혼자 심심할 때 하는 '가짜 쫓기'와 '뛰기와 휙 돌기' 놀이다. 그들은 이 이동놀이의 "목적"이 자세·균형·조정을 맡는 뇌 하부의 작고 둥근 '공'인 "소뇌" 속 "세포들" 간의 "좋은" 시냅스들을 키우는 데 도움을 준다고 생각한다.[36] 필자는 이 "목적"이 노는 동물새끼들이 놀이로써 의도한 '목적'을 뜻하는 지, 유전학적·생리학적 의미에서의 '자연적 목적', 곧 '맹목적 목적'을 뜻 하는지 분명치 않지만, 아무튼 관찰자의 시각이라고 생각한다. 이 이동놀 이가 결과적으로 뇌 발달에 기여할지 몰라도 놀이행위자인 동물새끼들은 그저 재미있게 놀 뿐이고, 이 두뇌발달을 조금도 목적으로 '의식하지' 않 기 때문이다. 놀이의 직접적 의미·가치·목적은 어디까지나 '재미'다.

생쥐, 시궁쥐, 고양이에게서 가고오고 달리는 뒤쫓는 이동놀이는 소뇌 가 다량의 새로운 시냅스들을 형성하기 시작할 때 개시되고 시냅스 성장 이 정점에 달하는 것과 같은 시점에 정점에 달한다. 생쥐의 이동놀이는 생후 15일 무렵에 시작해 열흘 뒤에 정점에 달하고, 고양이의 이동놀이는 생후 4주 무렵에 시작해 12주 무렵에 정점에 달한다. 생쥐와 고양이에게 서 두뇌성장이 정점을 찍는 시점은 이동놀이가 정점을 찍는 시점과 같다. 소뇌가 새로운 시냅스를 형성하는 시기 동안에 동물새끼와 인간이 뛰고 달리고 뒤쫓는 데 많은 시간을 쏟아 붓는다는 것은 '말이 된다'. 이동놀이 기간은 근섬유가 속근速筋섬유와 지근遲筋섬유로 나뉘는 시기와도 합치 된다. 그러나 이동놀이와 소뇌발달이 인과관계에 있는 것인지는 이것들로 만 보면 불확실하다. 그러나 그랜딘은 "나의 추측은 놀이가 어쩌면 두뇌

---

36 John A. Byers & Curt Walker, "Refining the Motor Training Hypothesis for the Evolution of Play", *The American Naturalist*, Vol. 146, No. 1 (July, 1995).

발달을 도울 것"이라고 말한다. 따라서 그녀는 아동이 이동놀이를 많이 하지 않는다면 동작 조정이나 학습에도 문제를 겪을 수 있을 것이라고 덧붙인다.[37]

이 대목에서 그랜딘은 로돌포 리나스(Rodolfo R. Llinas)의 연구결과를 소개한다. 리나스에 따르면,[38] 육체운동은 뇌 진화의 일차적 유인由因이다. 동물들은 사물들과 부딪히지 않고 돌아다니기 위해 뇌를 필요로 했다. 그는 멍게를 사례로 든다. 멍게는 올챙이처럼 보이는 단계에서 시작해서 순무처럼 보이는 것으로 끝나는 300개의 뇌세포를 가졌다. 멍게는 생의 첫날 주변을 돌아다니며 항구적 정착지를 찾는다. 멍게는 이렇게 찾은 정착지에 한번 달라붙으면 평생 다시는 움직이지 않는다. 멍게는 헤엄치는 동안에 원시적 신경체계를 가졌지만, 일단 대상물에 달라붙으면 자기 뇌를 먹어치워 버린다. 멍게는 자기의 꼬리도 먹고 꼬리 근육도 먹는다. 기본적 멍게는 올챙이 같은 두뇌를 갖고 일종의 올챙이로서 생을 시작한 다음, 굴 유형의 동물로 변한다. 멍게는 다시 움직일 필요가 없기 때문에 두뇌를 필요로 하지 않는다. 리나스의 기본명제는 우리가 두뇌를 가지고 있으므로 우리가 움직일 수 있다는 것이다. 우리가 움직이지 않으면 우리는 두뇌를 필요로 하지 않고, 우리는 두뇌를 가지고 있지 않을 것이다. 리나스의 이 이론은 놀이의 일차적 기여가 뇌를 발달시키는 것이라는 존 바이어스와 커트 워커의 이론과 부합된다.[39]

그랜딘은 이어서 '난장판놀이'가 '사회성 발달'에 도움을 준다고 논변

---

[37] Grandin & Johnson, *Animals in Translation*, 119·−121쪽.

[38] Rodolfo R. Llinas, *I of the Vortex: From Neuron to Self* (Cambridge, MA: MIT Press, 2002).

[39] Grandin & Johnson, *Animals in Translation*, 121쪽.

한다. 아무도 동물새끼들과 인간들이 왜 그들의 친구나 형제자매들과 노는지 정확히 알지 못한다. 이 새끼들에게 "사회적 유희"는 언제나 "난장판놀이"다. 사람들은 이전에 이 놀이가 동물들에게 다 컸을 때 싸움에서 이기는 방법을 가르쳐 주는 것이라고 추리했다. 수컷이 암컷보다 더 거칠게 난장판을 벌이고, 커서 실제로도 수컷이 암컷보다 더 많이 싸우기 때문에 이 추리는 마치 논리적인 것으로 보였다. 그러나 실제의 놀이를 정밀 관측해 보면 이런 공리주의적 허상은 바로 사라진다. 다람쥐원숭이에게서 난장판놀이와 성체들의 싸움 간의 직접적 연결을 찾으려는 노력은 허사다. 가장 많은 난장판놀이를 한 원숭이가 커서 싸움에서 이기는 것도 아니고, 싸움놀이에서 가장 많이 이긴 원숭이가 실제 싸움에서 가장 많이 이기는 것도 아니기 때문이다. 흥미로운 것은 "싸움놀이가 진짜 싸움과 같은 것이 전혀 아니라는 것"이다. 진짜 싸움에서 필요한 많은 동작들은 싸움놀이에서 전혀 필요하지 않고 또 싸움놀이의 동작들은 실제의 싸움동작들과 상이한 순서로 벌어진다. 주지하다시피 "공격을 위한 뇌 회로는 놀이를 위한 뇌 회로와 별개의 것이다". 공격성을 증가시키는 "테스토스테론"은 싸움놀이에 아무런 영향을 주지 못하거나, 실제로 "싸움놀이를 감소시킨다". 종종 난장판놀이가 가령 한쪽이 크게 다치게 되는 경우에 진짜 싸움으로 변하기도 하지만, 두뇌 안에서 난장판놀이와 진짜 공격은 별개의 것이다. "싸움놀이가 이기는 방법을 배우는 것이 아니라는 것에 대한 증거의 다른 부분은 모든 동물들이 싸움놀이에서 이기기도 하고 또 지기도 한다는 사실이다." 어떤 동물새끼도 모든 싸움놀이를 항상 다 이기지 않는다. 만약 그런다면 어떤 새끼도 그와 놀지 않을 것이다. 청년 동물이 그가 싸움놀이를 거는 더 어린 동물보다 더 크고, 더 세고, 더 나이 많고, 더 지배적이더라도, 더 큰 동물은 땅에 등을 대고 뒤집어져서

의도적으로 상당한 시간 동안 패배할 것이다. 이것이 바로 의식적으로 자기에게 핸디캡을 주는 "자기불구화(self-handicapping)"라고 부르는 것이다. 모든 동물들은 그들이 이렇게 하지 않으면 더 작은 친구들이 그와 노는 것을 그만둘 것이기 때문에 그렇게 한다. 이것은 승자와 패자가 역할을 바꾸기 때문에 "역할교환"이라고도 불린다. 이 역할교환은 동물들이 줄다리기와 같은 게임을 놀 때 하는 난장판놀이의 기본이다.[40] 난장판놀이도 싸움놀이도 진짜 싸움과 별개라는 그랜딘의 확실한 입장은 팽크셉의 약간 모호한 입장과 다르다. 하지만 싸움놀이는 강자의 '자기불구화'에도 불구하고 약자의 승부욕을 부추기기 때문에 진짜 싸움과 무관한 것은 아니다. 필자의 지론에 따르면, 승부욕은 욕망이고, 모든 욕망충족 행위는 유희적 행위와 본질적으로 다른 '공리적 행위'이고, 그 욕망충족으로부터는 공리적 '기쁨'이 생기기 때문이다. 싸움놀이에서 '재미'와 섞여 있는 (승부욕 충족의) '기쁨'은 재미와 별도로 이 놀이를 게임으로 전환시키는 또 다른 동인이다. 이 승부욕과 그 충족으로서의 승자의 기쁨이 진짜 싸움과 통하는 채널인 것이다.

다시 그랜딘의 말에 귀를 기울여 보자. 그녀의 설명에서도 부지불식간에 싸움놀이의 게임이 진짜 싸움과 무관하지 않음이 드러난다. 그녀의 관찰에 따르면, 다 자란 1년생 개가 생후 4개월짜리 겁 없는 맹견 래브라도 강아지와 벌인 줄다리기 놀이에서 큰 개가 여러 차례 져줌으로써 이 강아지를 게임 속에 붙잡아 두었다. 동물행태학자들은 모든 동물들의 싸움놀이의 목적이 실제 싸움에서 이기는 것을 가르치는 것이 아니라, "이기고 지는 법을 가르치는 것"이라고 종합한다. 그 어떤 동물도 정상에서

---

40 Grandin & Johnson, *Animals in Translation*, 121·-123쪽.

시작하지 않고, 노경까지 사는 어떤 동물도 정상에서 생을 마치지 않기 때문에 지배적 역할과 종속적 역할을 둘 다 알아야 한다. 알파(우두머리)로 생을 마치는 수컷도 약하고 어린 것으로서 생을 시작한다. 모든 동물은 적절한 종속적 행동을 행하는 법을 알아야 한다는 것이다.[41] 그리하여 싸움놀이는 강자와 약자 간의 사회적 관계를 배우는 것이라는 말이다. 하지만 그랜딘은 이런 말로써 의도치 않게 싸움놀이가 실제의 강자와 약자, 승자와 패자, 승부욕의 충족, 패배의 감내와 관련된 진짜 싸움과 통하는 면이 없지 않다는 것을 보여 준다.

그리고 필자가 보기에 승자와 패자 사이의 사회화는 싸움놀이의 '결과적' 효과일 뿐이다. 동물새끼들에게 이 싸움놀이의 목적은 이 사회성 '효과'가 아니라 바로 '재미'일 것이다. 이것은 '생존'이 육체적·생리적 관점에서 먹을 것을 먹는 행동의 목적이지만, 먹는 동물에게 먹는 행동의 의식적 목적은 배고픔을 해소하는 것이거나, 맛의 추구인 것과 같은 이치다. 그런데 여기서 드는 의문은 이런 '사회성 놀이'도 이에 간여하는 뇌 부위가 혼자 노는 이동놀이와 같이 피질하부에만 속하는가 하는 것이다. 사회적으로 적절한 동작의 결정을 포함하는 유희행위는 아무래도 '전전두前前頭피질'과도 관계될 것으로 보인다. 또는 다른 동물들의 놀이를 구경하면서 공감적 재미를 느끼는 경우에는 전운동피질前運動皮質의 거울뉴런과도 관계되지 않을 수 없을 것이다.

로돌프 리나스의 동물행태 연구는 필자의 유희기술론을 뒷받침해 주는 측면도 있다. 그에 따르면, 뇌는 동물들이 놀이를 위해 움직이는 것을 가능케 하기 위해 "세 가지 일"을 해야 한다. ① 뇌는 "목표를 설명해야

---

41 Grandin & Johnson, *Animals in Translation*, 123쪽.

한다". ② 뇌는 "예견을 해야 한다". ③ 뇌는 "이 예견의 실현을 보장하기 위해 들어오는 아주 많은 감각자료들을 속히 처리해야 한다". 그랜딘은 이것을 "'이동놀이'나 '사회성 놀이', 또는 공이나 막대기 같은 모든 종류의 물건을 갖고 노는 '물건 놀이'를 포괄하는 동물새끼들의 거의 모든 종류의 놀이에서 발생하는 것"을 잘 기술한 것으로 본다. 그녀는 어떤 개가 마당에서 비닐가방을 바람에 날리며 노는 것을 사례로 분석한다. 개가 이 게임을 하는 이유는 바로 "목표를 설정하는 재미(나는 마당을 가로질러 비닐가방을 쫓아가 입으로 붙잡을 것이다), 예견하는 재미(바람에 날린 비닐가방이 천천히 추락할 것이다), 마당을 가로지르는 경주로부터 들어오는 다량의 감각자료들을 속히 처리하는 재미"다. '사회성 놀이'도 같은 특질을 다 보인다. 비닐가방을 날리며 노는 이 개는 "낚시질 놀이"를 하는 것도 좋아한다. 옆집 사람이 가죽채찍을 들고 획 젖혀 놓고 이 개에게 움켜쥐게 하고서 '큰 놈을 감아올리겠구나!'라고 한다. 개는 주인의 '낚시질 놀이'에 계속 동참한다. 이것은 사회성 게임이고 순수한 운동이다. 그랜딘은 말한다. "어린 동물들이 놀고 있을 때 하는 짓을 보고 이것을 소뇌가 시냅스를 형성하는 중에 동물들이 가장 많은 육체적 놀이를 한다는 사실과 결합시키면, 나는 놀이가 어린 동물들이 능동적 움직임을 지도할 수 있는 그 두뇌능력을 발달시키는 중요한 방도라는 것을 발견할 것이라고 생각한다."[42]

아무튼 그랜딘의 동물행태 분석을 통해 우리는 생명력과 육체적 능력의 표현과 발휘가 어린 동물과 인간의 본능이라는 것을 실감나게 알 수 있고, 싸움놀이와 진짜 싸움의 근본적 차이를 규명할 수 있고, 또한 목표

---

[42] Grandin & Johnson, *Animals in Translation*, 123·−124쪽.

설정이 중요한 유희기술 가운데 하나라는 것을 알 수 있다. 그러나 어린것들의 육체적 놀이가 결과적으로 '두뇌발달'과 '사회화'에 어떤 긍정적 영향을 준다는 것을 뇌과학적으로 수긍한다고 하더라도 어린것들이 이 놀이를 통해 이것을 의식적 목적으로 추구한다고 생각하는 것은 난센스일 것이다. 또한 그랜딘의 분석은 '어린것들'의 생명력 표출과 관련된 유희론일 뿐이고, 유희 자체를 분석한 것으로 볼 수 없다. 두뇌나 육체가 완전히 발달한 동물성체와 성인, 그리고 노인들의 경우에 유희적 행위는 의식적 차원에서든, 무의식 차원에서든 그 어떤 학습 효과도 가져다주지 않고 오직 재미만을 위해 죽을 때까지 반복적으로 즐기기 때문이다.

유희를 성인이나 성체가 되기 위한 '학습'으로만 보는 단견 또는 속단은 팽크셉의 신경과학과 그랜딘의 동물행태학에서 공히 참 아쉬운 점이다. 그리고 팽크셉과 그랜딘이 흉내(미메시스), 내기, 유머와 위트(농담과 재담), 수수께끼와 퀴즈, 게임, 도박 등 인간의 거의 무한히 많은 다른 유희유형들 등에 대해서 밝혀 주는 바가 전혀 없는 것도 참 아쉽다. 이것은 그들의 유희이론의 공통된 본질적 한계다.

그럼에도 불구하고 유희에 관한 팽크셉과 그랜딘의 신경과학과 동물행태학은 동물과 인간에게 공히 유희심의 기본적 감정체계(팽크셉) 또는 놀이신경체계(그랜딘)가 뇌수의 가장 깊은 부분에 뿌리박고 있다는 것, 곧 모든 포유류의 DNA라는 것을 좀 더 명백하게 입증하는 성과를 올렸다. 그런데 이런 유희심의 감정체계 또는 놀이 신경체계를 타고나는 포유류에 속한 인간은 포유류 가운데 가장 다양한 유희를 발달시키고 목적론적 관점에서 유희를 공리적 행위와 다른 차원에 위치한 '삶의 목적'으로까지 고양시킨 존재자다. 즉 인간은 '호모 루덴스'다. 본능적으로만이 아니라 목적론적으로도 인간은 "나는 놈 위의 노는 놈이다". 이 점에서 인간은 다른 포유류와 구별된다. 동물들은 유희를 자기목적으로까지 끌어 올린 '준 루덴스(*zoon ludens*)', 곧 '유희적 동물'이 아니기 때문이다. 그러나 인간은 본능적 유희심의 감정체계 또는 놀이 신경체계를 더욱 진화시켜 공리적 '학습' 목적으로 유희하는 '호모 파베르'를 넘어선 '호모 루덴스'로까지 나아간 것이다. 팽크셉과 그랜딘의 신경과학적·동물행태학적 유희론은 호모 루덴스의 근저에 놓인 본능적 차원을 활짝 열어 보여 주었다.

3.3. 유희와 재미의 이론들: 플라톤에서 가다머까지

유희와 재미는 기원전으로부터 오늘날까지 철학적으로도 탐구되어 왔다. 여기서는 필자의 유희철학을 담금질하고 강화화기 위해 플라톤과 아리스토텔레스로부터 호이징거를 거쳐 현대 유희이론가 로제 카이와와 가다머에 이르기까지 다섯 가지 유희·재미 개념을 검토하고자 한다.

■ 플라톤의 놀이와 재미의 개념

플라톤은 "거의 예외 없이 모든 어린이들은 그 몸이나 그 혀를 가만히 놓아 두지 못하고 언제나 움직이고 소리 지르려고 기를 쓰고, 날뛰고, 건너뛰고, 춤과 게임을 즐기고, 또한 온갖 소음을 내며 조잘댄다"고 말한다. "모든 어린것들은 성향이 불같아서 육체적 측면에서나 혀의 측면에서나 조용하게 있기가 불가능해 언제나 무질서하게 소리를 질러대며 뛰어 논다"는 것이다.[43] '어린것들'은 동물이건 인간이건 거리낄 것 없이 자기의 육체적·정신적 생명력과 능력의 자유분방한 분출과 발휘를 즐긴다. 그러나 이것은 어린것들에게만 한정된 것이 아니다. 노인도 살아 있는 한 아무런 이해타산 없이 이런 생명력과 능력의 자유로운 발휘를 즐긴다. 이것은 늙은 동물도 마찬가지다.

따라서 플라톤은 놀이의 기원을 인간을 포함한 모든 동물의 '날뛰기' 습성으로 일반화한다.

놀이의 기원은 날뛰고 싶은 모든 동물들의 습성적 성향에 있다.[44]

여기서 플라톤은 어린것들의 날뛰기 장난을 '습성'으로 보고 있다. 그러나 이것은 오류다. 그것은 '본성'이지, '버릇'이 아니기 때문이다. 아마 플라톤은 날뛰고 싶은 '본성'을 말하고 싶었을 것이다. 따라서 이 '습성'을 '본성' 또는 '본능'으로 수정하면, 날뛰기 장난을 어린것들의 본능으로 보고 이 그칠 줄 모르는 날뛰기 장난을 유희의 원천으로 본 플라톤의 이 고대적 동물유희론은 앞서 살펴본 현대 신경과학과 동물행태학보다 선취한 것으로 느껴진다.

플라톤은 '유희'가 인간세계에서만이 아니라, 자유와 생명력을 가진 모든 동물들에게서도 광범하게 발견된다는 것, 따라서 '재미'도 인간과 동물이 어느 정도로 공히 느낀다는 것을 알고 있다. 개나 원숭이와 놀아본 사람들은 동물들이 놀이를 얼마나 좋아하는지를 잘 알 것이다. 따라서

---

43 Platon, *Gesetze*(법률), 653d·-e, 664e. *Platon Werke*, Zweiter Teil des Bd. VIII in Acht Bänden, hg. v. G. Eigner, deutsche Übersetzung von Friedrich Schleiermacher (Darmstadt: Wissenschaftliche Buchgesellschaft, 1977).

44 Platon, *Gesetze*, 673c·-d.

호이징거는 유희와 재미를 '합리적'으로 정의하는 것을 '미친 짓'으로 간주했다.[45]

플라톤은 유희의 '재미(헤도네 $\acute{\eta}\delta o\nu\eta$)'가 이익·유용성·진리·미·도덕성 등 모든 목적들로부터 자유롭다는 것도 파악했다. (하지만 재미가 반드시 이 목적들에 대해 해로운 것도 아니다. 앞서 논했듯이 재미는 이익과도 종종 결합될 수 있다.) 아무튼 유희는 오직 재미로만 평가되고, 재미는 오직 유희를 평가하는 기준이다. 이런 이유에서 플라톤은 이렇게 갈파한다.

재미의 평가기준에 의해 우리는 그 결과에서 유용성도, 진리도, 유사성도 산출하지 않지만 해악도 산출하지 않는, 오로지 매력의 부수적 요소를 위해서만 존재하는 대상만을 올바로 판단해야 한다. 이 매력의 부수요소가 언급된 다른 특성들 가운데 어떤 것도 수반하지 않을 때면 이것을 늘 '재미'라고 부르는 것은 가장 잘하는 것이다.[46]

재미는 유용성도, 진리도, 유사성도 없지만 "해롭지 않다". 그리고 그는 "이 행동이 일으키는 손해나 이익이 무시해도 될 정도일 때 이 행동을 유희 또는 놀이(파이디아 $\pi\alpha\iota\delta\iota\acute{\alpha}$)라고 말한다"고 덧붙인다.[47] 물론 유희에서 '무시해도 될 정도의 손해'의 관념에는 다른 행위에서 일어난다면 지나친 것으로 느껴질 정도의 손해, 출혈, 부상, 고통까지도 포함한다. 유희에서 이런 정도의 피해는 가볍게 무시된다는 말이다. 이 말을 뒤집으면, 이것은 유희가 심각하지 않으면 상당한 손해도 무시할 만큼 '진지한' 행위

---

45 Huizinga, *Homo Ludens*, 3쪽.
46 Platon, *Gesetze*, 667d·—e.
47 Platon, *Gesetze*, 667d·—e.

라는 말이 된다. 손익·미추·선악·진위의 관념으로부터 '자유로운' 행동과 동작을 통해 순수하게 생명력과 능력 발휘의 재미를 즐기는 것이 바로 '유희'이기 때문이다.

플라톤에 따르면 인간의 어린것들은 동물의 새끼와 달리 끊임없는 몸놀림과 날뛰기에 리듬을 집어넣는다고 말한다. 몸놀림에 일정한 리듬이 투입되면 이 몸놀림은 '춤'으로, '무용'으로 발전해 예술행위로 바뀐다. 그러나 플라톤은 재미를 미와 엄격히 구별하고 유희를 예술과 엄격히 구별하는 입장을 고수한다. 따라서 유희의 한 종류인 흉내, 곧 미메시스($\mu\acute{\iota}\mu\eta\sigma\iota\varsigma$)를 예술로부터 추방코자 했다.

이런 까닭에 플라톤은 미메시스가 생존이 걸린 공리성(이익)나 정체성이 걸린 도덕성과 같은 '심각한' 요소가 아니라 '유희'일 뿐이라고 갈파한다.

미메시스(모방)는 일종의 유희($\pi\alpha\iota\delta\iota\acute{\alpha}$)이고, 심각하게 받아들여질 것이 못된다.[48]

물론 이것은 유희적 모방에는 '진지성'이 없다는 것이 아니라, (공리적·도덕적) '심각성'이 없다는 말이다. 플라톤은 다른 곳에서도 미메시스를 예술이 아니라 정확히 유희에 귀속시키고 — 독창적 예술혼이 담긴 회화나 무용이 아니라 — 예술혼 없이, 심미안 없이 모방만 하는 회화나 무용도 재미·흥미 위주의 유희작품으로 규정한다.[49]

---

48 Platon, *Der Staat*, 602b.
49 플라톤은 《에피노미스》에서 이렇게 말한다. "유희 또는 놀이($\pi\alpha\iota\delta\iota\acute{\alpha}$)는 그 대부분이 모방기술이지, 어떤 식으로든 심각한 것이 아니다. 모방함은 많은 도구들을 쓰기도 하지만, 몸 전체의 썩 우아하지 않은 모방적 몸짓에 의해서도 모방을 행한다. 또 말로도 모방하고 온갖 음악으로도 모방을 행한다. 또한 모방에는 물감을 이용하거나 물감을 이용하지 않는 것,

따라서 플라톤은 가령 인물 흉내, 여장 남자, 성대모사 등이 아이들의 경찰놀이나 성인 개그에 쓰이면 아주 효과적이라고 생각했다. 하지만 가령 예술적 연극에서 인물연출에 이런 인물 흉내와 성대모사의 미메시스 요소를 많이 쓰게 된다면, 연극과 극중인물이 더 재미있어질지는 몰라도 곧장 미감이 줄어들어 추하게 희화화되고, 작품은 흥미 위주의 '통속극'으로 전락한다고 비판했다. 원작자, 연출자, 연기자가 합작해 만들어 내야 할 예술적 '창조물'로서의 연극작품과 극중인물은 '재미'가 아니라 어디까지나 '아름다움'을 추구하는 것이어야 하기 때문이다. 이와 같이 플라톤은 재미와 아름다움, 유희와 예술을 엄격히 구별하고, 나아가 역사상 최초로 '순수예술'과 '통속예술'을 구별했다. (이에 대해서는 이 책의 자매편으로 나올 《자연과 예술의 미학》에서 상론한다.)

플라톤은 학습이 유희의 본질이 아니지만 유희에서 가능한 학습효과도 포착했다. 아이들은 처음에 유희를 통해 세상과 만물만사를 배운다. 따라서 어린이의 세계에서 유희의 혁신으로 어린이들은 새로운 인간으로 자라난다. 어린이들과 젊은이들에게 유희는 교육과 성격 형성에 매우 중대한 영향을 미친다. 플라톤은 말한다.

유희의 프로그램이 규정으로 정해져 같은 어린이들이 언제나 같은 유희를 하고 같은 방식으로, 그리고 같은 조건에서 같은 장난감에 재미있어 할 때, 이 유희 프로그램은 심각한 실제적 법률을 교란 없이 남아 있게 한다. 하지

많은 종류의 온갖 다양한 형태로 이루어지는 것들, 이 수많은 것들의 어머니 노릇을 하는 회화도 있다. 이런 모방술들은 제아무리 열성을 쏟더라도 그 어떤 점에서도 어떤 사람도 지혜롭게 만들어 주지 않는다." Plato, *Epinomis*, 975d. *Plato*, vol. 12 in twelve volumes(Cambridge, Massachusetts: Harvard University Press, 1975). 플라톤, 《에피노미스》, 플라톤(박종현 역주), 《법률》의 부록(파주: 서광사, 2009).

만 이 유희들이 변하고 혁신을 겪을 때는 다른 항상적 변동의 와중에 어린이들이 언제나 이 유희에서 저 유희로 상상을 바꾸어서, 그들 자신의 몸짓의 관점에서도, 그들의 용품用品의 관점에서도 적절성과 부적절성의 정해진, 승인된 기준이 없게 된다. 어린이들이 특히 존경하는 사람은 언제나 혁신하거나 형태나 색깔이나 기타의 것에서 어떤 새로운 방법을 들여오는 사람이다. 그러나 국가가 이런 유형의 사람보다 더 나쁜 역병을 갖지 못할 것이라고 말하는 것은 완전히 참일 것이다. 왜냐하면 이런 사람은 부지불식간에 어린이와 젊은이들의 성품을 바꾸고 옛것을 경시하고 새것을 중시하게 만들기 때문이다.[50]

플라톤은 어린이들에 대한 유희의 큰 교육적 영향을 인정하고 어린이들이 혼란을 겪을까봐 유희의 혁신에 대해 반대하고 유희혁신자를 적대하고 있다.

그러나 플라톤은, 사람들이 어린이와 젊은이들의 유희가 발휘하는 학습적·교육적 효과를 무시한다고 지적한다.

어린이들의 유희의 변화를 모든 입법자들은 단순한 유희의 일로 여기지도 않고, 심각한 해악의 원인으로 여기지도 않는다. 그래서 그들은 이런 변화를 금하는 것이 아니라, 변화에 무릎을 꿇고 이를 받아들인다. 이들은 유희에서 혁신하는 저 어린이들과 젊은이들이 그들의 아버지와 다른 사람으로 성장할 것이라는 점을 성찰하지 못한다. 그리하여 그들 자신이 다르므로 그들은 다른 생활양식을 찾고 이것을 찾았으면 다른 제도와 다른 법률을 바라게 된다.[51]

---

50 Platon, *Gesetze*, 797b·–c.

따라서 플라톤은 유희를 중시하고 평소에 미메시스 유희를 통해 젊은 이들을 일정한 학습적 유용성의 견지에서 교육시킬 것을 주장한다.

가무단이 활용하기에 적합한 미메시스 무용을 빠뜨려서는 아니 된다. 가령 여기 크레타의 쿠레테스의 검무와 스파르타의 디오스코리의 검무가 있다. 아테네에서도 무용 놀이에 기뻐하는 우리의 처녀신은 검무를 외견상 빈손으로 노는 것이 아니라 완전히 갖춰 입은 표준척도를 밟아 가는 것으로 생각했다. 소년 소녀들은 이런 사례들을 모방하고 전시복무와 축제에서의 활용을 위해 여신의 호의를 함양하는 것이 좋을 것이다. (…) 경연도, 일차적으로 시합도 가급적 얘기된 목적을 내다보며 실연되어야 한다. 이 목적들은 평시나 전시나, 국가를 위해서나 가정을 위해서나 유용하기 때문이다.52

플라톤은 고대에 이미 이렇듯 유희의 교육적 효과를 잘 알고 보수적·방어적으로 활용코자 하고 있다. 또한 인간들은 학습 또는 사회화 과정의 어려움과 지루함을 완화하기 위해 일찍이 각종 유희에 의식적으로 학습의 계기들을 몰래 집어넣으려 했다.

그러나 상론했듯이 학습은 유희의 본질이 아니다. 어린이들의 경우에만 유희에서 학습효과를 볼 수 있다. 학습은 유희의 본질에서 보면 아주 부차적인 것이다. 유희의 목적은 어디까지나 재미이기 때문이다. 이런 까닭에 학습이 더 이상 필요 없는 성인과 노인들도 죽을 때까지 유희를 계속하는 것이다. 예술가나 학자, 국가지도자가 아닌 일반대중은 "인생 뭐 있어? 그저 한바탕 잘 놀다 가는 거지!"라는 유희적 행복철학을 가지고

---

51 Platon, *Gesetze*, 798b·-c.
52 Platon, *Gesetze*, 796c·-d.

이승을 뜰 때까지 놀이를 즐긴다. 대중이 그 이상의 것 또는 그 외의 것을 추구한다면 사이비·신비주의 종교에 빠지거나 사기도박, 또는 마약에 빠질 것이다.

플라톤의 미메시스 개념의 문제점은 '모든' 미메시스를 유희로 본 점이다. 산수를 그린 산수화(풍경화)나 화분을 그린 정물화, 얼굴 영상을 그린 인물화는 그 주요 측면이 미메시스이지만 이 미메시스는 유희가 아니라 회화예술의 한 계기일 뿐이다. 모든 미메시스가 유희라면 '표절'도, '산업 스파이 행위'도 다 유희가 되고 말 것이다. 플라톤은 미메시스를 모두 유희로 본 까닭에 예술에서 미메시스를 쓸어 내려고 했고, 회화를 예술에서 추방해 버리고 말았다. 이런 문제점 때문에 필자는 '유희로서의 미메시스'를 "다른 사람과 동물의 '고유한' 겉모습이나 고유한 행동, 고유한 음성 등 '외감적 양태'를 의식적으로 모방하는 것"으로 한정해 정의했었다. 플라톤의 유희적 미메시스 개념에 대한 필자의 이 비판은 물론 미메시스를 아름다움의 본질이라고 우기는 아리스토텔레스의 예술론을 승인하는 것은 아니다.

■아리스토텔레스의 공리적 유희이론과 오류들

플라톤은 유희적 '재미'의 독립적 가치를 명확하게 확인하고 이에 독자적 위치가位置價를 부여했다. 반면, 아리스토텔레스는 유희행위의 독립적 가치를 부인하고 유희를 '휴양', '기분전환', '원기회복'(Erholung)이라는 공리功利의 맥락에서 규정한다. 따라서 유희적 재미에 대해서도 별 관심이 없을뿐더러 되레 적대하는 것으로 보인다.

음악의 경우에 의문이 제기된다. 대부분의 사람들이 즐기기 위해 음악에 관심을 가지지만, 음악은 본래 일말의 교육으로 여겨졌다. 본성 자체가 종종 말해지듯이 바르게 행하는 것을 추구할 뿐만 아니라, 고귀한 방식으로 여가(여유)를 발휘할 수 있는 것도 추구하기 때문이다. 다시 한 번 말한다면 이것(여가)은 모든 것의 원천이니까. 말하자면 노동과 여가가 둘 다 필요할지라도 여가는 노동보다 더 바랄만한 가치가 있다. 여가는 목표다. 사람들은 여가 중에 무엇을 할지를 자문해야 한다. 놀이를 하는 것(Spielen)은 아니 된다. 그렇게 되면 놀이(Spiel)가 우리의 삶의 목표가 되어 버리고 말 것이기 때문이다. 이것이 배제된다면, 그리고 차라리 노동하는 중에 가끔씩 놀아야 한다면 (노동하는 자는 휴양이 필요하고, 유희는 바로 휴양에 이바지하고, 주지하다시피 노동은 여가와 연결되고, 긴장과 연결되어 있으니까), 사람들은 유희를 허용하되 유희를 일종의 약제로 쓰기 위해 유희의 활용을 정확하게 통제해야 한다. 왜냐하면 영혼의 이러한 움직임은 이완이고 재미있는 휴양이기 때문이다.[53]

아리스토텔레스는 여기서 여가를 본성의 추구로 간주하면서도 여가 중의 놀이를 금하고 '놀이(유희)'를 긴장 완화에 의해 노동력을 회복하는 '휴양'이라는 공리적 맥락에 위치시키고 있다. 그의 눈에 유희는 절대적 가치를 가진 행위가 아니라, 공리적 행위인 노동을 재개할 수 있도록 노동의 긴장과 스트레스를 해소해 심신을 다시 움직일 수 있도록 회복시키는 부속적 공리활동인 셈이다. 그는 놀이의 활용에 대한 "정확한 통제"의 필요성을 입에 담을 만큼 유희와 유희적 재미에 대해 대단히 적대적이다.

---

53 Aristoteles, *Politik*, übersetzt v. Olof Gigon (München: Deutscher Taschenbuch Verlag, 1955·1986), 1337b30·−45.

유희가 노동력 회복을 위해 휴양 또는 휴식의 수단으로 전용되는 현상을 긍정적으로 평가하지 않을 이유야 없지만, 이 휴양으로서의 유희 개념은 유희의 본질과 무관한 그것의 전용적 기능 또는 한 용도일 뿐이다. 그러므로 유희의 한 용도로서의 휴양을 유희의 본질로 착각하는 아리스토텔레스의 공리적 유희 개념은 돌이킬 수 없이 오류인 것이다. 우리는 유희의 자기목적이 휴양(원기회복)이 아니라, 재미라는 것을 이미 알고 있다. 따라서 유희를 휴양에 활용할 수는 있어도 휴양에서 유희의 의미가 다하는 것은 아니다. 유희의 목적을 휴양으로 간주하고 유희의 의미를 휴양에서 소진시키는 아리스토텔레스의 유희 개념은 유희의 본질을 적대적으로 제한·통제하는 공리적 개념인 셈이다.

그리하여 《니코마코스 윤리학》에서 아리스토텔레스는 이런 공리적·휴양론적 유희 개념의 관점에서 결국 유희의 공감적 재미('유희적 즐거움'), 곧 '유희적 행복'을 부정한다.

그러므로 행복은 유희에 있지 않다. 우리의 목적이 유희라면, 그리고 일평생의 노력과 수고가 단순한 유희를 목적으로 삼는다면 그것은 난센스일 게다. 우리는 행복을 제외하고 거의 모든 것을 수단으로 원한다. 행복이 목표이기 때문이다. 그래도 유희를 위해 노동하고 노력한다는 것은 어리석은 것으로 심지어 너무 유치한 것으로 현상한다. 이에 반해 아나카르시스(Anacharsis)의 명제, "일하기 위해 논다"는 명제는 바른 것으로 간주되어도 좋다. 놀이는 일종의 휴양인데, 우리는 부단히 노동할 수 없기 때문에 휴양을 필요로 한다. 따라서 휴양은 목적이 아니다. 우리는 활동(사회적 행위)을 위해 휴양을 살필 따름이다.[54]

---

54 Aristoteles, *Die Nikomachische Ethik*, übersetzt v. Olof Gigon (München: Deutscher

아리스토텔레스는 놀이를 곧 휴양과 등치시켜 '놀이'라는 것을 다시 노동하기 위한 수단적 행동으로 격하시키고 있다. 놀이(휴양)는 목적이 아니라 수단이라는 것이다.

나아가 그는 《정치학》에서 유희의 본질에 대해 적대적인 저 휴양론적·수단적 유희 개념의 관점에서 '유희적 행복'과 함께 '유희적 진지성'도 부정한다.

또한 행복한 삶은 덕스런 삶인 것으로 보인다. 그러나 이 덕스런 삶은 유희의 삶이 아니라, 진지성의 삶이다. 우리는 진지한 것을 농담적인 것이나 유희적인 것보다 더 훌륭한 것이라고 부른다. 그리고 더 훌륭한 부분(정신)이나 인간의 활동을 우리는 언제나 진지한 것이라고도 부른다.[55]

아리스토텔레스는 '심각한' 행위(공리적·도덕적 행위)를 '진지한' 행위라고 부름으로써 '심각함'과 '진지함'을 동일시하고 있다. 그러나 우리는 놀이(유희)도 '진지하게' 한다. 그러나 인류역사상 대공황이나 세계전쟁과 같은 '심각한' 사태 때는 올림픽도 중단했었다. 동시에 아리스토텔레스는 유희에 대해 '진지성'마저도 부정함으로써 유희를 노동시간을 좀먹는 시시한 장난으로 간주하고 있다.

결국 아리스토텔레스는 유희의 이론에서 플라톤과 다른, 따라서 그릇된 길을 가고 있다. 행복은 공감감정으로서의 '즐거움'에 있는 것이다. 즐거움은 "덕스런 삶"(도덕적 행위)에서만 느끼는 것이 아니라, 기쁨의 공감

Taschenbuch Verlag, 1951·1986), 1176b27·－1177a1.

55 Aristoteles, *Die Nikomachische Ethik*, übersetzt v. Olof Gigon (München: Deutscher Taschenbuch Verlag, 1951·1986), 1176b27·－1177a5.

에서 나오는 공리적 즐거움(=공리적 행복), 재미의 공감에서 나오는 유희적 즐거움, 아름다움의 공감에서 나오는 예술적 즐거움에서도 느낀다. '유희적 행복' 또는 '유희적 즐거움'은 둘 이상의 유희적 행위자들과 공감적 관객들이 재미를 공감적으로 서로 나누는 가운데 피어오른다. 유희적 행복도 예술적·도덕적 행복에 견주어 공리적 행복처럼 낮은 등급의 행복일지라도 행복임이 틀림없다.

플라톤은 유희적 '재미'를 포착하고 재미의 독립적 가치를 명확하게 인식하고 재미와 유희에 독자적 위치가位置價를 부여했다. 반면, 아리스토텔레스는 유희에서 '재미'라는 감정적 가치를 발견하지 못했다. 아리스토텔레스는 유희를 "재미있는 휴양"이라고 표현하면서 '재미'를 포착할 뻔했으나 이것을 지나가는 표현으로 치부하고 말았다. 이런 까닭에 그는 대중의 삶을 들었다가 놓다 함으로써 대중을 허무주의에 빠지는 것으로부터 구하고 올림픽이나 월드컵처럼 떠들썩하게 전 세계도 들었다가 놓았다 하는 '유희적 행위'와 '재미'의 중대한 독립적 가치를 끝내 놓치고 말았다. 한마디로, 그의 공리적 유희론은 날고뛰는 '호모 파베르'를 넘어선 '호모 루덴스'를 파악하는 데 완전히 실패했다.

또한 유희는 공리적 행위나 도덕행위처럼 '심각한' 것은 아니지만, 예술활동만큼 '진지한' 것이다. 유희는 재미만을 자기목적으로 갖는 자기목적적 활동이기 때문이다. 아리스토텔레스는 '진지성'과 '심각성'을 개념적으로 구분하지 못한 까닭에 저런 오류를 범하고 있다.

주지하다시피 아리스토텔레스는 유희론에서처럼 미학에서도 플라톤과 다른 길을 간다. 이것은 유희를 노동력 회복을 위한 공리적 부속행동으로 규정한 아리스토텔레스가 괴기스럽게도 유희의 한 종류인 미메시스를 예술의 본질로 규정하기 때문에 빚어진다. 그러나 다시 확언하지만 미메시스는 예술적 요소가 아니라, 유희적 요소일 뿐이다. 이런 까닭에 상론했듯이 플라톤은 문예·예술 속에 들어 있는 모방을 '미적美的 요소'가 아니라 '유희적 요소'로 폭로했다. 플라톤은 미메시스를 '예술'이 아니라 정확히 '유희'에 귀속시킨 것이다. (아리스토텔레스의 미메시스 개념의 미학적 오용에 대해서는 《자연과 예술의 미학》에서 상론한다.)

■호이징거의 유희 개념과 이론적 모호성

요한 호이징거(Johan Huizinga)는 미메시스를 분석한다. 하지만 그는 이 미메시스를 유희의 한 종류로서가 아니라 유희의 한 '본질'로 오인한다. 그는 미메시스를 '재현(representation)'이라는 용어로 옮기고 있다. 그리고 그는 고차적 형태의 유희의 기능을 두 가지 기본 측면, 곧 "무엇을 위한 경연·경쟁(contest)"과 "어떤 것의 재현"으로 제시한다. "게임은 경쟁을 '재현하고', 그렇지 않으면 게임은 "어떤 것을 가장 잘 재현하기 위한 경쟁"이라는 것이다. 호이징거는 재현이 "현시(display)"를 의미하고, 이 '현시'는 다시 자연적·본성적으로 주어진 것의 "전시·표현·표출(exhibition)"이라고 말한다.[56]

호이징거가 게임을 경쟁의 재현으로 본 것은 기본적으로 옳다. 반면, 게임을 "어떤 것의 가장 나은 재현을 위한 경쟁"으로 본 것은 그릇된 것이다. 게임은 무언가를 가장 잘 재현하기 위한 '경쟁'이 아니라 어디까지나 규칙에 의해 설정된 '목표'(과녁, 표적, 골, 승리)를 먼저 달성하기 위한

---

[56] Huizinga, *Homo Ludens*, 13쪽.

경쟁일 뿐이기 때문이다. 게임이 재현(미메시스)이라면 그것은 규칙도, 심판도 없고 궁극적으로 상대방의 멸망과 퇴출을 겨냥하는 진짜 무제한적 경쟁과 진짜 싸움의 '부분적' 재현에 지나지 않는다. 진짜 싸움의 재현이 '부분적'이라고 말한 것은 유희적 게임에서라면 규칙과 심판에 의해 수단과 방법, 시간이 제한당하고, 또 게임의 목표에서는 진짜 싸움의 궁극 목적인 '상대방의 멸망'의 재현이 완전히 배제되기 때문이다. 따라서 유희적 게임의 본질은 '재현을 가장 잘하느냐 못하느냐'에 의해 정의되는 것이 아니라, 게임의 질적 구성, 곧 구성진 짜임새에서 느껴지는 '재미'에 의해 정의된다.

'경쟁'은 '평화적 형태의 투쟁(*Kampf, struggle*)'이다. 그리고 '게임'은 이 경쟁(평화적 형태의 투쟁)의 모방이다. 그러므로 호이징거가 평화적 형태의 투쟁의 '모방'이 아니라 이 '평화적 형태의 투쟁' 자체를 유희의 기본양식으로 보는 것은 유희이론의 본질적 논점을 잃은 것이다. 다시 확인하면, 최고의 유희형태인 '게임'의 본질은 '경쟁'이 아니라, '경쟁의 미메시스', 그것도 '부분적' 미메시스다. 게임을 '어떤 것을 가장 잘 재현하기 위한 경쟁'으로 착각하는 자들은 경기장에서 '경기'를 실제의 '투쟁'으로 착각해 다 훌리건이나 반달족으로 전락할 것이다.

호이징거는 동물이나 어린이들의 이런 전시와 흉내 놀이를 넘어서 '제사'도 유희로 분석한다.

제사나 '제례祭禮 행위'는 우주적 발생사건, 곧 자연과정의 사건을 재현한다. 하지만 '재현한다'는 단어는 이 행위의 정확한 의미를 다 담을 수없다. 적어도 그것의 더욱 헐거운 현대적 함의에서 다 담을 수 없다. 왜냐하면 이 제사에서 '재현'은 실제로 '동일화', '사건의 신비적 반복', 또는 '재-

현시(*re-presentation*)'이기 때문이다. 제사 또는 제례는 '형상적으로 보여주는' 효과가 아니라, 이 행위 속에서 '실제적으로 재생산되는' 효과를 산출한다.[57]

여기에 잇대서 호이징거는 고대 그리스인들이 제사를 "미메시스적인 것(*mimetic*)이라기보다 참관적인 것(*methetic*)"이라고 말했다는 사실을 상기시킨다.[58]

이렇게 하여 호이징거는 '유희'를 '제사행위'와 뒤섞어 제사를 유희로 오인함으로써 유희의 개념과 제사의 개념을 둘 다 파괴하고 있다. 제사행사는 세 가지 점에서 본질적으로 유희적 미메시스와 다른 행위이고, 따라서 제사를 미메시스로 보는 것은 범주적 오류다.

첫째, 유희적 미메시스는 앞서 정의했듯이 가시적 겉모양의 모방이지, 제사에서 중시되는 것과 같은 불가시적 무형의 것들(신, 신비적 관념, 신화적 사건, 우주나 우주의 기원 등)을 모방하는 것이 아니다. 둘째, 유희는 '재미'를 추구하는 반면, 상상 속에서 신을 불러와 모시고 신에 대해 경건한 외경심을 표하는 제사는 종교적 도덕행위이다. 왜냐하면 '거룩한, 신성한 선행'을 추구하기 때문이다. 또한 제사행위는 호이징거 자신이 지적하듯이 신비적 사건을 모방하는 미메시스 행위라기보다 사건을 '재-현시'하는 "사건의 신비적 반복" 행위에 더 가깝다. 따라서 그 자신의 말대로 제사행위는 결코 "모방적" 행위가 아니라 "참관적" 행위다. 따라서 인간은 신성한 도덕적 행위로서의 제사나 제례에서 결코 '재미'를 부차적으로라도 추구하지 않는다. 제사에서 미메시스 행위를 통해 '진지하게' 재미를

---

57 Huizinga, *Homo Ludens*, 14·-15쪽.
58 Huizinga, *Homo Ludens*, 15쪽.

추구하는 짓은 불경한 것이다. 제사, 곧 신성한 도덕적 행위는 '진지한' 차원을 넘어 '심각한' 차원에 위치하기 때문이다. 제사 마당에서 유희적으로 노는 것은 뺨 맞을 짓이다.

호이징거는, 제사가 매년 '반복'된다는 점을 들어 미메시스라고 오해하는 것으로 보인다. 그러나 제사는 비록 연례적 반복행사임에도 미메시스가 아니다. 왜냐하면 작년·재작년 '제사의 반복'이 지닌 본질적 의미는 제사 지내는 사람이 마음속에 품은 신성한 도덕심(외경심)의 경건한 표현을 심각하게 되풀이하는 데 있지, 제사의례의 외적 흉내(모방)에 있는 것이 아니기 때문이다. 상론했듯이 미메시스는 외모의 흉내를 가리키는 것이지, 사회적 행위 또는 행동의 반복을 가리키는 것이 아니다. 이 대목에서 우리는 미메시스의 기본적 어의語義와 개념적 정의에 유의해야 한다. 그러므로 제사를 유희적 미메시스로 보는 것은 분명한 범주적 오류(*kategorisher Fehler; categorial error*)라고 할 수 있다.

셋째, 제사 식전式典의 외적 '형식'은 엄밀히 규정하면 '연극공연'이다. 주지하다시피 연극공연은 유희적 행위가 아니라, '예술적 행위'다. 한마디로, 제사는 신을 섬기는 사람이 상상 속에서 신을 모시고 신에 대한 경건한 공경심(외경심)을 표하는 도덕적 행위를 예술적 연극행위의 형식으로 공연하는 행위다.[59]

종합하면, 호이징거는 단순한 '반복'을 고래의 유희 형태인 '미메시스'로 오인하는 오류를 범한 것이다. 그리고 신성한 제사 현장에서 진짜 장난스런 유희를 한다면 그것은 제사를 희화화하는 심각한 신성모독 행위가

---

[59] 연극적 공연행위로서의 제사에 대한 공자의 현세주의적 이해는 참조: 황태연, 《유교적 근대의 일반이론》(서울: 넥센미디어, 2021), 994–996쪽; 황태연, 《공자의 자유·평등철학과 사상초유의 민주공화》(서울: 공감의 힘, 2021), 107–108쪽; 황태연, 《극동의 계몽과 서구 관용국가의 탄생》(서울: 솔과학, 2022), 81–84쪽.

될 것이다. 다시 확인하면 신에 대한 경건한 외경심을 표하는 심각한 제사의 의례儀禮형식은 결코 유희적 미메시스가 아니라, 어디까지나 예술적·연극적 공연이다.

제사祭祀 집전자는 제사현장에 나타나는 유희적 요소를 '신성모독'으로 여긴다. 이런 까닭에 보이지 않는 귀신에게 외경의 공경지심恭敬之心을 표하는 경건한 제사나 독실하고 장엄한 종교행사는 예술의 형식을 빌릴지언정 결코 어떤 경건한 제사나 장엄한 종교행사도 미메시스 유희의 형식을 빌리지 않는다. 미메시스는 어린이의 장난처럼 우스꽝스럽거나 심심풀이 흉내놀이라서 제사와 종교행사의 경건하고 장엄한 분위기를 망치기 때문이다. 물론 무당굿에서는 신들린 무당이 어떤 사람의 혼을 빙의한 성대모사를 보여 주기도 하고, 미개인들의 광적狂的 종교축제에서는 원시적 참가자들이 짐승의 탈을 쓰고 요란한 춤을 추기도 한다. 그러나 이런 신들린 무당굿이나 원시적 종교축제와 같은 무지몽매한 제식祭式들은 장엄하거나 경건하기는커녕 되레 자기도취적으로 난잡하고 자학적이기 때문에 빙의되어 성대를 모사하거나 짐승 탈을 쓰고 짐승 흉내를 내는 미메시스 행위보다 더 유치하고 무지한 유희적 요소가 투입되어도 상관없을 것이다.

한편 호이징거는 '미메시스'와 '게임(경기)' 요소를 유희의 '기본'요소로 규정하지만, 상론했듯이 이 두 요소는 실은 유희의 짜임새를 '더욱 구성지게(중화적으로)' 만든 유희의 '발전된 종류'와 '최고 형태'에 지나지 않는 것이다. 게임이냐 아니냐, 또는 미메시스가 있느냐 없느냐는 '이익 등 다른 가치들로부터 자유롭게 생명력과 생득적·획득적 심신능력을 발휘·표출하는' 행동인 유희의 본질을 건드리지 않는다. 혼자 비닐가방을 가지고 잘 노는 강아지의 경우나, 겨우내 가둬 놓았다가 봄을 맞아 초원에

풀어놓자 그 육중한 몸으로 하늘 높이 뛰며 내달리는 소의 경우에서 보듯이 모방과 게임 요소 없이도 유희는 가능하기 때문이다.

가령 플라톤이 말하는 어린것들의 저 '무질서한 날뜀과 소리 지름', 장난질, 성인들의 '나홀로 스포츠', 성인 여성들의 수다, 재담과 만담, 위트와 유머(농담, 장난말), 수수께끼, 오락, 관광, 동식물관람, 야유회 등은 미메시스 요소도, 게임적 요소도 전무한 유희 종류들이다. 유희의 본질에서 상술했듯이 이해·미추·시비로부터 자유롭게 생명력과 심신능력의 표현을 즐기는 것이 유희이기 때문에 미메시스와 게임요소가 없는 유희도 얼마든지 있을 수 있다.

따라서 호이징거의 유희이론은 완전한 이론적 실패작이다. 그가 '재현(미메시스)'과 게임을 유희의 두 종류가 아니라 유희의 '두 본질'로 여긴 것이야말로 유희의 본질과 개념을 파악하는 것을 완전 봉쇄해 버린 것이기 때문이다. 한마디로, 그의 유희이론은 '호모 루덴스'인 인간을 제대로 이해하지 못했고, 따라서 자기 책의 거창한 제목('호모 루덴스') 값도 못한 이론이라고 할 만하다.

■ 로제 카이와의 유희 개념과 이론적 난점들

로제 카이와(Roger Caillois)에 따르면, 놀이 또는 유희는 그 결과가 예견될 수 없기 때문에 불확실하고, "많은 경기들이 규칙을 포함하지 않지만",[60] 대개 모든 참가들을 위해 동등한 놀이공간을 제공해 주는 규칙에

---

60 Roger Caillois, *Les jeux er les hommes* (Paris: Librairie Gallimard, 1958). 영역판: *Man, Play and Games* (Urbana·Chicago: University of Illinois Press, 1961·Reprint 2001), 8쪽.

의해 규제된다. 유희는 가장 기본적인 형태에서, 규칙에 의해 설정된 한계 안에서 자유로운, 적수의 행동이나 유희상황에 반응하는 것으로 구성된다. 카이와는 유희를 "자유롭고, 분리되고, 불확실하고, 비생산적이고, 규칙에 의해 지배되고, 가장假裝인 활동" 등 여섯 가지로 정의한다.[51] 또 그는 유희의 기술적 요소로서 ① 경쟁적 기회균등의 요소로서의 대결(agon), ② 운명(fate)의 요소로서의 주사위(alea), ③ 모방(mimicry), ④ 현기증을 일으키는 소용돌이(ilinx) 중에서 어느 것이 지배하느냐에 따라 게임의 종류를 나누고,[52] 유희방식을 아이들의 유희를 특징짓는 규제 없는 즉흥으로부터 까닭 없이 어려운 수수께끼에 대한 해답의 규율 있는 탐색에 이르기까지 다양한 것으로 본다.

카이와에 따르면, 유희의 정의요소들 가운데 ① '자유로운 것'은 "놀이가 의무적이지 않다"는 것, '강제적이지 않다'는 것이다. 의무적이라면 즉시 "기분전환으로서의 그 매력적이고 재미있는 성질을 상실할 것"이다. ② '분리된다'는 것은 "미리 정의되고 고정된 시간과 공간의 한계 안에 제한된다"는 것이다. ③ '불확실하다'는 것은 "그 과정이 정해질 수 없고 그 결과가 앞서 획득될 수 없다"는 것이다. 혁신의 상당한 여지는 유희자의 주도에 맡겨진다'. ④ '비생산적'이라는 것은 "재화도, 재부도, 어떤 종류의 새로운 요소들도 창출하지 않는다는 것"이다. "유희자들 간에 재산이 단지 교환되기"만 할 뿐이다. ⑤ '규칙에 의해 지배된다'는 것은 "일상적 법률을 유예하는 협정 아래 당분간 타당한 새로운 입법을 확립하는 것"이다. ⑥ '가장假裝(make-believe)'은 "실제생활과 대립되는 것으로서 제2현실 또는 자유로운 비현실의 특별한 의식을 수반하는 것"이다.[53] 카

---

[51] Caillois, *Man, Play and Games*, 9·-10쪽.
[52] Caillois, *Man, Play and Games*, 9·-10쪽.

이와의 이 유희 정의에서 ①과 ②의 요소는 '자유'로 단순화될 수 있다. ③은 어린이들의 흉내놀이처럼 결말이 확실한 놀이들이 너무 많고 또 시장경쟁, 사업, 전쟁 등 모든 공리적 행위들과 창작·공연 등 예술적 활동도 다 운과 운명의 개입 때문에 불확실하기 때문에 유희의 본질적 요소들로 볼 수 없다. '비생산적'이라는 것은 유희만이 아니라, 교역만 하는 상업노동, 유혈투쟁, 침략적 전쟁도 비생산적이거나 소모적이기 때문에 유희의 본질에 속한다고 볼 수 없다. ⑤의 '규칙' 요소는 "많은 경기들이 규칙을 포함하지 않는다"는 자기 말과 모순되는 것이기도 하고, 유희 이외의 많은 다른 사회적 행위들도 '규칙'을 갖고 있기 때문에 유희의 '본질적' 요소로 볼 수 없다. ⑥의 "실제생활에 대립하는 것으로서 제2현실 또는 자유로운 비현실의 특별한 의식을 수반하는 것"으로서의 '가장'은 픽션적 연극, 영화, 소설도 그렇기 때문에 유희의 고유한 요소로 볼 수도 없고, 이 '가장'이 미메시스의 다른 말이기 때문에, 또 유희는 실제생활에 대립하는 가장이 아니라 나름대로 '진지한' 실제이기 때문에 그릇된 개념이다. 유희적 행위도 '자유로운 비현실'이나 '제2의 현실'이 아니라, 공리적·미학적·도덕적 행위만큼 엄연한 일차적 현실이다.

카이와가 유희의 본질적 구성요소로 열거한 것들 가운데 자유(분리)만이 유의한 것이고 나머지는 게임의 요소나 게임의 심리적 효과들(불확실성·운(요행)·긴장·스릴·서스펜스·우연·돌발·반전), 또는 미메시스를 유희의 본질적 요소로 착각한 목록들이다. 그러나 카이와는 저렇게 많은 비본질적 요소들을 유희의 본질로 열거하면서도 정작 '생명력과 심신능력의 자유분방한 발휘·표출'이라는 본질적 유희요소를 빼먹고 있다. 이런

63 Caillois, *Man, Play and Games*, 9·-10쪽.

까닭에 우연과 운명을 자꾸 들먹이는 것이다. 재미는 자유분방한 생명력 표출과 능력발휘에서 나오는 것이지, 다른 어떤 것에서도 나오지 않는다.

또한 카이와의 개별적 설명에서도 그릇된 구석이 많다. 한두 가지만 예를 들자면, 그가 '불확실'의 요소로 도입하는 것은 '운명' 또는 "운(chance)"의 요소다.[64] 카이와는 이 때문에 도박(노름)을 예로 들고 있다. 내기 게임에서 '운'(요행)과 '우연'은 분명 재미를 높여 주는 구성진 짜임새에서 조성된다. 그리고 흄의 말대로 판돈이 없는 내기 게임보다 판돈이 걸린 내기 게임이 더 재미있다.[65] 이것은 지당한 말이다. 내기 게임에 걸린 판돈이라는 '목표'가 판돈이 없는 내기 게임의 승패의 단순목표보다 더 구성지기 때문이다. 판돈의 액수가 적은 내기 게임, 곧 판돈이 생계소득을 넘지 않는 내기 게임은 재미로 하는 유희, 이른바 '점 10 노름'이다.

그러나 판돈으로 생계소득이나 재산이 걸린 내기 게임이라면, 이것은 유희를 넘어 돈벌이 또는 '돈 따먹기'로서의 '도박'으로 발전한다. '도박'은 유희보다 이익을 추구하는 공리적 행위가 더 강한 내기 게임이다. 따라서 필자가 도박을 '공리적 유희'라고 부른 것이다. 이런 까닭에 한국의 도박금지법에 따른 재판은 통상 판돈의 크기를 '노름'의 구분기준, 곧 '내기 게임'과 '노름'의 변별기준으로 사용한다. 이때 생계를 좌우하는 사행성 대박의 '이익'을 가져다주는 행운과 불운의 '도박'은 순수한 내기 게임과 달리 돈 따먹기의 이익이 목표인 한에서 어떤 심각한 이익으로부터도 자유로운 진지한 유희행위를 뛰어넘는, 게임형식을 빌린 '심각한' 공리적 행위다. 도박은 걸린 판돈이 커지면서 '유희적 내기 게임'이 군인의 전쟁노동이나 용병의 전투행위, 또는 '사업' 같은 것으로 둔갑한 것이다.

---

64 Caillois, *Man, Play and Games*, 5쪽.
65 참조: Hume, *A Treatise of Human Nature*, Book 2. *Of the Passions*, 286·−290쪽.

상술했듯이 재산을 교환하기만 하는 상업노동, 재산을 파괴하기만 하는 침략적 전쟁활동 등 '비생산적' 활동도 노동이나 사업이 될 수 있듯이 도박도 '사업'으로 둔갑하고, 도박행위는 '사업활동'으로 둔갑하는 것이다. 칼 마르크스는 아무런 재화를 생산하지 않는 상업행위, 또는 오히려 재산을 파괴하는 전쟁행위도 '노동'이라고, '비생산적 노동'이라고 불렀다. 따라서 순수한 내기 게임이 유희인 반면, 돈벌이 도박은 '비생산적 노동'이나 '비생산적 사업'이다. 도박적 내기에서 이기는 것은 이제 '유희적 재미'를 얻는 것이 아니라, 공리적 '이익과 쾌락'을 얻는다. 그러나 카이와는 "극단적으로 수익성 있거나 파멸적인" 카지노, 도박하우스, 경마, 로또 등의 '공리적 유희'를 '순수한' 유희적 행위로 미화함으로써[66] '쾌락'을 '재미'와 혼동하고 있다.

도박이 아닌 유희적 내기 게임의 재미는 운(우연)에서만 나오는 것이 아니라, 이 운(우연)을 돌파하려는 뛰어난 두뇌플레이, 곧 남다른 지능(지적 능력)의 자유로운 발휘로부터도 나온다. 따라서 유사한 두뇌플레이를 두세 번 반복하는 것도 따분해 하는 '창의적 인간'이나, 돈 따먹기에 관심 없는 '도덕군자'와 '대인들'은 도박을 멀리한다. 내기에는 돈이 걸려야 즐겁다는 파스칼, 흄과 같은 철학자들의 말은 맞지만, 돈의 액수가 크다면 이 내기는 더 이상 '재미'를 주는 유희가 아니다. 이것은 자본주의적 기업이 추진하는 모험적 사업의 불확실한 성패와 손익이 주는 승리감·패배감이나 다름없는 공리적 기쁨과 쓰라림을 주는 도박일 것이다.

한편 카이와는 서커스의 재미가 소용돌이의 현기증에서 나온다고 말한다. 그러나 엄밀히 말하자면 서커스의 재미는 소용돌이의 현기증에서 나

---

66 Caillois, *Man, Play and Games*, 5쪽.

오는 것이 아니라, 곡예사의 탁월한 신체적 묘기에 대한 '공감적 실감'에서 나오는 것이다. 마술의 재미도 마술사의 현기증을 일으키는 속임수에서 나오는 것이 아니라, 이런 기상천외한 속임수를 고안하고 실행하는 비상한 두뇌능력, 그리고 비상한 재주와 기량의 발휘 및 이에 대한 공감적 실감에서 나온다. 마술에 현기증 나는 단순한 속임수밖에 없다면 관객들은 시시해 하거나 경멸할 것이고 심지어 속았다는 것에 대해 불쾌해 할 것이다.

상론했듯이 내감적 재미감각은 각종 유희적 행위의 재미 유무를 단번에 직감적으로 변별한다. 유희가 유희적 행위주체에게 유희행위를 통해 생명력과 심신능력의 발휘를 재미로 맛보게 하는지 여부는 유희의 본질을 이루는 생명력과 심신능력의 자유분방한 발휘에서 보이는 중화(균형과 조화) 여부와 양적 중도 여부에 달려 있다. 생명력과 능력들의 유희적 발휘가 유희기술적으로 중화적이라면('아기자기하고 구성지다'면), 곧 유희적 행위의 내외적 구성에서 균형과 조화가 있으면 재미감각은 '재미있다'고 판단하고, 균형과 조화가 없으면 '재미없다'고 판단한다. 따라서 아기자기한 유희적 행동구성 속에서 여러 육체적·정신적 능력들의 발휘와 발산을 요구하는 '복잡다단한' 유희(가령 스포츠사냥)는 간단한 유희(가령 단순한 활쏘기나 사격)보다 더 재미있고, 여럿이 하는 유희는 혼자 노는 유희보다 훨씬 더 재미있는 것이다.

유희는 본질적으로 생명력과 심신능력의 자유로운 표출을 요한다. 따라서 유희에서는 '중화성'만이 아니라, 유희행위에 쏟는 힘(노력)의 양적 '중도中度'도 재미를 좌우한다. 힘의 분출을 너무 적게 요구하는 유희는 시시하게 느껴지지만, 힘의 분출을 양적으로 지나치게 많이, 그리고 시간적으로 지나치게 오래 요구하는 유희는 힘들게 느껴져 재미가 없다. 지나치게 힘들고 어려운 것은 '심각한 것'이고, 심각한 공리적 타산의 등장은 유희를 무산시키기 때문이다. 따라서 아이들이 잘 놀다가도 누군가 울거나 다쳐서 싸우면 놀이는 파탄에 봉착하곤 한다. 또 아무리 유희기술적으로 아기자기하게 구성된 기상천외한 마술도 가령 두세 시간 집중해서 관람하면 재미가 없어지는 법이다. 그래서 인간의 '재미감각'은 유희활동의 질적 중화와 양적 중도를 즉각적으로 판단하는 직관감각으로 정의되는 것이다.

흔히 '재미'는 '쾌락'과 혼동되고, 또 '아름다움'과 혼동된다. 이것은 수많은 쾌락·이득추구 행위가 그 노고를 완화시키기 위해 유희의 기술적 요소들을 훔쳐 쓰고, 예술에서는 순수한 미를 지루하지 않게 하기 위해[67] 유희적 요소를 많이 첨가하기 때문에 빚어지는 것으로 보인다. 그러나 '재미'는 애당초 '기쁨'이나 '아름다움'과 별개의 '좋은 기분'의 심적 상태를 말한다. '재미'는 오직 '유희적 행위'나 이것에 대한 공감으로부터 생겨난다. 따라서 재미는 공리적 행위의 기쁨이나 예술적 행위의 아름다움의 한 종류도 아니고, 기쁨과 아름다움의 종속적 요소도 아니다. 이런 까닭에 플라톤은 아름다움 없는 재미 위주의 대중예술을 '미메시스 예술'로, 곧 '통속예술'로 그리도 비판해 마지않았던 것이다.

---

[67] 순수예술은 때로 아주 지루하다. 《죄와 벌》, 《성》, 영화 《전쟁과 평화》를 보라!

■ 가다머의 재미없는 유희이론

아이들과 젊은이들이 넘치는 생명력과 (생득적·획득적) 심신능력을 자연본성적으로 자유분방하게 표현하고 발휘하며 논다고 할 때, 여기서 '발휘되고 표현되는 것'은 자기 자신 또는 자기 생각이나 감정이 아니라, 본성적 '생명력'과 '심신능력'이다. 그는 유희가 '자기표현(Sichselbstdarstellung)'이라고 함으로써 유희의 본질에 접근하는 것 같지만 자기의 '무엇'을 표현하는지에 대해 애매하게 설명한다.

유희의 존재방식이 이런 식으로 자연의 운동형태에 가깝다는 것은 중요한 방법적 결론을 허용한다. 동물들도 논다, 그리고 전의적 의미에서 심지어 물과 빛에 대해서도 물이나 빛이 논다는 식으로 말하는 것이 아니라, 오히려 우리는 거꾸로 인간에 관해 인간도 논다고 말할 수 있다. 인간이 노는 것도 하나의 자연적 발생이다. 인간이 노는 것의 의미도 바로 이 발생이 자연본성이기 때문에 하나의 순수한 자기표현이다.[68]

가다머는 이처럼 유희의 본질이 자연적 '자기표현'이라는 것을 분명히 알았지만, 자기의 '무엇'을 표현하는 것인지를 짚어 말하지 않고 있다.
그리하여 가다머는 장차 유희를 '생명력'과 '능력'의 자유로운 자기표현으로 파악하는 것이 아니라, 독일어의 'Spielen(놀다)'이라는 단어를 아무데나 쓰는 화법적 말장난에 빠져 '재미를 추구하는 유희'를 자연현상과만 뒤섞는 것이 아니라 재미와 상이한 의미들을 추구하는 인간의 다른

---

[68] Hans-Georg Gadamer, *Wahrheit und Methode, Grundzüge einer philosophischen Hermeneutik*, in: Gadamer, *Gesammelte Werke*, Bd. 1, Hermeneutik I (Tübingen: J. C. B. Mohr, 1960·1986), 111쪽.

표현행위(공리적 행위, 예술행위, 도덕행위, 기타 감정행위와 사유행위 등)와 뒤섞어 버리게 된다.

뒤로 가면서 가다머는 '자기표현'이라는 말을 '자기 자신의 존재론적 표현' 쪽으로 완전히 기울여 더욱 막연부지漠然不知하게 만들어 놓는다.

놀이는 자신을 표현하는 것에 진짜 국한되어 있다. 따라서 놀이의 존재양식은 자기표현이다. 자기표현은 자연의 보편적 존재측면이다.[69]

이 막연부지한 존재론적 유희 개념 속에서 유희는 재미 개념과 완전히 동떨어진 활동이 되고, 재미 개념 자체가 소실되고 말았다. 가다머는 자신의 유희론 전체에 걸쳐 단 한 번도 '재미(Spaß)'라는 단어를 쓰지 않는다.

나아가 가다머는 재미 개념과 동떨어진, 따라서 그야말로 '재미없는' 유희 개념의 막연한 존재론적 '자기표현'이라는 말을 앞세워 유희의 존재 방식과 예술작품의 존재방식을 '동일시'하는 그릇된 예술이론을[70] 준비한다. 그러나 이 '동일시'는 (관객 없이도 유희적 재미를 추구할 수 있는) '놀이'와 (관객과의 미학적 공감을 전제하는) 예술행위 사이의 본질적 불연속성 때문에 불가능하다. 그러나 그는 이 본질적 불연속성을 유희행위와 제사행위의 호이징거적 뒤섞음, 제사행위와 유희적 미메시스 행위의 뒤섞음, "형상물로의 탈바꿈(Verwandlung ins Gebilde)" 등 세 가지 '금지된 트릭'으로 해소하려고 한다.[71] 이 가운데 나머지 두 가지는 다른 곳에서의 미학적 고찰로 넘기고 여기서는 '호이징거식 섞음질'만을 다룬다.

---

69 Gadamer, *Wahrheit und Methode*, 113쪽.

70 Gadamer, *Wahrheit und Methode*, 108쪽, 111쪽, 114·−126쪽.

71 Gadamer, *Wahrheit und Methode*, 110쪽, 114·−115쪽, 116·−117쪽.

상론했듯이 호이징거는 제사행위를 유희적 미메시스로 착각했지만 스스로 그 어려움을 토로했다. 그에 따르면, 유희는 '미메시스' 행위이지만, 제사행위는 '참관'행위이고, 이 참관행위는 과거의 신비적 사건을 자기들의 일과 동일시하는 반복행위로서 '모방'으로 완전히 개념화할 수 없다는 것이다. 이런 난관에 대한 자신의 지적에도 불구하고 아무튼 호이징거가 제사를 유희의 일종으로 개념화하려고 시도한 것은 틀림없다. 그런데 가다머는 호이징거의 이 착각과 혼동을 비판한 것이 아니라, 찬양한다.

호이징거는 모든 문화 속의 유희적 계기를 찾아냈고 특히 아동적·동물적 유희와 '신성한 제사'의 연관성을 밝혀냈다. 이를 통해 그는 유희하는 의식 속에서, 믿음과 믿지 않음을 분간하는 것을 단적으로 불가능하게 만드는 본래적 미결성(*Unentschiedenheit*)을 인식하기에 이르렀다."[72]

그러면서 가다머는, 미개인 자신이 존재와 유희 사이의 개념 구분을 모르고, 동일성도 모르고, 이미지나 상징도 모르고, 이런 까닭에 '놀다'라는 일차적 술어를 고수함으로써 제사행위 시의 미개인의 정신상태를 알 수 있을지를 의문시하면서도, '우리의 유희 개념 속에서 믿음과 가장假裝 사이의 구별이 해소된다'고 말함으로써 스스로 개념 혼란을 노정하는 호이징거의 논변을 인용한다.

유희를 통해 우리는 재미를 진지하게 추구하고 이 진지함만큼 유희(가령 경찰관놀이) 속에서 실로 '믿음'(진짜 경찰관)과 '가장'(유희적 경찰관 역)의 구별이 이 믿음이 사라지는 식으로 해소되지만, 이 해소는 제한적이다. 왜냐하면 경찰관놀이라는 미메시스적 유희행위 자체가 '진짜경찰'

72 Gadamer, *Wahrheit und Methode*, 110쪽.

의 현실에 견주어 등급이 낮은 '이차적' 현실로서의 가장假裝 행위가 아니라, 역으로 이 가장 행위, 곧 이 미메시스적 유희(경찰관 흉내) 자체가 경찰관 놀이를 하는 어린이들의 '유희적 삶의 현장'으로서 어린이들의 일차적 현실이기 때문이다. 한마디로, 미메시스적 경찰관 노릇, 곧 경찰관 흉내가 어린이의 현실적 삶으로서 유희적 행위 '자체'이기 때문이다. 상론했듯이 미메시스는 유희의 한 종류이고, 유희는 유희하는 자에게 일차적 현실이다. 유희하는 자의 진짜 현실은 '진짜 경찰관'이 아니라 '경찰관 흉내'다. 따라서 '진짜 경찰관'은 경찰관을 흉내내는 미메시스적 유희 안에서 무의미한 것으로 주변화되어 완전히 사라져 버리는 것이다.

호이징거의 개념 혼란은, 근본적으로 그가 '진지성'과 '심각성'을 세분하지 못해서 '심각하지 않은 것'을 몽땅 '장난스런 것'으로 간주함으로써 유희나 예술처럼 '심각하지 않지만 진지한 것'이 따로 존재한다는 사실을 몰각하거나, 역으로 '진지한 것'을 은연중에 모두 '심각한 것'과 동일시해 버린 데서 비롯되었다. 이로 말미암아 그는 '진지한' 유희행위를 부지불식간에 '심각한' 행위로 간주하는 가운데 '진지한' 유희적 미메시스와 '심각한' 제사를 밀접한 행위로 여겨 양자를 뒤섞었다. 그는 제사의 '반복'을 은연중에 미메시스로 보고 같은 제사의 연례적 반복을 미메시스로 착각한 것이다. 하지만 미메시스의 개념적 정의는 일단 반복이 아니라 흉내이고, 구체적으로 결코 어떤 사회적 행위와 그 사회적 감정동기의 반복이 아니라, 어디까지나 외모와 외양의 흉내, 곧 형식의 모방이다. 그러나 제사의 연례적 반복이 지닌 본질적 의미는 제사 의식儀式의 외적 흉내에 있는 것이 아니라, 외양도 형식도 없는 불가시적 신神에 대한 심중의 외경심을 내면적으로 되풀이해 표명하는 것이다. 따라서 제사의 반복은 외적 형태를 흉내내거나 모방하는 미메시스와 본질적으로 무관하다.

상론했듯이 경건한 제사는 '심각한' 종교적 도덕행위이고, 그 제사 식전의 '형식'은 예술적 연극공연이지, 유희적 미메시스가 아니다. 따라서 제사의 형식은 유희와 등치될 수도 없고, 뒤섞일 수도 없는 행위인 것이다. 게다가 유희는 그 포괄범위가 광범해서 심각하지 않을지라도 진지하게 수행하는 유희도 있지만, 진지하지도 않고 '장난스런' 심심풀이로 하는 놀이도 있다. 따라서 만약 누군가 현장에서 제사에다 미메시스 같은 유희적 요소를 섞는다면, 사람들은 경우에 따라 이 유희요소를 심각한 신성모독적 요소로 여겨 폄훼·거부할 것이다. 이런 까닭에 보이지도, 만져지지도 않는 귀신에게 외경의 공경지심恭敬之心을 표하는 경건한 제사나 장엄한 종교행사는 예술의 형식을 빌리는 경우가 있지만, 가끔 장엄함도, 경건함도 없이 신들린 빙의의 성대모사를 보여 주는 무당굿이나 짐승 탈을 쓴 미개인들의 — 역시 경건하지도 장엄하지도 않은 — 요란하고 난잡한 광적狂的·자기도취적 종교축제를 제외하면 어떤 경건한 제사나 장엄한 종교행사도 미메시스 유희의 형식은 빌리지 않는다.

물론 가다머도 '진지성'과 '심각성'을 구별하지 못한다. 진지성과 심각성의 차이에 대한 그의 몰각과 자가당착적 혼란은 유희이론의 초장부터 나타난다. 그는 유희의 목적을 '휴양'으로 보고 유희의 진지성을 전면적으로 부정하는 아리스토텔레스의 그릇된 공리적 유희론을 인용하며 유희의 진지성에 관해 정말 '괴기스럽게도' 이렇게 논한다.

노는 것은 진지성과의 나름의 본질적 연관을 맺고 있다. 노는 것은 이 점에서 자기 나름의 '목적'을 갖는다. 아리스토텔레스가 말하듯이 노는 것은 '휴양을 위해' 벌어진다. 이뿐만 아니라 이보다 더 중요한 것은 노는 것 자체 속에는 나름의 진지성, 아니 신성한 진지성이 들어 있다는 것이다.[73]

"신성한 진지성"이라는 말이 걸린다. "신성한 진지성"은 거의 '심각성'과 같은 등급이기 때문이다. 다만 유희적 진지성에 대한 가다머의 이 주장만 백번 옳은 말이다. 그러나 그가 이 '진지성'을 "신성한 진지성"으로까지 과장하면 이 '진지성'은 신성한 종교적 도덕행위의 '심각성'과 다름없는 것이 되고 만다. 따라서 가다머도 진지성과 심각성의 차이를 모르는 의미론적 혼돈에 빠져 있다고 말해야 할 것이다.

게다가 가다머가 아리스토텔레스의 말을 인용하고 있는 것은 그의 지적 이해능력과 정직성을 의심케 하는 자가당착적 고전활용이다. 상론했듯이 아리스토텔레스는 유희의 진지성을 정면으로 부정하고 있다. 따라서 아리스토텔레스는 그의 진지성 논변을 보강해 주는 고전가가 아니고, "신성한 진지성"을 지원하는 고전가는 더욱 아니다. 아리스토텔레스가 다시 살아나 가다머의 이런 논변을 본다면 이것은 아마 경기驚氣를 일으킬 일이다. 왜냐하면 아리스토텔레스는 재미를 진지하지 않은 것으로 볼 뿐만 아니라 '정확한 통제'를 들먹일 만큼 유희 자체를 적대하기까지 하는 철학자이기 때문이다. 이런 까닭에 가다머가 '유희적 진지성'을 '신성한 진지성'으로까지 과장하는 자신의 논변에다 '유희적 진지성'마저도 딱 잘라 부정하는 아리스토텔레스의 휴양론적(공리적) 유희 개념을 동원하는 것을 필자는 참으로 '괴기스럽게' 느끼는 것이다.

아무튼 가다머는 '유희적 진지성'을 '신성한 진지성'으로까지 과장하는 속에서 유희적 '진지성'을 도덕적 '심각성'과 혼동하고 있는 것이 틀림없다. 가다머가 자신의 이런 개념 혼동 속에서 제사행위를 유희행위로 착각하는 호이징거의 저런 개념 혼란을 "유희행위자의 의식에 대한 유희의

---

73 Gadamer, *Wahrheit und Methode*, 107쪽.

선차성" 테제로[74] 이용해 먹으면서 유희행위와 제사행위를 뒤섞는 착각을 완성하면 이 제사행위와 예술적 연극행위를 뒤섞는 착각의 길은 저절로 타개된다. 여기서부터 다시 모든 예술작품을 제사'놀이'와 같은 연극공연 '놀이'와 등치된 놀이 같은 창작품으로 둔갑시키는 "형상물로의 탈바꿈" 테제는 지척에 있다. 이쯤에서 분명히 해야 하는 점은 거의 모든 제사, 또는 각종 기념식전 또는 의식儀式이 예술적 연극공연의 스타일과 형식을 활용하지만, 그렇다고 해서 경건한 종교행사로서의 제사나 의식이 예술적 행위로 둔갑하는 것은 아니다. 그러나 가다머는 마치 제사가 예술적 연극 공연으로 바뀌는 것처럼 논변하고 있다. 제사를 예술로 보는 가다머의 이 논변은 제사를 유희로 보는 호이징거의 주장보다 정곡으로부터 더 멀리 벗어난 것이다.

한편 가다머는 재미감각을 가진 인간과 동물의 '유희'를 감각 없는 '자연적 과정'과 혼동한다. 이 때문에 그는 '자연현상적 작용·반작용'의 보편성에 근거한 그릇된 논변으로 '홀로 놀 수 있는' 유희의 존재를 아예 부정한다.

가고 오는 움직임은 놀이에 아주 본질적으로 속하는 것이라서, 최종적 의미에서 홀로 노는 놀이는 전혀 존재하지 않는다. 놀이가 있기 위해서는 다른 사람이 진짜 같이 놀아야 하는 것은 아니지만, 노는 자가 가지고 노는 다른 것, 노는 자의 동작에 대해 저 자신으로부터 대응동작으로 반응하는 다른 것이 있어야 한다. 그래서 털뭉치가 같이 놀기 때문에 노는 고양이는 털뭉치를 고르는 것이다. 그리고 공놀이가 안 죽는 것은 예기치 않는 것을 흡사 자신 으로부터 행하는 것 같은 공의 자유로운 전측면적 운동성에 기초한다.[75]

---

74 Gadamer, *Wahrheit und Methode*, 110, 111쪽.

타인과 같이 다른 물건을 가지고 노는 것은 놀이의 '방법'이나 '기술'에
속할 뿐이고, 놀이의 '본질'에 속하는 것이 아니다. 다시 말하지만 놀이의
본질은 생명력과 심신능력의 자유분방한 발휘다. 따라서 아무 물건도 없
이 혼자 뛰어 노는 어린것들의 난장판놀이나 날뛰기놀이, 달리기·높이뛰
기·멀리뛰기 놀이, 오랜만에 초원에 나와 내달리며 잽싸게 휙 잡아 돌다
가 연신 두 뒷발로 하늘을 높이 걷어차며 날뛰는 소의 힘찬 몸놀림도,
그리고 운동감각이 좋은 동네 재주꾼소년, 서커스단 묘기꾼, 기계체조선
수들의 날쌘 공중제비돌기도 유희이다. 그러나 가다머는 "유희공간을 채
우는 것을 규정하는 규칙과 질서는 유희의 본질을 이룬다"고 주장함으로
써[76] 놀이의 본말을 혼동하고 있을 뿐만 아니라, 뇌의 진화적 발달과 몸놀
림 사이의 본성적 관계에 놓인 놀이의 본질 자체를 전혀 이해하지 못하고
있다.

　놀이를 홀로 할 수 있다는 것은 우리가 유희적 재미를 홀로 하는 놀이
에서도 얻을 수 있다는 것을 뜻하고, 이것은 놀이가 본질적으로 보여 주기
위한 것이 아니라는 것, 곧 원래 관객을 필요로 하지 않는다는 것을 뜻한
다. 나아가 놀이가 보여 주기 위해 공개된 무대에서 공연되더라도 유희자
의 고유한 재미는 관객의 구경하는 재미에 우선한다. 남을 웃기려고 말
개그를 하는 사람은 관객의 웃음이 빵 터지기 전에 말 개그에 먼저 재미를
느끼고, 개그가 먹힌 사람이 유희적 재미에 공감하고 즐기는 것은 그다음
이다. 그가 다른 일로 우울해져 어느 날 개그의 재미를 자신이 느끼지
못한다면 그는 개그를 그만둘 것이다. 축구선수는 설사 실책으로 득점해
관중의 열화와 같은 환호를 받더라도 자신의 잘못된 동작에서 결코 재미

---

75 Gadamer, *Wahrheit und Methode*, 111쪽.
76 Gadamer, *Wahrheit und Methode*, 112쪽.

를 느끼지 못하고, 오히려 몰래 자괴감을 느낄 것이다.

　반면, 예술적 형성물은 애당초 타인의 공감과, 나아가 공감적 관객을 전제한다. 반복되는 공연과 전시 속에서 어떤 예술가 자신이 이 공연작품과 전시작품 속에서 느끼는 예술적 아름다움이 다 소진되었더라도 관객의 공감적 환호가 우선이고, 이 환호만 있으면 공연과 전시는 작품의 아름다움에 대한 예술가 자신의 미감이 역치를 넘어 '넌더리'가 나더라도 계속될 것이다. 이 예술가가 동네 아마추어 가수라도 자기 노래를 듣고 힐링하는 사람들이 있으면 노래를 멈추지 않을 것이다. 예술가를 예술적으로 즐겁게 해 주는 것은 타인들이 자기의 예술미를 공감하는 것이기 때문이다. 유희와 예술은 목적(재미와 아름다움)도 다르지만, 혼자서도 할 수 있는 '유희행위'와 혼자서는 할 수 없는 '예술행위' 자체는 이같이 행위구조의 관점에서 본질적으로 다른 것이다. 이 때문에 이 두 행위를 동일시하려는 가다머는 '혼자 노는 유희의 존재'를 굳이 부정하고 유희를 단지 타자와의 공동共動 행위로만 간주하려고 무리하게 우기고 있는 것이다.

　나아가 가다머는 '자기표현'으로서의 유희의 순수하고 자유로운 자기목적성을 과장하고 나아가 신비화해 유희 개념을 파괴하는 선까지 일탈한다. 상론했듯이 유희가 자신의 생명력과 능력을 자유롭게 표현하고 발휘하는 자기목적적 행위인 한에서 유희의 공간은 이익·미·도덕성과 분리된 자기 고유의 절대공간이다. 그러나 유희의 주체는 여전히 유희행위자 자신이다. 유희적 '재미'라는 독특한 의미는 오직 유희행위자에게만 귀속되고 유희행위자에 의해서만 평가되는 주관적 가치다. 이런 까닭에 유희행위자는 유희 자체를 재미를 위해 시작하고, '재미있다'는 자신의 평가감각에 따라 지속하고, 반대로 '재미없다'는 자신의 평가감각에 따라 중단하고, 또는 '심각한' 공리적·도덕적 행위들이 급히 필요한 상황이 발생하면 즉각 중단한다.

하지만 가다머처럼 놀이의 의미인 '재미'와 '이 재미를 맛보는 유희주체'를 고찰의 시야에서 놓친다면, 아무리 '자기목적적인 행위'일지라도 '유희행위자의' 행위에 불과한 유희 자체를 유희행위자보다 중시하고 절대화하는 오류를 범하는 것이다. 가다머는 이렇게 주장한다.

유희 자체의 본질에 대한 물음은 따라서 유희행위자의 주체적 반성으로부터 기대한다면 답을 얻을 수 없다. (⋯) 유희의 주체는 유희행위자가 아니다. 오히려 유희는 유희행위자를 통해 다만 표현에 이를 뿐이다. (⋯) 그러므로 유희의 존재방식은 놀이가 놀아지도록 놀이하는 태도를 취하는 주체가 거기 있어야 한다는 방식이 아니다. 오히려 '놀다'의 가장 근원적인 의미는 중개적 의미(*medialer Sinn*)다. 우리는 가령 어떤 것이 그곳과 그곳에서, 또는 그때와 그때에 '논다(spielt)', 어떤 일이 '벌어진다(*sich abspielt*)', '어떤 것이 작동·작용한다(*im Spiel*)'라고 말한다. 이러한 언어적 관찰은 내게 '놀다' 일반이 일종의 활동으로 이해되지 않는다는 사실에 대한 간접적 시사로 보인다. 언어에서 유희의 본래적 주체는 명백하게 다른 활동들을 하면서 놀기도 하는 자의 주체성이 아니라, 유희 자체다.[77]

이것이 '*Spielen*'이라는 독일어 단어의 모호한 화법 또는 용법을[78] 맘껏 오남용한 가다머의 "유희행위자에 대한 유희의 선차성" 테제다.[79] 그러나

---

[77] Gadamer, *Wahrheit und Methode*, 108·−110쪽.

[78] 독일어 "Spielen"은 '논다'는 표현에도 쓰지만, '역할을 한다'는 표현에도 쓰고(eine Rolle spielen), "언어게임, speech game"에도 쓰고(Sprachspiel), "어떤 일이 벌어진다"에도 쓰고(Es spielt sich ab), "힘들의 작용"에도 쓴다(Spiel der Kräfte).

[79] Gadamer, *Wahrheit und Methode*, 110, 111쪽.

유희가 진짜 이런 것이라면 인간들은 아무도 놀이를 하지 않을 것이다. 그러나 그는 심지어 이런 논변도 서슴지 않는다.

> 노는 것(*Spielen*)은 모두 놀아지는 것(*Gespieltwerden*)이다. 놀이의 매력, 놀이가 발휘하는 매혹은 놀이가 유희자를 지배한다는 데 있다. 스스로 설정한 과업을 수행하려고 하는 유희의 경우에도 유희가 '될지', '성공할지', '다시 성공할지'는 리스크이고, 이것이 놀이의 매력을 발휘한다. 이렇게 시험하는 사람은 실은 시험당하는 자다. 유희의 본래적 주체는 유희행위자가 아니라, 유희 자체다. (바로 유희행위자가 단 한 명뿐인 유희의 이러한 경험들은 이를 분명히 해 준다.) 유희행위자를 유희의 선로에 박아 넣는 것, 유희행위자를 유희 속으로 얽어매고 유희 속에 붙잡아 두는 것은 유희다.[80]

가다머는 "놀이의 매력, 놀이가 발휘하는 매혹"을 알지만, 놀이의 고유한 '재미'는 알지 못한다. '매력'이나 '매혹'은 유희가 유희행위자를 끌어당기는 능동적 견인력의 맥락에서 쓰이는 단어들이다. 따라서 '매력'이나 '매혹'이라는 말은 유희행위자를 수동적 지위로 전락시킨다. 반면, '재미'는 유희행위자가 유희 속에서 '느끼는' 것이고, 유희행위자의 뇌의 작용이다. 따라서 재미라는 말은 유희행위자의 능동적 주체 지위를 확고히 해 준다. '재미'의 관점에서 보면, "유희행위자를 유희 속으로 얽어매고 유희 속에 붙잡아 두는 것"은 '유희'가 아니라, '재미'다. 모든 놀이는 노는 유희 주체의 재미를 위해 개시되고, '재미있다'는 주체의 감각적 판단에 따라 계속되고, '재미없다'는 주체의 판단에 따라 종료된다. 이런 까닭에 유희의 의미인 '재미'를 시야에서 놓친 가다머는 유희행위자가 아니라 유희

---

80 Gadamer, *Wahrheit und Methode*, 110, 111쪽.

자체를 '주체'로 과장하고 '유희행위자를 붙잡아 두는 것'이 '재미'가 아니라 '놀이'라는 언어도단의 엉터리 테제를 농하고 있다.

가다머는 놀이를 이해하지 못할 뿐만 아니라, 놀이 개념을 재미 개념 없는 놀이로 만듦으로써 적잖이 파괴하고 있다. 그는 유희 논의 전체에 걸쳐 '재미'라는 독일어 단어 *"Spaß"*를 단 한 번도 쓰지 않고 있다. 또 그는 아리스토텔레스를 잘못 활용하는가 하면, 놀이와 재미에 관한 플라톤의 논의를 읽지 않은 독서 부족의 징후를 노정하고 있다. 그는 자신의 혼동된 관념과 성향 때문에 제사 식전의 의례형식을 예술적 연극공연이 아니라 유희적 미메시스로 착각한 호이징거의 그릇된 논변에도 말려들었다. 한마디로, 그의 놀이 개념은 전체적으로나 부분적으로나 거의 다 쓸모 없어 보인다. 그가 말하는 놀이가 진짜 '놀이'라면 누가 놀겠는가? 어린이도 강아지도 놀지 않을 것이다.

지금까지 "유희란 무엇인가?", "재미란 무엇인가?"라는 본질적 질문에 대한 기존의 이론적 논의를 플라톤·아리스토텔레스로부터 호이징거·카이와·가다머의 철학적 논의, 그리고 팽크셉과 템플 그랜딘의 신경과학적·동물행태학적 이론에 이르기까지 모두 살펴보았다. 면밀히 분석해 본 바와 같이 이 이론들은 모두 장단점, 진위를 안고 있지만, 장점보다도 단점을, 참보다도 거짓을 더 많이 안고 있다. 그 원인은 다양하지만, 가장 결정적이고 가장 공통된 오류와 단점은 첫째, 우주의 원리이자 모든 인간행위의 성패와 정오正誤를 결정하는 원리인 중화의 원리를 이론구성에서 외면한 것이고, 둘째, 생명력과 심신능력의 자유로운 표출이라는 유희의 본질을 포착하지 못한 것이다.

3.4. 재미의 공감과 유희적 행복감

'단순한 재미감각'은 상술했듯이 혼자서도 가능한 활쏘기나 사격 같은 유희의 재미 유무를 판단하고, 여럿이 노는 유희에서도 개개인에게 고유하게 귀속되는 재미 유무를 판단한다. 이 재미가 '단순한 재미'다. 그러나 인간은 타인들이 놀이하는 것을 구경하면서도 놀이하는 타인만큼 즐거워한다. 이 재미는 타인의 재미를 같이 '재미있다'고 인지하고 이 '교감적 재미감각'에 의해 이 재미를 재생해 같이 느낀다. 타인의 재미에 대한 교감적 인지를 넘어 공감적으로 '같이 느끼는' 재미, 이 재미가 바로 '공감적 재미(empathized fun)'다. 이 공감적 재미가 바로 공감감정으로서의 '유희적 즐거움', '유희적 행복'이다.

■ 재미와 인생의 행복

즐거움이 곧 행복감이듯이 '공감적 재미'로서의 '유희적 즐거움'은 '유희적 행복감'이다. 사람들은 어울려 같이 놀고 재미있어 하면서 늘 행복해한다. 그래서 사람들은 심지어 "인생 뭐 있어? 한바탕 잘 놀다 가는 거지!"라고 말한다. 옳은 말이다. 혼자 노는 것이 아니라 여럿이 놀면 그속에 행복이 있다. 여럿이 놀며 서로 재미를 공감하고 이 공감적 재미로서의 유희적 즐거움, 곧 유희적 행복감과 동시에, 같이 노는 가운데 창설되고 유지되는 서로어울림(*Mitsein, company*) 속에서 사랑·유대·연대(공감적 일체감)의 즐거움을 같이 느끼기 때문이다. 물론 여럿이 언제나 같이 놀려면 이 여럿이 늘 모여 있어야 하고 이 여럿이 안 싸우고 늘 우의 있게 어울려 놀려면 이 여러 사람들이 상당한 시민적 덕자德者들이어야 한다. 그러나 유희론의 단계에서 이 '덕성' 논의는 제쳐놓자.

혼자 노는 재미는 '조직'될 수 없지만 관객을 동반하고 여럿이 놀며 재미를 즐기는 게임은 재미를 공감할 수 있으므로 사회적으로 조직될 수 있다. '재미의 공감'이 가능하기 때문에 오늘날 국제적으로 대기업화된 각종 게임과 경기들이 잘 조직되어 있는 것이다. 일각에서 스포츠란 자신이 직접 실행하는 데 의미가 있다고 주장하지만, 수많은 사람들은 자신이 직접 어떤 스포츠도 하지 않으면서도 단순히 스포츠경기를 구경하면서도 충분히 즐긴다. 스포츠를 자신이 직접 실행하는 데만 의미가 있다고 주장하는 사람은 스포츠경기를 '체육'으로 보는 것인 한편, 스포츠경기를 구경하며 즐기는 사람들은 스포츠경기를 '유희'로 보는 것이다. 그런데 스포츠게임은 '체육'이라기보다 이미 전형적 '유희'다.

또한 대중예술이 아니라 대중유흥인 각종 개그 프로그램은 사람을 웃겨서 재미를 주는 분야다. 보통 사람들 중에는 스스로 개그를 잘하지 못하고 또 시도조차 하지 않는 사람들도 있다. 하지만 이 '핵노잼들'은 관객으로서 개그를 즐겨 관람한다. 스포츠경기 관람이든 개그공연의 시청이든 인간이 재미를 '공감'하지 못한다면 이런 관람과 시청은 어림없는 일이다. 타인들의 유희를 앉아서 구경하며 공감적 재미를 수동적으로 즐기는 것은 구舊피질의 유희체계만이 아니라, 공감기제를 관장하는 우뇌 전前운동피질의 거울뉴런도 동시에 발화되어야만 가능한 것이다.

상론했듯이 재미와 유희는 인간의 개인적 정체성의 중요한 부분을 이룬다. 위트 있는 사람, 유머러스한 사람, 황당개그나 난센스퀴즈, 음담패설을 잘하는 장난스런 사람은 '재미있는' 사람들이고, 이들은 만인에 의해 선호된다. 뚱딴지같은 사람, 위트와 유머의 이해에서 한 템포 느린 '센스

없는' 사람, 늘 시무룩하거나 무거운 사람, 남을 무료하게 만드는 정태적 인간들은 '재미없는 놈들', '무미건조하고 따분한 핵노잼들'이고, 이들은 만인이 좋아하지 않는 '놈들'이다. 따라서 사람들은 자기를 재미있는 사람으로 만들려고 애쓰고, 최소한 재미없는 사람으로 낙인찍히지 않으려고 애쓴다. 사람들은 음양으로 자신들의 '유희적 정체성'을 만들고 유지하고 즐기는 것이다. 그래서 누구나 농담 한마디, 재담 한마디는 할 줄 알려고 애쓴다.

자신의 '유희적 정체성'을 유지하고 즐기는 것은 자신과 주변 사람들에게 유희적 행복을 준다. 이것은 '유희적 정체성' 자체가 주는 '유희적 행복'이고, 이 유희적 정체성이 주는 유희적 행복은 일회적 유희가 주는 유희적 행복보다 더 확실하고 더 오래간다. '유희적 정체성'이 잘 갖춰진 사람은 스스로 행복하지만, 이런 사람과 같이 있는 사람도 행복하다. 따라서 사람들은 유희적 정체성이 뚜렷한 — 개그맨이 아니라 — '개그맨 같은' 사람, 여유 있게 농담·재담·만담을 잘해 만남과 소통의 긴장을 이완시키는 사람을 친구로서 '미친 듯이' 좋아하는 것이다.

'유희적 정체성'은 청소년기에 이성의 관심을 끄는 데 아주 중요한 '무기'다. 하지만 나이 들어서는 교우관계와 '서로어울림'을 유지하기 위해 더욱 중요해진다. 여기서 평생의 가정생활과 반복적 직장생활을 원만하게 영위하기 위해서도 '유희적 정체성'이 일상적으로도 중요한 역할을 수행한다는 것까지 굳이 언급할 필요는 없을 것이다.

난장판놀이, 공중제비돌기, 활쏘기, 스쿼시 같이 혼자 하는 유희는 대개 구경꾼이 없으므로 공감적 재미를 논할 수 없다. 그러나 말로 하는 유희는 하는 사람과 듣는 사람 사이의 공감이 벌어지고 재미도 '공감적 재미'로 나타난다. 우리는 친구나 지인들을 만나서 '놀았다'고 말한다. 이때 '논다'

는 것은 게임을 하는 경우도 있지만 대개 이야기를 나누며 논다는 것을 뜻한다. 이 이야기는 진담도 없지 않지만 대개 유희적 이야기다. 유희적 이야기를 하며 낄낄대고 깔깔댄다. 가령 이대梨大 졸업생들이 모인 자리에서 어떤 사람이 서울대·고려대·연세대만을 일류대로 칭하는 "SKY"라는 말에 붙여 "스카이"를 길게 "스카이~" 식으로 "이~" 음을 길게 발음하며 '이대'도 일류대집단에 포함된다고 농을 치면 거기에 모인 이대생들은 슬쩍 자부심을 느끼며 낄낄대며 웃을 것이다. 이것이 바로 농담(유머)이다. 말로 하는 유희로는 이런 농담 외에도 재담, 만담, 소담笑談, 수다, 개그, 음담패설(외설담), 난센스퀴즈 등 종류가 아주 많다. 이런 언어적 유희는 늘 공감적 재미를 산출하고 만남의 행복을 준다.

사람들이 두 편으로 갈려 벌이는 게임에서는 공감적 재미가 중요하다. 게임플레이어는 혼자 노는 유희의 경우처럼 단순한 '재미'를 느낌과 동시에 자기가 이긴 경우에는 승리의 '기쁨'도 느낄 것이다. 그러나 자기가 진 경우에도 게임과정에는 재미를 느끼고 패배의 쓰라림 속에서도 승리한 상대방으로부터 한 수를 배우는 기쁨을 맛볼 것이다. 그런데 이 게임을 관람하는 구경꾼들이 있다면 재미·기쁨·즐거움의 공감적 구조가 복잡다단해진다. 관객들은 우선 재미있는 게임과정을 구경하면서 재미를 느끼면서 동시에 게임플레이어의 재미를 공감적으로 느끼고 그들이 응원하는 편의 게임플레이어가 이긴다면 그의 승리의 기쁨을 공감적으로 같이 느낄 것이다. 진다면 패배의 아픔과 쓰라림도 같이 느낄 것이나, 이 아픔을 같이하면서는 승리의 기쁨을 같이할 때보다 더 강한 연대감을 느끼고 공고화할 것이다. 공감적 일체감으로서의 이 연대감은 다시 사회적 즐거움을 준다. 그들이 응원한 게임플레어와의 연대만이 아니라 그를 응원하는 관객들끼리의 연대는 우정과 사랑의 경우와 같은 '서로 어울림' 또는 '같이 있음'의 '즐거움'을 준다. 응원 관객을 동반하는 게임은 이처럼 공감적 재미로서의 유희적 즐거움, 공감적 기쁨으로서의 공리적 즐거움, 서로어울림의 사회적 즐거움이 중첩된다. 그리고 이 게임이 세계적 차원의 게임인 경우에는 유희적 즐거움, 공리적 기쁨, 사회적 즐거움은 무한대로 확장된다. 게임의 재미는 이와 같이 이 3중의 즐거움을 유발하면서 이러한 복합적 즐거움 속으로 승화된다.

그런데 게임이 권투·레슬링·테니스경기처럼 두 명이 두 편으로 나눠 플레이하는 게임이 아니라, 축구·야구·농구처럼 팀플레이 게임이라면 좀 더 복잡해진다. 이 경우 게임의 재미와 기쁨은 팀의 선수들 간에도 공감적으로 공유된다. 승리한 경우는 말할 것도 없고 패배한 경우에도 패배의 아픔을 공유하며 팀의 유대와 유대의 사회적 즐거움은 더욱 강화될 것이다. 팀플레이 게임은 이와 같이 유희적 즐거움, 공리적 기쁨, 사회적 즐거움이 좀 더 복잡다단해진다. 팀플레이 게임의 재미는 이와 같이 4중의 즐거움을 유발하면서 이 4중의 복합적 즐거움 속으로 승화된다.

그리고 게임이 단순한 게임이 아니라 타이틀매치나 챔피언 지위, 또는 상품과 상금이 걸린 게임이 걸린 경우에는 재미와 기쁨이 배로 증폭된다. 또 게임플레이들이 작은 판돈을 건 '내기 게임'의 경우에 재미와 기쁨은 더욱 배가된다.

아무튼 단독플레이 게임과 팀플레이 게임의 재미는 3-4중의 즐거움을 일으키고 이 중첩된 즐거움 속으로 승화된다. 즐거움은 행복감이다. 게임의 재미는 이 행복감을 산출하는 것이다. 따라서 '게임'은 인간의 행복증진에 중요한 유인由因인 것이다.

인간이 개발한 게임은 다양하다. 어린 시절 땅따먹기, 구슬치기, 표치기로부터 바둑·장기·체스와 화투·트럼프놀이, 각급차원의 권투·레슬링·씨름·테니스·탁구·배드민턴경기, 축구·배구·야구·농구·족구경기, 각급단위의 스키와 각종 빙상경기, 전全지구적 차원의 올림픽과 월드컵경기, 서바이벌게임, 단계적으로 진화해 온 고도의 컴퓨터게임에 이르기까지 모두가 다 게임이다. 이 다양한 종류의 게임들이 우리의 여가인생을 사로잡고 게임선수들의 경우에는 전全 인생을 사로잡고서 우리 인간들을 단결시키고 행복하게 만들어 왔던 것이다.

인간은 게임이 웬만큼 힘들고 고생스럽더라도 이를 무릅쓰고 게임을 한다. 인간은 게임이 재미있을수록 더 큰 고통과 수고도 감수하고 기꺼이 정지상태의 게으름과 정지상태의 편안을 포기한다. 게임은 목표설정·규칙·겨루기·투쟁흉내·내기를 결합한, 그리고 플레이와 공감적 편들기와 응원을 결합한, 이를 통해 재미와 기쁨을 즐거움으로 승화시키고 덧붙여 사회적 즐거움을 창출해 이 서너 가지 긍정적 감정을 응집시킨 최고 형태의 유희이기 때문이다. 그렇기 때문에 공감적 재미의 마력을 분출하는 '게임'이 세계를 지배하는 것이다.

인간이 '호모 루덴스'라 함은 유희가 인간의 본능일 뿐만 아니라 인생의 목적이라는 말이다. 노동과 경제활동, 그리고 경쟁·투쟁·방어전쟁을 통해 창출되고 재생산되고 전달되고 지켜지고 확대되는 이익은 모두 나중에 인생의 목적인 유희적·예술적·도덕적 행위에 쓰이는 것이다. 이 유희적·예술적·도덕적 행위 중에서 대중적 인생의 견지에서 으뜸인 것은 유희적 행위다. 결국, 세계적 범위에서 광폭으로 뛰어다니고 10대 강국으로 하늘 높이 나는 모든 경제활동은 다 유희를 위해서 존재하는 것이다. 먹고 사는 문제가 걸린 '심각한' 공리적 행위로서의 경제가 존재론적 연관관계에서 유희적 행위의 수행을 위해 필수불가결할지라도 삶의 목적론적 가치의 관점에서는 유희적 행위가 경제활동 위에 위치한다는 말이다. 목적론적 관점에서 우리는 놀기 위해 일한다. 잘 노는 '호모 루덴스'가 잘 뛰고 높이 나는 '호모 파베르'에 앞선다. "노는 놈은 이제 늘 나는 놈 위에 있다." 이 우스개 표어는 아마 앞으로 연금생활자들이 계속 누적될 '100세 시대'의 가장 중요한 표어가 될 것이다.

■유희의 보편적 활용: 유희, 세상을 지배하다

유희의 본능적 마력과 목적론적 매력 때문에 유희는 광범하게 활용된다. 단순한 공리적 행위로부터 정치공리적 인사人事에 이르기까지 광범하게 활용된다. 또 유희는 순수예술의 지루함을 덜기 위해서도 활용된다. 나아가 도덕적 교육의 학습 효과를 올리기 위해서도 유희가 활용된다.

특히 게임은 더욱 널리 활용된다. 인간은 게임이 재미있을수록 기꺼이 정지상태의 게으름과 정지상태의 편안을 포기하고 상당히 큰 고통과 수고도 감수하며 움직인다. 이 때문에 노동을 모종의 게임 형태로 조직하면 지루한 반복적 노동, 또는 힘든 노동이라도 그 노고와 지루함과 어려움을 잊게 한다. 따라서 게임 형식은 노동에 많이 전용되는 것이다.

공리적 행위로서의 '일' 또는 '노동'은 생계를 버는 수단적 의미만을 가지는 것이 아니라, 어떤 창조적 사업이나 전문직 노동의 경우에는 성취와 성공에서도 크고 작은 기쁨을 줄 수도 있고, 일 자체가 복잡다단한 노동과정과 완결에서 재미를 줄 수도 있다. 앞서 상론했듯이 공리적 행위의 가장 기본적인 종류인 '노동'은 생명력과 심신능력의 발휘다. 노동의 이런 개념 정의는 "생명력과 심신능력의 자유분방한 발휘"로 정의된 우리의 유희 개념과 유사한 구조를 가졌다. 다만 노동은 제작된 제품의 이익

(사용가치와 교환가치)에 구속된 행위로서 '자유분방한' 행위가 아닐 뿐이다. 물론 어떤 엔지니어는 자기가 제작하는 물건의 이익(유용성)을 일시 뒤로한 채 자기의 기술능력을 자유롭게 발휘해 '기술적 완전성'만을 순수하게 추구하는 창작활동으로서 물건제작의 노동을 수행할 수 있다. 이 경우의 노동은 예술미가 아니라 순수한 '기술적 완전성'을 추구하므로 유희의 본질 정의에 따라 '예술적 행위'보다 '유희적 행위'에 근접한다고 할 수 있을 것이다. 이 경우에 엔지니어는 노동도 유희처럼 재미있게 수행할 수 있을 것이다. 그러나 일시적으로 그럴 뿐이다. 노동에서 외적 가치들로부터 자유로운 자유분방성은 노동과정의 일정한 단계에만 한시적으로 허용될 수밖에 없기 때문이다. 노동의 전全 공정은 공리성功利性으로부터 끝내 자유로울 수 없는 것이다. 놀이는 그 자체가 목적(자기목적)이지만, 노동은 그 목적이 외부(이익)에 있다. 이 점에서 유희는 노동과 구별된다. 또한 이 점에서 유희는 창작한 작품의 미의 외적 목적에 묶인 예술행위와도 다르다.

대개 현장에서 협업으로 진행되는 노동은 협업노동자들 사이의 감정을 공감적으로 공유하는 연대의 즐거움도 줄 수 있다. 그러나 세상의 거의 모든 노동은 지루한 반복노동이거나 사소하고 자잘한 단순노동, 또는 3D 업종의 힘들고 더럽고 위험한 노동으로서 생계를 위한 억지노동들이다. 이런 억지노동들은 기쁨은커녕 큰 고통과 노고를 야기한다. 그런데 생계를 위한 이런 억지노동을 가령 상·중·하의 상금을 걸거나 성과급으로 보상하는 게임형태로 조직하면 이 억지노동의 고통과 노고는 크게 완화되거나 잊힐 수 있다.

인간은 이미 시사했듯이 자연 속에서 가장 긴, 어찌 보면 '유구한' 학습기간을 보내는 동물이다. 따라서 성인이 되기 위해 수십 년의 매우 지루한 시간을 보내야 한다. 어린 아이들을 매료시켜 이 긴 성장·학습기간을 심심하지 않게 정신없이 보내도록 만든 것도 이 먹는 쾌락보다 이 노는 재미다. 학습을 그 성과를 포상하는 게임형태로 조직하면 학생들이 선두를 다투는 게임의 재미 속에서 학습의 수고로움을 얼마간 덜 수 있다. 수많은 경연대회, 백일장, 시험과 성적표, 상장賞狀과 장학상금, 사생대회, 체육대회 등이 그것이다. 또한 학습을 진작하기 위해 퀴즈게임도 동원된다. 학습 목적의 퀴즈대회로는 우리나라의 '장학퀴즈'가 대표적일 것이다.

게임의 요소들은 재미의 매력 때문에 노동과 학습만이 아니라 논쟁, 재판, 잔치, 축제, 문학·예술·문화활동, 심지어 군사훈련과 정치 등 거의 모든 인간활동 속에도 슬그머니 침투해 각 분야활동의 고통을 완화해 주고 효율과 효과를 제고해 준다.

군사훈련은 노동이라면 가장 힘든 노동이다. 그러나 군사교관들은 이 군사훈련을 때로 홍군과 청군 사이의 서바이벌게임으로 조직해서 재미있게 만들어 훈련의 고통을 완화한다. 군사훈련으로서의 서바이벌게임은 실탄을 쓰지 않고 게임감독관과 심판이 존재하고 승자에게 상장과 상품, 그리고 포상휴가 등이 주어지는 점에서 실제의 전투와 다르다. 실제의 전투에서는 실탄을 쓰고 전사자·전상자가 나오고 심판과 감독관이 없고, 승리하더라도 때로 전투가 급하면 훈장과 계급승진, 포상도 없이 바삐 진행된다. 따라서 군사적 서바이벌게임은 흔히 오해하듯이 '실전實戰'을 미메시스한(흉내 낸) 것이라기보다 유희의 최고 형태인 '게임'을 원용援用한 것이라고 보는 것이 더 옳을 것이다.

거의 매년 벌어지는 민주국가의 정치적 선거는 국가원수와 국회의원으로부터 지방수령과 지방의원에 이르기까지 어렵고 엄청 많은 인사人事업무를 처리한다. 이전에 이 일은 조야한 권력투쟁에 내맡겨져 있었고, 이로 말미암아 권력투쟁의 승자는 정권을 교체하자마자 틀어쥔 권력으로 패자들을 처형하고 청산하고, 패자집단이 보유하던 중앙과 지방의 모든 관직을 자기 세력으로 교체하고, 나아가 계속적 유혈탄압으로 모든 정적들을 박멸하려고 들었다. 이것은 역효과를 낳아 다시 정권이 바뀌면 유사한 처형과 유혈 박멸이 반복되었다. 유럽제국에서 이런 정치탄압은 관행이었다. 서양에서 정권교체는 '거의 혁명적인' 유혈난동으로 이루어졌다. 조선에서도 마찬가지였다. 조선시대에 이런 유혈적 정권교체를 '환국換局'이라고 했다.

그러나 영국에서 인류역사상 최초로 최고 권력자와 기타 행정관리들의 임명과 이에 따른 정권교체를 선거에 의해 실행하기 시작했다. 이것은 곧 범세계적으로 확산되었다. 그리하여 세계적으로 민주주의가 확립되어가는 것과 비례해서 평화적 정권교체가 정착하고, 영구혁명(*revolution in permanence*)이 선거로 '제도화'되었다.

'선거전'이니, '총알'이니, '공격'이니, '방어'니 하는 말을 자주 사용하는 선거는 언뜻 잘못 보면 마치 전투나 전쟁을 흉내낸 것처럼 보인다. 그러나 선거는 실전을 닮은 점이 전혀 없다. 실전에서는 적에 대한 실탄공격과 살생이 주된 행동인 반면, 선거는 후보의 인물·정책 홍보가 주요활동이다. 그리고 실전에서 실탄은 진짜 총알과 포탄을 가리키지만, 선거에서 '실탄'은 '돈'을 비유적으로 일컫는 말이다. 선거에서 공격으로 비치는 비방은 '네거티브 선거방식'으로 별로 선호되지 않는다. 그리고 선거에서는 심판인 선거위원회가 있지만, 실전에서는 그런 것이 전무하다. 또한 실전은 가용한 폭력수단이 무제한적인 반면, 선거에서는 오직 언어적 홍보와 플래카드, 토론과 언어적 비판만이 허용되고, 어떤 폭력도 철저히 배제된다. 나아가 실전은 국제법상의 전쟁법의 대략에 의해서만 규제를 받는 반면, 선거는 선거법상의 촘촘히 얽어매는 법규들만이 아니라 기타 모든 국내법의 규제를 받는다. 따라서 선거는 실은 실전을 전혀 닮지 않았다. 한마디로, 선거는 결코 전쟁의 직접적 미메시스가 아니다.

또 선거는 시장경쟁의 미메시스도 아니다. 선거에는 제품의 품질경쟁과 가격경쟁이 전무하기 때문이다. 특히 품질경쟁을 하려면 새 제품을 계속 만들어 낼 수 있어야 하는데 선거의 후보는 한번 정해지면 그럴 수 없다. 또 후보는 '가격'이 없고 가격이 쌀수록 유리한 것도 아니기 때문이다. 따라서 선거는 겉보기와 달리 시장경쟁을 조금도 닮지 않았다. 결론적으로 선거는 전쟁의 미메시스도, 시장경쟁의 미메시스도 아니다.

선거는 유희의 최고 형태인 '게임'의 원용일 따름이다. 따라서 선거는 고된 것이지만 재미가 있고, 또 이 재미가 선거의 노고를 잊게 한다. 그리고 선거는 언어적 홍보·토론 게임이기 때문에 폭력이나 폭력과 유사한 것도 철저히 배제하고, 선거 후 승자에 의한 어떤 유혈탄압도 배제하는 것이다. 승자와 승자의 지지자들은 재미만이 아니라 큰 기쁨도 맛볼 것이다. 하지만 패자 편도 제도화된 영구혁명의 전망 속에서 '언더도그'로서 세력을 유지하고 승자가 임기를 마치는 훗날 다시 승리를 기약할 수 있다.

후보들의 승패를 결정하는 유권자 국민은 지지후보에 따라 나뉘어 후보와 연대관계에 들어가 후보와, 그리고 지지자들끼리 선거의 재미를 공감적으로 공유하고, 기쁨과 아픔도 공유한다. 후보와 지지자들은 이러한 연대적 공감 속에서 게임의 재미와 승리의 기쁨을 공감적으로 나누는 거대한 전국적 연대의 즐거움을 맛본다. 이 전국적 연대와 공감적 즐거움에 따라 정당과 당원, 그리고 상당히 오래 지속되는 당우黨友(지지자 집단, 정치적 팬덤)들이 형성된다. 이렇게 하여 정치는 유혈투쟁에서 하나의 전국적 게임으로 전환되었다. 따라서 게임을 이해하지 못하는 자는 평화적 영구혁명을 제도화한 현대적 민주정치의 동학動學을 이해하지 못한다.

노동, 학습, 군사훈련(전쟁연습), 정치만이 게임 요소를 활용하는 것으로 그치지 않는다. 예술도 유희, 특히 게임을 많이 활용한다. 순수예술은 아름다울지라도 때때로 아주 지루하다. 이 지루함 때문에 장편소설은 끝까지 독파하지 못하고, 장편영화는 결말까지 보기 어렵다. 따라서 소설은 미메시스 유희를 많이 활용한다. 소설 자체는 이미 대상적 현실의 형상적 미메시스(모방)다. 미는 언제나 물적 대상의 중화성(균형성과 조화성)이지만, 미메시스에 의한 물적 대상의 언어형상적 복제의 중화성에서도 인간은 아름다움을 느낀다. 이것이 시문과 소설이 추구하는 미美다. 순수한 예술적 장편소설은 아름다울지언정 끝까지 읽어 내지 못할 정도로 지루하다. 따라서 소설은 그 언어적 표현에서 "~처럼"('쏜살처럼 빠르다'), "~과 같다(같이)"('물 찬 제비 같이 멋지다')라는 식의 미메시스(흉내)를 대거 투입한다. 그리고 재미있는 유머·재치 등 언어적 유희도 대거 투입한다. 그러나 소설 속의 결정적 유희는 게임이다. 소설은 게임의 모든 국면과 특징(스토리 전개의 불확실성, 스릴, 긴장–서스펜스, 패배의 위험, 우연, 돌발, 반전, 승리의 기쁨 등)을 집중 활용한다. 영화도 마찬가지다.

그런데 소설과 영화가 이 유희적 요소를 남용하고 예술미를 주변으로 제쳐 놓으면 어떻게 될 것인가? 그런 소설은 재미있을지 모르나 아름답지 않은 '통속소설'로 전락할 것이다. 영화는 '통속영화'로 전락할 것이다.

그림도 풍경이나 인물을 그대로 모방(미메시스)하면 사진만도 못한 통속적 사실화나 초상화로 전락한다. 그림이 예술이려면 이 단순한 미메시스를 넘어서야 한다. 어떤 풍경이나 인물을 화가의 예술혼이 담긴 새로운 특이한 관점, 또는 독창적인 관점에서 바라본 작가 고유의 미적 감각과 감정을 화폭에 담고 관객의 공감을 얻어야 한다. 오늘날 그림(회화) 분야에서 예술적 회화와 미메시스적(통속적) 회화의 판별은 불가역적으로 확연하게 결판났다. 사진기술의 등장으로 미메시스 풍경화나 미메시스 초상화는 불필요해졌기 때문이다.

물론 사진도 예술작품이 될 수 있다. 가령 풍광을 예술적으로 찍을 때는 사진작가가 예술혼을 발휘해(예술미를 찾아) 풍광의 아름다움을 가장 잘 볼 수 있는 각도와 위치를 선택하고, 가장 아름다운 순간의 채광, 또는 가장 극적인 순간, 또는 가장 역사적인 순간을 포착해서 찍는다. 이럴 경우 미메시스를 넘어서는 아름다운 사진, 가장 극적·역사적으로 멋지거나 의미 있는 사진이 탄생할 수 있다. 그런데 역사적인 순간을 포착한 사진이 기록사진으로서는 아주 의미 있는 사진일지 모르겠으나 그리 칭찬받는 것만큼 예술적인지는 어디까지나 개연적일 뿐이다.

때로 도덕적 행위의 영역에서도 유희적 요소가 자주 활용된다. 고래로 품행 방정하고 예절바른 선행자에게 국가와 사회단체에서 포상해 왔고, 효자·효부에게 상을 내렸다. 상금과 상품을 거는 것은 명백한 유희의 요소다.

또 도덕 분야에서 특히 미메시스로서의 유희적 요소를 원칙적으로 활용한다. 인간은 타고난 도덕적 본성을 개발해서 도덕적 인간이 되어야 하지만, 이 개발을 성인의 미메시스에 의해 수월하게 한다. 사람들은 성인을 롤모델로 삼아 성인을 흉내 내는(미메시스하는) 모방적 도덕행위를 함으로 도덕적 정체성을 체득·형성한 것이다.

따라서 맹자는 "요순의 도는 효제일 뿐이다(堯舜之道 弟孝而已矣)"라고 전제하고 성인의 미메시스를 보통 사람이 도덕적 정체성을 형성하는 일반적 방도로 제시했다.

그대가 요임금의 옷을 입고 요임금의 말을 따라 외고 요임금의 행동을 행하면 이것이 바로 요임금다운 것일 따름이다. 그대가 걸桀의 옷을 입고 걸의 말을 따라 외고 걸의 행동을 행하면 이것이 바로 걸다운 것일 따름이다. (...) 무릇 도는 큰길과 같은 것이다. 어찌 알기 어렵겠는가? 사람들이 못할까봐 걱정할 뿐이다. 그대는 돌아가 도를 구하라. 도처에 스승은 많도다.[81]

"도처에 스승은 많도다"는 마지막 구절은 공자의 유명한 "삼인행三人行" 명제와 그대로 상통한다. 공자는 일찍이 사표師表로 삼아 따라 배울 사람은 보통 사람들 가운데도 많다는 뜻으로 "3인이 가면 거기에는 반드시 나의 스승이 있다. 그 가운데 선한 자를 택해 그를 따르고, 그 가운데 불선한 것을 택해 그것을 고친다(子曰 三人行 必有我師焉 擇其善者而從之 其不善者而改之)"고 말했다.[82] 3인 가운데 불선한 자는 반면교사로 삼아 고쳐 배우면 되는 것이다. 이와 같이 공맹은 둘 다 "따라 배우는 것", 곧 미메시스를 도덕적 정체성 형성의 결정적 방도로 제시했다. 공자는 이 '따라 배우는' 모방효과의 견지에서 이 미메시스 이치를 중시해 지도자의 도덕적 솔선수범도 강조했다. 주지하다시피 공자는 노魯나라의 집권자 계강자季康子에게 "당신이 바르게 이끌면 누가 감히 바르지 않겠습니까?(子帥以正 孰敢不正),"[83] 또 "당신이 선하고자 하면 백성은 선할 따름입니다. 군자의 덕은 바람이고 소인의 덕은 풀입니다. 풀 위로 바람이 불면 풀은 반드시 눕습니다(子欲善而民善矣. 君子之德風 小人之德草. 草上之風 必偃)"라고[84] 설

---

81 "子服堯之服 誦堯之言 行堯之行 是堯而已矣. 子服桀之服 誦桀之言 行桀之行 是桀而已矣. 曰 交得見於鄒君 可以假館 願留而受業於門. 曰 夫道若大路然 豈難知哉? 人病不求耳. 子歸而求之 有餘師." 《孟子》〈告子下〉(12-2).

82 《論語》〈述而〉(7-22).

83 《論語》〈顏淵〉(12-17).

파했다. 도덕적 미메시스는 도덕적 행동을 재미있게 수행할 수 있게 해준다.

　서양에서도 도덕적 롤모델을 보통 사람의 도덕생활의 사표로 삼고 사람들의 도덕적 행동을 유도했다. 따라서 동양과 서양을 가릴 것 없이 도덕적 인물들의 미메시스를 도덕행동의 결정적 방도로 제시한 셈이다. 이처럼 미메시스적 유희요소는 도덕적 행위의 영역에서도 중요한 역할을 수행해 온 것이다.

　이렇게 보면 흉내(미메시스), 내기, 게임 등의 '유희'는 공리적·예술적·도덕적 행위의 영역을, 곧 인간의 모든 사회적 행위영역을 지배하면서 힘든 일을 재미있게 만들고 지루한 예술도 재미있게 만들고 심각한 도덕도 재미있고 즐겁게 행할 수 있도록 만들었다고 말할 수 있다. 그리하여 유희는 세상을 보편적으로 지배하고 있는 것이다. 특히 게임이 세계를 지배한다. 그리하여 세상은 재미있고 즐거운 세상이 되었다. 누가 감히 아리스토텔레스처럼 유희와 그 최고 형태인 게임을 시시한 것으로 내칠 수 있겠는가? 호모 루덴스의 유희는 이제 인간 자신이고, 인간세계 자체인 것이다.

　물론 유희가 세상을 지배하더라도 재미는 이利, 미美, 선善을 대체할 수 없다. 유희적 행위와 공리적 행위는 기술적으로 잘 결합된 활용관계에 들어 있을 수 있어도 전자가 후자를 대체할 수는 없는 것이다. 예술적·도덕적 행위와도 마찬가지로 대체불가의 관계에 있다. 유희가 노동과 결합되더라도 노동 자체를 대체할 수 없듯이, 유희가 예술·도덕과 결합되더라도 예술과 도덕을 대체할 수 없다는 말이다. 이 공리적·예술적·도덕적

---

84 《論語》〈顏淵〉(12-19).

행위들의 본질을 건드리면 노동·예술·도덕은 망가져 붕괴된다. 기술자가 자기의 노동을 진짜 완전히 유희하듯이 수행한다면 그의 노동은 날림 (*Pfuscherei*)으로 전락하고, 예술은 통속졸작으로 전락하고, 도덕은 비례나 무례로 뒤집힐 것이다.

따라서 유희가 세상을 지배한다는 말은 유희가 공리적·예술적·도덕적 행위의 본질적 차원에서가 아니라 부수적·보조적 차원에서 이 행위들과 결합해 있고, 이 한정된 의미에서 세상에 보편적으로 삼투해 있다는 말 이다.

맺음말

유희, 특히 게임은 단순한 재미만이 아니라 재미의 공감에서 생겨난 유희적 즐거움을 주는 점에서 인간들에게 행복감을 충만하게 해서 인간으로 하여금 자기의 삶에 찰싹 달라붙게 만들기 때문에 인간의 인생에 목적론적으로 아주 중요한 것이다. 그럼에도 노동사회적 세계관에 사로잡힌 철학자들이나 부르주아들과 일부 좌파들은 이를 경시하거나 격하시켜 왔다. 하지만 이제는 탈脫노동사회적 견지에서 놀이 또는 유희를 적극적으로 긍정해야 한다.

지금까지 논의는 생명력과 심신능력의 자유분방한 발휘로서의 '유희의 본질'과 유희의 중화성에 대한 긍정적 느낌으로서의 '재미의 본질', 그리고 '공감적 재미와 유희적 즐거움'의 구조를 이론적으로 파악하고, 유희적 행위 자체와 이 행위의 일반적 전용을 중심으로 펼쳐지는 유희적 문화현상을 전반적으로 분석했다. 유희적 행위 자체의 분석은 재미와 유희적 행복에 관련된 것이고, 유희적 행위의 일반적 전용에 대한 분석은 이 행위의 일반적 유용성에 관한 것이었다. 이 두 관점에서 보면, 세상은 실로 유희의 세계, 특히 게임의 세계다.

이런 의미에서 유희는 지극히 중요한 인간행위이다. 그러나 유희적 행위는 인간의 생계나 도덕적 존망이 걸린 '심각한' 행위가 아니다. 하지만 그렇다고 사소한 행위도 아니다. 유희는 실로 '진지한' 행위다. 어린이들은 비록 하찮은 구슬치기나 땅따먹기라도 진지하게 하고, 성인들은 하다 못해 장기나 바둑이라도 진지하게 두기 때문이다.

모든 사람들은 유희를 하고 남의 유희를 구경하며 즐긴다. 이런 의미에서 인간은 '호모 루덴스'다. 이것은 '본능 차원'과 '삶의 목적 차원'에서 포착된 이중적 의미를 가진다.

첫째, 인간에게 유희는 신경적 유전자에 뿌리박은 본능이다. 이런 존재론적 견지에서 보면 인간은 유희를 하지 않고는 또는 유희를 구경이라도 하지 않고는 존재할 수 없는 동물이다. 본능적 감정체계의 '유희심'에 뿌리박은 이런 유희가 어린것들의 성장과 학습을 위한 것인지, 성인들의 (재미에 의해 노동력 회복을 유도하는) 휴양을 위한 것인지, 둘 다를 위한 것인지 알 수 없지만, 인간은 유희 없이 존재할 수 없다. 한마디로, 인간의 존재는 유희와 불가분적이다.

둘째, 목적론적 차원에서 인간은 유희를 일(노동·학습·경쟁 등 공리적 행위)보다 앞세운다. 한마디로 "인간은 놀기 위해 일한다". 생계에 급급한, 또는 생계 획득을 제1과업으로 치는 노동사회적 세계관에서는 "일하기 위해 논다"고 말해 왔다. 이것은 아리스토텔레스처럼 놀이를 노동력 회복을 위한 휴식 또는 휴양의 견지에서 바라본 것이다. "인간은 놀기 위해 일한다"는 테제는 바로 이 "일하기 위해 논다"는 테제를 정반대로 뒤집은 것이다. 이런 뒤집힌 의미에서 '호모 루덴스'는 '나는 놈 위의 노는 놈'이다. 열심히 일하는 개미보다 노래하는 여치나 매미가 더 행복한 것이다.

모든 사람들은 유희를 하지만, 유희에 뛰어난 몇몇 사람들은 유희를 생계로 삼는 직업적 '유희선수들'이다. 컴퓨터게이머, 골퍼와 각종 스포츠 선수들, 개그맨·코미디언, 만담가, 마술사, 바둑기사, 체스챔피언, 각종 엔터테이너들은 세상 사람들을 재미있게, 나아가 즐겁게, 행복하게 해 준다. 이런 의미에서 이들은 꼭 필요한 존재들이고 고마운 존재들이다. 노동자 계급의 노동을 착취하는 데에 눈이 멀었던 18세기 말 서양 부르주아지의 노동사회적 세계관에서 나온 개미와 여치(매미) 이야기나, '게으른 한스'가 '가난한 한스'가 되었다는 이야기는 전후戰後에 들어 일찍이 폐기처분 되었다. 필자의 이 유희론은 바로 20세기 노동사회적 복지국가를 넘어선 21세기 탈脫노동사회적 행복국가를 지향한다.

그리하여 필자는 이 책을 친구들과 각종 모임을 꾸리며 놀거나 매일 테니스·골프·탁구와 화투·트럼프를 치며 노는 연금생활자들, 골퍼와 각종 스포츠선수들, 개그맨·코미디언, 만담가, 마술사, 서커스 플레이어들, 바둑기사, 체스챔피언, 컴퓨터게이머, 각종 엔터테이너들, 그리고 이들의 광팬들에게 바치는 바다. 그들은 이 세상의 '행복제조기'이거나 행복한 사람들이기 때문이다. 필자의 이 유희이론이 유희행위자들을 비하하는 논변을 분쇄하고 이들의 자부심과 행복감을 높여 주기에 충분한 논의가 되기 바랄 따름이다.★

참고문헌

■ 공맹경전

《大學》《中庸》《論語》《孟子》《易經(周易)》《禮記》.

■ 동양문헌

김선진, 《재미의 본질》(부산: 경성대학교 출판부, 2013).

金長生, 《經書辨疑》(서울: 민족문화추진회, 2003).

李相玉 譯著, 《禮記(下)》(서울: 明文堂, 1985·2002).

李　滉, 《四書三經釋義》(서울: 퇴계학연구원, 1997).

丁若鏞(全州大 호남학회연구소 역), 《與猶堂全書》〈經集 Ⅰ·Ⅱ·中庸自箴·論語古今註〉
　　　(전주: 전주대학교출판부, 1989).

鄭玄(注)·孔穎達(疏), 《禮記正義》, 十三經注疏整理委員會(北京: 北京大學出版社,
　　　2000).

朱　熹, 《四書集註》. 주희 집주(임동석 역주), 《四書集註諺解(전4권)》(서울: 학고방,
　　　2006).

황태연, 《감정과 공감의 해석학(1-2)》(파주: 청계, 2015·2016).

--------, 《공자철학과 서구 계몽주의의 기원(상)》(파주: 청계, 2019).

--------, 《유교적 근대의 일반이론》(서울: 넥센미디어, 2021).

--------, 《공자의 자유·평등철학과 사상초유의 민주공화》(서울: 공감의 힘, 2021).

--------, 《극동의 계몽과 서구 관용국가의 탄생》(서울: 솔과학, 2022).

■ 서양문헌

Aristoteles. *Die Nikomachische Ethik.* Übersetzt v. Olof Gigon(München: Deutscher Taschenbuch Verlag, 1951·1986).

Aristoteles. *Politik.* Übersetzt v. Olof Gigon(München: Deutscher Taschenbuch Verlag, 1955·1986).

Byers, John A., & Curt Walker. "Refining the Motor Training Hypothesis for the Evolution of Play", *The American Naturalist,* Vol. 146, No. 1(July, 1995).

Caillois, Roger. *Les jeux er les hommes*(Paris: Librairie Gallimard, 1958). 영역본: *Man, Play and Games*(Urbana·Chicago: University of Illinois Press, 1961·Reprint 2001).

Darwin, Charles. *The Expression of Emotion in Man and Animals*(London: John Murray, 1872·1890).

Gadamer, Hans–Georg. *Wahrheit und Methode: Grundzüge einer philosophischen Hermeneutik.* Hans–Georg Gadamer, *Gesammelte Werke,* Bd. 1, *Hermeneutik* I(Tübingen: J. C. B. Mohr, 1960·1986).

Grandin, Temple, & Catherine Johnson. *Animals in Translation: Using the Mysteries of Autism to Decode Animal Behavior*(Orlando·Austin·New York: Harcourt, Inc., 2005·2006).

Huizinga, Johan, *Homo Ludens: A Study of the Play–Element in Culture* (Boston: The Beacon Press, 1950·1955).

Hume, David, *A Treatise of Human Nature: Being an Attempt to Introduce the Experimental Method of Reasoning into Moral Subjects* [1739–1740], Book 2. *Of the Passions* & Book 3. *Of Morals.* Edited by David Fate Norton and Mary J. Norton, with Editor's Introduction by David Fate Norton(Oxford·New York·Melbourne etc.: Oxford University Press, 2001·2007).

Hutcheson, Francis. *An Inquiry into the Original of Our Ideas of Beauty and Virtue*; *In two Treatises*(1st ed. 1726; 3rd ed. 1729; London: Printed for R. Ware, J. Knapton etc., 5th ed. 1753, Indianapolis: Liberty Fund, 2004).

Keltner, Dacher. *Born to be Good: The Science of a Meaningful Life*(New York: W. W. Norton & Company, 2009).

Llinas, Rodolfo R.. *I of the Vortex: From Neuron to Self*(Cambridge, MA: MIT Press, 2002).

Marshall, Samuel L. A.. *Men against Fire: The Problem of battle Command* (Norman, OK: University of Oklahoma Press, 1947·2000).

Panksepp, Jaak. *Affective Neuroscience: The Foundations of Human and Animal Emotions*(Oxford: oxford University Press, 1998).

Plato. *Epinomis*. *Plato*, vol. 12 in twelve volumes(Cambridge, Massachusetts: Harvard University Press, 1975). 플라톤, 《에피노미스》, 플라톤(박종현 역주), 《법률》의 부록(파주: 서광사, 2009).

Platon. *Gesetze*. *Platon Werke*, Zweiter Teil des Bd. VIII in Acht Bänden, hg. v. G. Eigner. Deutsche Übersetzung von Friedrich Schleiermacher (Darmstadt: Wissenschaftliche Buchgesellschaft, 1977). 플라톤(박종현 역주), 《법률》(파주: 서광사, 2009).

Platon. *Gorgias*. *Platon Werke*, Bd. II in Acht Bänden, hg. v. G. Eigner. Deutsche Übersetzung von Friedrich Schleiermacher(Darmstadt: Wissenschaftliche Buchgesellschaft, 1977).

Platon. *Philebos*. *Platon Werke*, Bd. 7 in Acht Bänden. Hg. von Gunther Eigner. Deutsche Übersetzung von Friedrich Schleiermacher(Darmstadt: Wissen— schaftliche Buchgesellschaft, 1977).

Platon. *Der Staat(Politeia)*. *Platon Werke*. Bd 4 in Acht Bänden, hg. v. G. Eigner, deutsche Übersetzung von Friedrich Schleiermacher (Darmstadt: Wissenschaftliche Buchgesellschaft, 1977).

Platon. *Der Staatsmann*. *Platon Werke*, Bd. 6 in Acht Bänden(Darmstadt:

Wissenschaftliche Buchgesellschaft, 1977).

Smith, Adam. *The Theory of Moral Sentiments, or An Essay toward an Analysis of the Principles by which Men naturally judge concerning the Conduct and Character, first of their Neighbours, and afterwards of themselves*(1759, Revision: 1761, Major Revision: 1790). Edited by Knud Haakonssen(Cambridge/New York: Cambridge University Press, 2002·
2009(5. printing)).

저자 약력

지은이 **황태연**黃台淵

서울대학교 외교학과를 졸업하고, 같은 대학원 외교학과에서 〈헤겔에 있어서의 전쟁의 개념〉으로 석사학위를 받았고, 1991년 독일 프랑크푸르트의 괴테대학교(Goethe-Universität)에서 《지배와 노동(Herrschaft und Arbeit)》으로 박사학위를 받았다. 그는 1994년 동국대학교 정치외교학과 교수로 초빙되어 30년 동안 동서양 정치철학과 정치사상을 연구하며 가르쳤다. 2022년 3월부로 명예교수가 되었으나 그는 지금도 동국대학교 학부와 대학원에서 강의를 계속하며 여전히 집필에 매진하고 있다.

그는 45년 동안 동서고금의 정치철학을 폭넓게 탐구하면서 공자철학과 한국·중국근대사에 관한 광범하고 철저한 연구를 바탕으로 공자철학의 서천西遷을 통한 서구 계몽주의의 흥기와 서양 근대국가 및 근대화에 관한 연구에 헌신해 왔다.

동서정치철학 연구서 또는 공자철학 저서로는 《실증주역(상·하)》(2008), 《공자와 세계(1~5)》(2011), 《감정과 공감의 해석학(1-2)》(2014·2015), 《패치워크문명의 이론》(2016), 《공자의 인식론과 역학》(2018), 《공자철학과 서구 계몽주의의 기원(1-2)》(2019), 《17-18세기 영국의 공자숭배와 모럴리스트들(상·하)》(2020), 《근대 프랑스의 공자열광과 계몽철학》(2020), 《근대 독일의 유교적 계몽주의》(2020), 《공자와 미국의 건국(상·하)》(2020), 《유교적 근대의 일반이론(상·하)》(2021) 등이 있다. 그리고 《공자의 자유·평등철학과 사상초유의 민주공화국》(2021)에 이어 《공자의 충격과 서구 자유·평등사회의 탄생(1-3)》(2022)와 《극동의 격몽과 서구 관용국가의 탄생》(2022)이 거의 동시에 나왔다. 이어서 《유교제국의 충격과 서구 근대국가의 탄생(1-3)》이 공간되었다. 이로써 4부작 전8권의 '충격과 탄생' 시리즈가 완결되었다.

해외로 번역된 책으로는 중국 인민일보 출판사가 《공자와 세계》 제2권(2011)의 대중판 《공자, 잠든 유럽을 깨우다》(2015)를 중역中譯·출판한 《孔夫子與歐洲思想啟蒙》(2020)이 있다.

논문으로는 〈공자의 중용적 주역관과 우리 역대국가의 시서筮 관행에 대한 고찰〉(2005), 〈서구 자유시장·복지국가론에 대한 공맹과 사마천의 영향〉(2012), 〈공자와 서구 관용사상의 동아시아적 기원(상·하)〉(2013), 〈공자의 분권적 제한군주정과 영국 내각제의 기원(1·2·3)〉(2014) 등 다수가 있다.

한국정치철학 및 한국정치사·한국정치사상사 분야로는 《지역패권의 나라》(1997), 《사상체질과 리더십》(2003), 《중도개혁주의 정치철학》(2008), 《대한민국 국호의 유래와 민국의 의미》(2016), 《조선시대 공공성의 구조변동》(공저, 2016), 《갑오왜란과 아관망명》(2017), 《백성의 나라 대한제국》(2017), 《갑진왜란과 국민전쟁》(2017), 《한국 근대화의 정치사상》(2018), 《일제종족주의》(공저, 2019), 《중도적 진보, 행복국가로 가는 길》(2021), 《사상체질, 사람과 세계가 보인다》(2021) 등 여러 저서가 있다. 그리고 최근에는 《한국 금속활자의 실크로드》(2022)와 《책의 나라 조선의 출판혁명》(2023)을 공간했다.

서양정치 분야에서는 *Herrschaft und Arbeit im neueren technischen Wandel*(최근 기술변동 속에서의 지배와 노동, 프랑크푸르트 암 마인: 1992), 《환경정치학》(1992), 《포스트사회론과 비판이론》(공저, 1992), 《지배와 이성》(1994), 《분권형 대통령제 연구》(공저, 2003), 《계몽의 기획》(2004), 《서양 근대정치사상사》

(공저, 2007) 등 여러 저서를 출간했다. 2023년에는 이 책 《놀이하는 인간 - 100세 시대 나는 놈 위에 노는 호모루덴스의 철학》에 이어 《예술과 자연의 미학》이 출판된다.

논문으로는 "Verschollene Eigentumsfrage"(실종된 소유권 문제: Sozialismus, 함부르크, 1992), "Habermas and Another Marx"(1998), "Knowledge Society and Ecological Reason"(2007), 〈근대기획에 있어서의 세계시민과 영구평화의 이념〉 (1995), 〈신新봉건적 절대주권 기획과 주권지양의 근대기획〉(1997), 〈자본주의의 근본적 변화와 제국주의의 종식〉(1999) 등 수많은 논문을 발표했다.

현재 저자는 방대한 저작 《도덕의 일반이론: 인의도덕과 생존도덕의 현대과학적 정초》와 《국가변동의 일반이론: 정의국가에서 인의국가로》의 동시 집필에 매진하고 있다.

유튜브 "황태연아카데미아"를 통해 2018년부터 지금까지 위 저서들과 관련된 대학원 강의가 방영되고 있다.

– 편집부

찾아보기

■ ㄱ